杭州职业技术学院"双高计划"建设成果丛书

"双高计划"背景下高职院校
专业群建设的理论蕴含与行动路径

马亿前　雷　阳◎著

中国纺织出版社有限公司

内 容 提 要

本书立足于杭州职业技术学院"双高计划"建设，理论与实践相结合，探索"双高计划"背景下高职院校高水平专业群建设的理论蕴含与行动路径。本书分为八章，解析阐释了高职院校专业群的内涵，梳理了我国专业群建设从"起步""探索""普及"到"提质"四个发展阶段的历史演进，研究了"双高计划"专业群的建设现状，分析了当前"双高计划"专业群建设的机遇与挑战，展现了部分中国特色高水平专业群建设典型案例，总结了中国特色高水平专业群建设特色与经验，最后尝试提出高职院校高水平专业群建设的行动路径，目的是为我国高职院校专业群建设的研究和实践提供一定参考。本书适合职业院校领导及"双高计划"建设相关教师阅读参考。

图书在版编目（CIP）数据

"双高计划"背景下高职院校专业群建设的理论蕴含与行动路径 / 马亿前，雷阳著. --北京：中国纺织出版社有限公司，2024.6. --（杭州职业技术学院"双高计划"建设成果丛书）. --ISBN 978-7-5229-1993-5

Ⅰ.G718.5

中国国家版本馆 CIP 数据核字第 2024N9Y177 号

责任编辑：施 琦　　责任校对：李泽巾　　责任印制：王艳丽

中国纺织出版社有限公司出版发行
地址：北京市朝阳区百子湾东里 A407 号楼　邮政编码：100124
销售电话：010—67004422　传真：010—87155801
http://www.c-textilep.com
中国纺织出版社天猫旗舰店
官方微博 http://weibo.com/2119887771
三河市宏盛印务有限公司印刷　各地新华书店经销
2024 年 6 月第 1 版第 1 次印刷
开本：787×1092　1/16　印张：14
字数：205 千字　定价：89.00 元

凡购本书，如有缺页、倒页、脱页，由本社图书营销中心调换

前 言

2019年12月,《教育部 财政部关于公布中国特色高水平高职学校和专业建设计划建设单位名单的通知》(教职成函〔2019〕14号)标志着"中国特色高水平高职学校和专业建设计划"(以下简称"双高计划"或者"双高")正式启动,这是落实《国家职业教育改革实施方案》的重要举措,也是职业教育"下好一盘大棋"的重要支柱,将带动中国职业教育新一轮改革发展。"双高计划"提出,聚焦高端产业和产业高端,重点支持一批优质高职学校和专业群率先发展。高水平专业群是高水平高职学校建设的关键所在,与学校改革发展定位密切相关,关系人才培养与社会服务的方向性和有效性。如何立足学校实际,创新高水平专业群建设路径,是"双高计划"亟待解决的一个重大课题。

中国特色高水平专业群作为职业教育改革与发展的前沿阵地,其建设实践本身就蕴含着丰富的理论创新点和实践经验。通过对其进行深入研究,我们可以从多个层面推动专业群内涵建设。首先,"双高计划"背景下专业群的研究有助于明晰专业群发展的内在逻辑和规律。通过深入剖析"双高计划"专业群的形成机制、发展路径和影响因素,可以更加准确地把握专业群发展的本质特征,为构建更加科学合理的专业群发展理论框架提供有力支撑。其次,"双高计划"背景下专业群的研究有助于深化对产教融合、校企合作等职业教育核心理念的理解。"双高计划"专业群建设强调产业与教育、企业与学校的深度融合,通过研究其合作模式、机制创新等实践案例,可以进一步提炼和升华产教融合的理论内涵,为职业教育改革提供新的理论视角和思路。此外,"双高计划"背景下专业群的研究还有助于推动课程体系、教学方法等职业教育关键要素的创新,探索更加符合现代职业教育发展趋势的课程体系构建方法和教学创新策略,为

提升职业教育人才培养质量提供理论支持。开展"双高计划"背景下专业群的专门研究对推进专业群内涵建设、实现理论创新具有重要意义。通过深入研究"双高计划"专业群的建设实践和经验，可以不断丰富和发展职业教育理论，为职业教育的改革与发展提供新的动力和支持。

杭州职业技术学院作为"双高计划"院校，始终致力于培养区域经济社会发展需要的高素质技术技能人才、能工巧匠、大国工匠，深入推进专业群建设。通过"双高计划"建设，杭州职业技术学院进一步优化专业群布局，深化校企共同体，形成了工匠型人才培养模式群。为发挥学校"双高计划"建设引领示范作用，展示学校高水平专业群建设的思考、成效与经验，特策划出版本书。本书分为八章，以产业集群理论、系统理论、协同理论等作为基础，梳理了我国专业群建设从"起步""探索""普及"到"提质"四个发展阶段的历史演进，研究了"双高计划"专业群建设发展现状，分析了当前"双高计划"专业群面临的困境及其原因。立足"双高计划"时代契机，分析了当前高职院校专业群建设面临的机遇与挑战，明确当前高职院校高水平专业群建设的现实需求与人才培养方向定位，展现了部分中国特色高水平专业群建设典型案例，阐述了中国特色高水平专业群建设经验与特色，最后尝试提出高职院校高水平专业群建设行动路径，以期为我国高职院校专业群建设的研究和实践提供一定的借鉴。

本书在撰写过程中参考了大量的相关文献和专业书籍，谨向上述作者致以诚挚的谢意！本书得到了杭州职业技术学院领导与同事的大力支持和帮助，特别感谢徐高峰、孙红艳、陶勇、应雅璐、朱子萱的支持与帮助，在此深表谢意！本书得到杭州市哲学社会科学重点研究基地"杭州职业技术学院现代职业教育研究中心"以及中华职教社第二届黄炎培职业教育思想研究规划课题一般项目"黄炎培职业教育理念指导下的电梯领域现场工程师培养路径探索与实践研究"（课题编号为 ZJS2024YB096）资助。由于撰写工作艰巨，作者水平有限，书中难免存在疏漏，敬请读者严加斧正，不吝赐教为盼。

马亿前　雷阳
2024 年 1 月 15 日于杭州职业技术学院

目 录

第一章 绪 论 ……………………………………………………………… 1
    第一节 研究背景与意义 ……………………………………………… 3
    第二节 核心概念界定 ………………………………………………… 10
    第三节 研究综述 ……………………………………………………… 15

第二章 高职院校专业群建设研究的理论基础 ………………………… 29
    第一节 产业集群理论 ………………………………………………… 30
    第二节 系统理论 ……………………………………………………… 35
    第三节 协同理论 ……………………………………………………… 40
    第四节 人的全面发展理论 …………………………………………… 44
    第五节 新发展理念 …………………………………………………… 49

第三章 我国高职院校专业群建设的历史演进 ………………………… 53
    第一节 专业群建设起步阶段（2006—2010 年） …………………… 54
    第二节 专业群建设探索阶段（2010—2014 年） …………………… 59
    第三节 专业群建设普及阶段（2014—2019 年） …………………… 64
    第四节 专业群建设提质阶段（2019 年至今） ……………………… 68

第四章 "双高计划"专业群的建设现状 ………………………………… 73
    第一节 "双高计划"专业群组建情况 ……………………………… 74
    第二节 "双高计划"专业群建设成效 ……………………………… 77
    第三节 "双高计划"专业群建设现实审视 ………………………… 81

第五章 "双高计划"背景下高职院校专业群建设的机遇与挑战 …… 87
    第一节 国家政策为专业群建设提供新支持，同时提出新要求 … 88

第二节　产业集群发展为专业群建设提供契机，同时带来
　　　　新变化 ………………………………………………… 93
第三节　高职教育稳定发展为专业群建设提供可能，同时
　　　　提出新使命 ……………………………………………… 102

第六章　"双高计划"专业群建设的典型案例 …………………… 111
第一节　装备制造大类专业群建设案例 ………………………… 112
第二节　电子与信息大类专业群建设案例 ……………………… 129
第三节　轻工纺织大类专业群建设案例 ………………………… 145

第七章　"双高计划"专业群建设的特色与经验 ………………… 157
第一节　"双高计划"专业群建设经验分析 …………………… 158
第二节　"双高计划"专业群建设特色做法 …………………… 165
第三节　"双高计划"专业群建设共性经验 …………………… 169

第八章　高职院校高水平专业群建设的行动路径 ………………… 183
第一节　树立融合理念 …………………………………………… 184
第二节　构建可持续治理体系 …………………………………… 190
第三节　系统优化专业布局 ……………………………………… 196
第四节　打造高水平教学团队 …………………………………… 200
第五节　推进高标准教学改革 …………………………………… 206
第六节　增强高质量社会服务 …………………………………… 208
第七节　强化数字化赋能 ………………………………………… 210
第八节　开放拓展国际合作 ……………………………………… 214

参考文献 ……………………………………………………………… 218

第一章

绪 论

习近平总书记强调，职业教育前途广阔，大有可为。我们必须贯彻落实习近平总书记的指示精神，始终把提升劳动者素质摆在重要位置，这对实现一个国家、一个民族的发展至关重要。作为支撑中国制造、中国创造的重要支柱与基础力量，技术工人队伍在推动优质经济发展中发挥着关键作用。应注重创新不同层次、不同类型的职业教育模式，营造有利于劳动者个人成长和才能发展的良好环境，进而使现代职业教育体系更加完善。要始终坚持党的领导，坚定立德树人的宗旨，优化职业教育的类型定位，深化产教融合与校企合作，全面推动育人方式、办学模式、保障机制与管理体制的改革。稳步推进职业本科教育发展，建设一批具有中国特色的高水平职业院校与专业，增强职业教育的适应能力，推动职普融通，破除职业教育发展壁垒，加快现代职业教育体系的构建，从而培养更多高素质的技术技能创新型人才，造就一支能工巧匠、大国工匠队伍。

高等职业教育作为为区域经济社会发展培养所需的高素质技术技能人才的重要途径，重要性不言而喻。以专业群为基础，推动高等职业教育的"双高计划"建设，不仅能够更好地满足社会经济发展的多元化需求，还能够促进技术技能人才的高质量培养与促进人的全面发展。这种教育模式不仅优化了教育资源配置，还提高了教育教学的针对性和实效性，为区域经济的持续健康发展提供了坚实的人才保障。虽然，高水平专业群建设在高等职业教育的发展和"双高计划"建设中是必不可少的且至关重要的一环，然而，要使专业群建设真正发挥实效，还需要经历复杂且漫长的过程。随着专业群和专业群建设这一重要且关键的概念在高等职业领域受到越来越多的关注，理论界也对此产生了浓厚的兴趣。那么，究竟应该怎样来认识和理解专业群的内涵呢？怎样建好中国特色高水平专业群，进而推动我国高职教育发展呢？

本章阐述了"双高计划"背景下高职院校专业群建设的研究背景、研究意义、核心概念与研究综述，期望通过文献研究法、历史研究法、调查研究法、文本分析法，探析"双高计划"背景下高职院校专业群建设背后的深层根源，并探索构建"双高计划"背景下高职院校专业群建设理论框架。以"双高计划"背景下高职院校专业群建设为研究切入口，解释和解决中国高等职业教育面临的发展困境，关注高等职业教育内涵发展。

第一节
研究背景与意义

一、研究背景

职业教育承载着培养多元化人才、传承技术技能、推动就业创业的重大使命。在新时代，职业教育不仅在推进产业转型升级、促进就业创业、服务民生等方面发挥着重要作用，更在推动经济社会高质量发展、助力实现民族复兴中国梦的宏伟征程中扮演着举足轻重的角色。当前，我国经济社会已迈入高质量发展的崭新阶段，产业转型升级的步伐日益加快，呈现出集群化、规模化的发展态势。在这一时代背景下，人才需求的内涵与结构亦发生了深刻变革，对人才的技能水平和实际操作能力提出了更高的要求。因此，随着时代的进步，职业教育在培养技术技能人才方面的重要作用日益凸显。然而，在传统单一的专业建设机制下，资源分散、浪费及竞争力不足等问题日益突出，传统的职业教育已经难以适应产业集群化发展趋势，无法满足产业对复合型、创新型技术技能人才的迫切需求。人才供给与需求之间的结构性矛盾持续加剧，亟待调整专业建设策略，以更好地适应产业和行业的发展需求。2019年，中国特色高水平高等职业学校和专业建设计划的正式启动与实施，意味着将高水平专业群视为职业教育高质量发展的重要抓手，着重强调了专业群资源集群优势和社会服务功能，以此对接区域产业链条化、集群化转型发展，通过科学组群、课程重构、科学治理，探索建立专业群与产业群动态调整与适配机制，提高专业群发展结构优化和资源整合自我完善的能力，实现人才供给和人才需求高度匹配、全方位融合，解决人才供给与需求的结构性矛盾，推动经济社会的持续发展。高职院校专业群建设不仅是对产业转型升级这一外部需求的积极适应，更是推动高职教育自身内涵式发展的内在要求。同时，也是提升职业教育质量、增强办学特色、提高社会服务能力的重要途径，有助于实现高等职业教育的可持续发展。因此，高职院校专业群建设既是回应外部挑战的战略选择，也是推动自身发展的内在需求。

（一）国家宏观政策的引导

2006年，教育部发布的《关于全面提高高等职业教育教学质量的若干意见》文件中明确指出，高职院校应紧密结合市场需求与专业布局，构建以重点建设专业为核心、以相关专业为骨干的专业群，这是国家教育行政部门首次正式提出"专业群"的概念，该文件也是教育行政主管部门采用"专业群"概念的首个文件。同年11月，教育部联合财政部共同正式启动了全国"国家示范性高等职业院校建设计划"，该计划在全国范围内重点投入建设专业500个，力求建成一批产业覆盖广泛、特色鲜明、教学条件优越、产学合作紧密且人才培养质量高的专业群。2010年，教育部与财政部联合印发了《关于进一步推进"国家示范性高等职业院校建设计划"实施工作的通知》，明确提出继续打造100所左右国家骨干高职院校，并将专业群建设作为计划的核心任务。2014年，国务院发布的《关于加快发展现代职业教育的决定》着重指出，应深化产教融合、校企合作和工学结合，确保专业设置与产业需求保持高度一致，促进职业教育与产业界的紧密结合。此外，教育部等六部门联合印发了《现代职业教育体系建设规划（2014—2020年）》，该规划鼓励区域内职业院校明确发展方向，专注于发展当地经济社会所需的特色优势专业或专业集群，以更好地服务地方经济和社会发展。2015年，教育部出台的《关于深化职业教育教学改革全面提高人才培养质量的若干意见》文件中再次强调，高等职业教育应紧密围绕各类经济带、产业带和产业集群的发展需求，构建与之相适应的、特色鲜明且效益显著的专业集群。至2019年1月，国务院印发了《国家职业教育改革实施方案》，明确提出到2022年，建成50所高水平高等职业学校和150个骨干专业（群）。同年，教育部、财政部联合印发的《关于实施中国特色高水平高职学校和专业建设计划的意见》指出，要集中力量建设一批引领改革、支撑发展、中国特色、世界水平的高职学校和专业群，首次将高水平专业群建设与高水平高职院校列为同等重要的位置。由此可见，近年来我国政府对高职教育的发展给予了高度重视，通过制定实施一系列政策文件，为高职院校专业群的建设与发展提供了有力的宏观政策引导与支持。这些政策不仅为专业群建设指明了方向，还为其提供了建设参考依据，有效推动了高职院校专业群的健康、快速发展。这种政策层面的支持，不仅体现了高职教育的重要地位和作用，而且为高职院校专业群建设提供了良好的外部环境和条件。

(二) 经济社会发展的驱动

"十三五"以来，我国经济进入了从高速增长转向高质量发展的新阶段，随着产业集群效应逐步显现，社会对高素质技术技能人才的需求日益迫切。此外，"互联网"技术不仅广泛融入第三产业，同时也逐步渗透至第一和第二产业中。在产业呈现集群化发展的趋势下，衍生了不少的新行业、新职业、新岗位，新一代信息技术，包括云计算、物联网、大数据和人工智能等，与传统产业深度融合创新，催生出众多新兴业态，为产业增长注入了新活力。同时，新行业、职业和岗位群的不断涌现，不仅丰富了产业的内涵，而且在一定程度上展现了现代职业高度分化与高度综合的并行趋势。一方面，随着社会分工的细化，职业分工也日趋精细，专业化程度不断提升；另一方面，职业的跨界性也日益显著，工作环境日趋复杂多变。在这种经济发展背景下，仅掌握单一的技能已难以胜任工作岗位，岗位对从业者的能力要求正朝着综合化方向发展，要求从业者具备更为全面的素质和能力。相较于普通高等教育，高等职业教育与社会经济发展的联系更为密切，其办学目标是为产业发展提供技术技能人才支撑，专业建设的质量对人才培养质量的高低有着重要影响，为满足社会经济发展产生的新要求，高职院校亟须由"围绕产业办专业"转向"围绕产业群办专业群"。

目前，我国高职院校在专业设置方面尚存在一些不足之处。具体来说，专业分类过细且数量过多，这导致了办学资源的分散化。许多专业因单体资源不足、规模偏小、整体实力较弱而面临发展困境。特别是在产业集群迅猛发展的当下，即便某些专业实力较强，也难以完全适应产业集群对技术技能人才素质和能力提出的新要求。随着经济结构的不断调整和产业的持续转型升级，这种不匹配、不适应的问题越发凸显，成为制约高职院校与产业发展深度融合的重要原因。相较于单一专业，专业群因其资源集聚以及更为灵活的特性，更能有效适应市场需求的快速变化。因此，高职院校应当紧密围绕经济社会和产业发展的实际需求，及时跟踪技术技能人才需求的变化趋势。在此基础上，从专业群与产业协同发展的视角出发，着力打造高水平专业群，

以增强人才培养的适应性和针对性，确保所培养的人才能够更好地满足产业发展的需要。从这个角度来看，从专业建设到专业群建设，是职业教育适应产业发展新趋势的客观要求。高职院校应积极推动专业群建设，不断优化专业群结构，提升人才培养质量，致力于培养与产业链现代化水平相匹配的高素质技术技能人才，为我国经济社会的持续发展提供坚实的人才保障和智力支持，更好地服务国家发展战略，为经济社会发展注入新的活力。

（三）实现就业乐业的需要

中国特色社会主义进入新时代，人民日益增长的美好生活需要和不平衡不充分的发展之间的矛盾是当前社会的主要矛盾。习近平总书记指出，"为人民谋幸福，是中国共产党人的初心。我们要时刻不忘这个初心，永远把人民对美好生活的向往作为奋斗目标"。"安居乐业"是人民幸福与美好生活的基石，"乐业"的实现离不开"就业"的支撑。"就业"不仅是人民美好生活的重要组成部分，更是实现"安居乐业"、享受幸福生活的先决条件。党的十九届四中全会强调，应完善促进机制，以推动更充分、更高质量就业，为实现就业领域的全面拓展和深化发展提供了根本性指导。实践表明，高职院校在积极推进专业群建设过程中，不仅促进了技术技能的深度融合，还显著拓宽了毕业生的就业选择，为毕业生实现更广泛、更高层次的就业创造了有利条件，奠定了坚实的基础。因此，专业群建设已成为推动更充分、更高质量就业的有效途径之一。尽管各地高职院校在专业群建设方面取得了不少进展，但建设质量参差不齐，实际效果不够显著，直接影响了专业群建设在就业方面的促进作用。深入探究其原因，可以发现专业群的组建逻辑尚不够清晰明确，这是导致现状的关键原因。由此可见，在新时代背景下，对高职院校专业群组建逻辑进行深入的研究，不仅是职业教育发展的内在要求，而且是高等职业教育适应经济社会发展、提升人才培养质量的必然选择，已然成为高等职业教育发挥促进就业功能、推动经济高质量发展的迫切需求。

（四）打造高水平高职院校的品牌

提升人才培养质量是实现职业教育高质量发展的核心所在，其关键在于提升专业建设质量。教育部与财政部携手启动了中国特色高水平高职学校和专业建设计划，即"双高计划"，该计划不仅是落实《国家职业教育改革实施方案》的关键计划，更是推动高等职业教育提质升级的重要支柱，同时，它也作为新时代职业教育全面发展的引领性制度设计，为整体进步提供了指导性制度框架。近年来，"双高计划"已成为高等职业教育发展的核心焦点，它致力于构建高水平专业群，以增强我国高等职业教育的品牌竞争力，塑造独具中国特色的高等职业教育模式。与以往的国家示范（骨干）校、优质校相比，"双高计划"在项目设计上更加凸显专业群建设的重要性，将其置于前所未有的显著地位。《中国特色高水平高职学校和专业建设计划项目遴选管理办法（试行）》明确，无论是高水平学校建设单位，还是高水平专业群建设单位，均需以学校和专业群赋分综合排序而确定。专业群建设成为"双高计划"的准入门槛，同时也成为评价高水平高职学校的关键指标，对推动高等职业教育高质量发展具有重要意义。这一变化将促使高职院校在全国范围内找准自身办学定位，集中力量打造具有独特优势和特色的专业群，从而形成具有区域和行业特色的竞争优势。此外，这也打破了传统意义上专业设置的"千校一面"的趋同的办学模式，推动了全国高职院校实现错位发展，形成各具特色的多元化、差异化的发展格局。通过打造特色鲜明的专业群、打造具有影响力的学校品牌、提升办学质量，促使高等职业教育成为学生家长的优选路径。

二、研究意义

（一）理论意义

高职院校专业群建设作为"双高计划"的重要制度设计，其组群逻辑的明确性对有效整合教育资源、打造高职院校特色品牌至关重要。这有助于实现产业对技术技能人才的需求与职业教育人才供给之间的精准对接。鉴于当前高职院校专业群建设的理论研究尚显不足，未能充分匹配实践进度，深入研究高职院校专业群建设具有重要的理论价值和实践意义。

1. 完善职业院校专业群内涵建设理论

学界已有研究均聚焦于专业群组群逻辑、建设路径等方面，对关于教学的"教"研究较多，对教学的"学"关注不够。培育人才的关键在于学生的"学"、调动学生"学"的积极性，必须明确"专业群内涵建设对学生有什么

好处"。通过研究"双高计划"专业群的建设标准和发展路径，可以更加清晰地把握专业群的发展方向，为职业院校制定专业群发展规划提供理论支撑。

2. 明确职业院校专业群内涵建设目的

2022年12月，中共中央办公厅、国务院印发的《关于深化现代职业教育体系建设改革的意见》提出，职业教育应坚持以人为本的改革导向，确保学生根据个人禀赋和需求享有多次选择的机会，实现多样化发展。专业群建设需要大量的人力、物力及财力投入，其核心目的在于推动人的全面发展。因此，深化专业群内涵建设研究时，必须清晰界定其建设目标，以确保资源的有效利用和人才培养的高效实现。

3. 推进专业群内涵建设实现理论创新

"双高计划"专业群的研究对明晰专业群发展的内在逻辑和规律具有重要意义。通过对"双高计划"专业群的形成机制、发展路径和影响因素进行深入剖析，我们可以进一步揭示专业群发展的内在规律和特征，为构建更为科学合理的专业群发展理论框架奠定坚实的基础。"双高计划"专业群的形成机制研究可以帮助我们理解专业群产生的背景、条件和动因。通过分析产业转型升级、技术进步和市场需求等因素对专业群形成的影响，可以更好地把握专业群发展的驱动力和趋势。"双高计划"专业群的发展路径研究有助于探索专业群发展的规律。通过研究不同类型"双高计划"专业群的发展轨迹，可以总结出专业群发展的关键要素和策略，为专业群的可持续发展提供指导。

（二）实践意义

我国"十四五"规划为职业教育改革与发展指明了方向，强调了加大人力资本投入、增强职业教育适应性等具体目标。为实现这些目标，"十四五"规划提出了一系列举措，包括深化普职融通、产教融合、校企合作，探索中国特色学徒制等，以培养大批高素质技术技能人才。在这一背景下，深入高职院校专业群组建逻辑的研究显得尤为重要，这不仅对推动专业群的高质量建设至关重要，还有助于推动"十四五"规划中职业教育目标的顺利实现。

1. 推进职业教育适应区域经济社会发展需求

开展高职院校专业群专门研究，对服务区域产业群发展具有重要意义。专业群建设是高职院校适应产业转型升级和应对市场需求的重要举措。开展

"双高计划"背景下专业群的专门研究，有助于深入了解产业转型升级对人才需求的趋势和特点，分析专业群建设的内在规律和核心要素，从而为构建高水平专业群提供理论支撑和实践指导；同时，有助于提升高职院校专业群服务区域产业群的能力，这是因为高职院校专业群作为区域经济发展的重要支撑力量，需要紧密结合区域产业群发展需求，为产业群提供高素质技术技能人才；有助于高职院校专业群更好地把握区域产业发展趋势和需求，优化专业设置和人才培养模式，提高服务区域产业群的能力和水平。

2. 推进新时代职业教育实现高质量发展目标

专业是职业院校开展教育教学活动的核心载体和基本组成，而专业群建设是职业院校实现高质量发展的关键支撑。高水平专业群的建设，对推动产教融合、校企合作的深化及多元办学主体的形成具有显著促进作用，可持续增强职业教育整体实力，提升职业教育的质量和效益，能为培养更多高素质技术技能人才提供有力支撑，从而推动职业教育可持续发展。开展"双高计划"背景下专业群专门研究有助于促进高职院校的内涵建设和教育教学改革。通过深入研究专业群建设的理念、模式、路径和方法，可以推动高职院校专业群更新教育观念、完善教学体系、提升教学质量和人才培养质量，促进高职院校的内涵建设和可持续发展。通过深入研究和探索专业群建设的内在逻辑和规律，可以为高职院校的专业群建设提供更加科学和有效的指导，促进专业群高水平发展，推动新时代职业教育高质量发展。

3. 推进新时代职业教育大力培养技术技能人才

开展"双高计划"背景下专业群专门研究，对大力培养技术技能人才具有重要意义。通过深入研究"双高计划"专业群的形成机制、发展路径和影响因素，可以更好地把握专业群发展的内在逻辑和规律，为构建高水平专业群提供有力支撑。"双高计划"专业群建设有利于实现教育教学资源与社会资源的有效整合与共享。通过集中优势资源，优化资源配置，提升教育教学水平和人才培养质量，为社会输送更多高素质技术技能人才。随着产业转型升级和新兴产业的崛起，对具备专业技能和创新能力的复合型人才的需求不断增加。"双高计划"专业群的建设能够适应这一需求，培养学生的综合素质和跨领域能力，使他们更好地适应职业市场的变化和需求，实现知识的增长与

职业能力的增进。职业教育是培养技术技能人才的重要途径，通过"双高计划"专业群的建设和专门研究，能促进高职院校专业群人才培养质量，为更多学生提供成长和发展的机会，让他们在职业生涯中取得更好的成就，实现"人生出彩"。

4. 促进职业教育社会形象的改进

尽管我国职业教育取得了显著进展，但当前职业教育的社会形象仍需改善，社会吸引力和影响力仍有待提升。为了让职业教育成为广大民众的主动选择，我们需要探索一条创新发展道路，致力于推动职业教育从被视为"贫困人群的选择"逐渐转变为"普通人的教育选择"，最终实现其成为"提升民众能力的重要途径"的愿景，从根本上重塑和提升职业教育的社会形象。探究高水平专业群建设路径，可推进高职教育内涵建设，推动教育教学资源的整合与优化，通过集中优势资源，提高人才培养质量，培养出更多具备专业技能和创新能力的优秀人才，从而提升职业教育在社会上的认可度和影响力。通过高水平专业群建设，能够更好地促使职业教育适应市场需求和产业发展，为学生提供更优质的教育资源和就业机会，从而增强职业教育对广大学生和家长的吸引力。

第二节

核心概念界定

一、"双高计划"

"双高计划"全称中国特色高水平高职学校和专业建设计划，是党中央和国务院为推进中国教育现代化而实施的一项重大决策建设工程，旨在建设一批引领改革、支撑发展、中国特色、世界水平的高等职业学校和骨干专业（群）。

自党的十九大以后，为加快发展中国特色现代职业教育，中国特色高水平高职学校和专业建设应运而生。2019年1月，国务院印发《国家职业教育改革实施方案》，提出启动实施中国特色高水平高职学校和专业建设计划。同年 4 月，教育部、财政部发布《关于实施中国特色高水平高职学校和专业建设计划的意见》，正式启动建设一批"引领改革、支撑发展、中国特色、世界水平"的高职学校和专业群。2019 年 12 月，教育部与财政部联合发布了《中国特色高水平高职学校和专业建设计划建设单位名单》，公布了首批中国特色高水平高职学校和专业建设单位名单。在这份名单中，共有 197 所高校入选"双高计划"，其中 56 所高校被认定为高水平学校建设单位，分为 A、B、C 三个档次（A 档 10 所、B 档 20 所、C 档 26 所）；另有 141 所高校被认定为高水平专业群建设单位，同样分为 A、B、C 三个档次（A 档 26 所、B 档 59 所、C 档 56 所）。

"双高计划"建设是中国高等职业教育的重大决策建设工程，能够推动我国职业教育的深化改革、促进我国职业教育的高质量发展、打造职业教育的中国方案、彰显我国职业教育的品牌特色，对推进中国教育现代化具有重要的历史和战略意义。其中，高水平高职学校和高水平专业群建设是"双高计划"建设的两大核心所在，也是展现双高院校实力和竞争力的关键环节。面对日益激烈的教育竞争和适应社会经济转型升级高水平专业群建设成为了我国高等职业教育发展的重要应对策略。同时，高水平专业群建设也是当前高职院校有效应对区域产业集群化、链条式发展的重要举措，是高职院校加速人才培养提质进程的重要突破口。

二、高职院校

高等职业院校，简称高职院校，主要指大学专科院校。教育部对普通高职院校校名后缀有明确规定：非师范、非医学类专科层次高校，其校名后缀应统一为"职业技术学院"或"职业学院"；而师范、医学类专科层次高校，其校名后缀应为"高等专科学校"。高职院校面向普通高中毕业生和高中同等学力人员招生，学制一般分为 3 年或 2 年或 5 年几类。

1980 年，天津职业大学的成立标志着新中国成立后中国大陆首所非师范类高等职业院校诞生。1985 年，《中共中央关于教育体制改革的决定》明确倡导发展高等职业技术院校，并提出逐步构建与普通教育相衔接的职业技术教育体系。此决策推动了全国范围内 120 余所高职院校的设立，直接推动了高等职业教育的蓬勃发展。1996 年，全国职业教育工作会议的成功召开与《中华人民共和国职业教育法》的正式颁布，进一步促进了职业教育的发展，明确了三级分流与"三改一补"（将高等专科学校、职业大学、成人高校改革为高职院校；中等专业学校办高职班作为补充）的发展策略，奠定了职业教育依法治教的基石。同年，《中华人民共和国职业教育法》还明确了职业学校教育的层次划分，规定高等职业学校教育由相应机构实施。1998 年，全国人大常委会第四次会议通过并颁布的《中华人民共和国高等教育法》标志着高等职业院校正式纳入高等教育体系。2014 年 6 月，《国务院关于加快发展现代职业教育体系的决定》提出"探索发展本科层次职业教育"的构想；至 2019 年 2 月，《国家职业教育改革实施方案》明确"职业教育与普通教育是两种不同教育类型，具有同等重要地位"，并提出开展本科层次职业教育试点。2019 年 6 月，教育部正式批准了首批 15 所民办高职院校升格为本科层次职业学校，并由"职业技术学院"正式更名为"职业技术大学"，开始了本科层次职业教育试点探索，在探索职业教育发展新路径上迈出了坚实的一步，更有力地推进了职业教育的高质量发展。同时，教育部还就《中华人民共和国职业教育法修订草案（征求意见稿）》公开征求意见，提出使用职业高等学校概念，以更好地对应普通高等学校，涵盖专科与本科层次。这一系列举措标志着我国高等职业教育的规范化与深入化发展。

三、专业

虽然"专业"一词在教育领域十分常见，但学术界并未对该名词作出统一解释。如《辞海》对"专业"的解释是依据社会分工需求进行学业分类，明确区分了高等院校的学科与高职院校的专业设置❶。而在《现代汉语词典》中，则将"专业"定义为：基于科学分工或者生产部门中的岗位区分标准，将中等专业学校中的学业或高等学校中的某个系划分成多个类别❷。在《教育大辞典（第 2 卷）》中，"专业"一词解释为主要存在于苏联及中国等国家的高等教育中的对人才培养所划分的不同专业领域，这一概念与《国际教育

---

❶ 辞海编辑委员会. 辞海［M］. 上海：上海辞书出版社，1999：2785.
❷ 中国社会科学院语言研究所词典编辑室. 现代汉语词典［M］. 北京：商务印书馆，1992：1518.

标准分类》及美国的课程计划和主修概念具有一定的共通性❶。潘懋元等学者认为专业是课程中常见的组织形式❷。实际上，"专业"这一术语在西方高等教育体系中并不存在，其定义在教育界中因领域不同而有所差异。以联合国教科文组织为例，其在界定国际教育标准时并未使用该词，而是选用了与"专业"意义相近的"课程计划"。对此，周建松认为，专业一词是源于俄文的专业术语，特指中国、苏联等国在高等教育中，为有针对性地培养学生而特别划分的多个专门领域。现泛指高等院校或其他教育机构基于已明确的培养目标，设置形成的教育基本单位或组织形式，再利用科学化的课程组合，以达到预期设定的培养目标❸。学生于在校期间学习完相关课程后，掌握了与之相关的专业知识、技能后即可获取相对应的专业证书。

在我国高等教育中，专业与学科相辅相成，二者缺一不可。普通本科侧重于学科建设，高职侧重于专业建设。学科和专业之间的主要差别在于学科侧重于知识学习，而专业侧重于技术技能学习。二者的核心不同，各有优势。学科建设深刻影响着专业建设的底蕴与特长，而专业建设进一步拓宽了学科建设的领域并彰显其特色。就高职教育而言，专业不同于普通高等学校中的学科，因为其侧重点为技术技能。技术知识的建构注重的是能否与职业世界的相关信息相通，能否和某个岗位的技术技能相对接，是否具备与该岗位紧密相关的技能，以及这些技能是否展现出明确的针对性，而非仅仅关注其是否全面掌握了具有逻辑性和专业性的知识❹。从本质上讲，专业是高职院校人才培养的载体，设置专业的核心宗旨在于为社会输送具备高水准专业技能的应用型人才。是高职院校可持续发展必不可缺的关键要素。

综上所述，不难看出"专业"内涵丰富，与学科既相互区别又相互联系。本书认为专业是以技术技能人才培养为核心目标，在职业学校或其他教育机构中构建的教育组织形式及基本单位，它通过，对接产业、职业岗位，科学合理地组织课程实施教学，培养产业所需的技术技能人才。

---

❶ 顾明远. 教育大辞典（第2卷）[M]. 上海：上海教育出版社，1990：26.
❷ 潘懋元，王伟廉. 高等教育学[M]. 福州：福建教育出版社，1995：89.
❸ 周建松. 高等职业教育专业建设理论与探索[M]. 杭州：浙江大学出版社，2010：1.
❹ 张海峰. 论高职专业开发的目标、原则与机制[J]. 职业技术教育，2003，24（7）：18-20.

四、专业群

目前关于专业群的内涵界定，主要有两条路径：一是国家政策层面的阐述，二是学术研究领域的剖析。

在政策层面，专业群首次出现在2006年的政策文件中。同年，教育部与财政部联合印发了《关于实施国家示范性高等职业院校建设计划加快高等职业教育改革与发展的意见》，强调要深化重点专业领域建设，从国家示范院校中遴选优势专业进行重点扶持，建设500个以重点建设专业为核心、相关专业协同发展的专业集群，进而提升国家示范院校服务经济社会发展的能力与水平。2019年，国家出台了《中国特色高水平高职学校和专业建设计划的意见》与《中国特色高水平高职学校和专业建设计划项目遴选管理办法（试行）》，对高水平专业群进行了明确界定。专业群主要涵盖具有共同服务目标的专业，旨在通过集聚效应和服务功能的发挥，实现群内专业教学资源、校企合作等方面的共建共享与协同合作。通过特色发展，高水平专业群应能够促进人才培养供给侧与产业需求侧的全方位融合，从而推动教育与产业的深度对接。

除了国家政策层面的阐述，学术界也对专业群的概念进行了界定。"核心专业引领论"认为"专业群是以一个或若干重点专业为核心，由多个相关的专业共同组成的专业集群"，这一理论突出强调专业群内核心专业对其他专业的示范引领作用[1]。"相同相近专业组合论"则认为"专业群是由若干课程内容相近、资源共享能力较强、职业岗位相近的相关专业组成的一个专业集合"，这样的专业集合能够达到专业资源共享、抱团发展的目的[2]。"产业链围绕论"认为"专业群是由若干个在工作范畴具有关联性的专业围绕某一行业产业链而设置形成专业集群"，重视产业链对专业群建设的导向作用[3]。袁洪志在《高职院校专业群建设探析》一文中阐述，专业群的核心在于那些办

---

[1] 孙毅颖. 高职专业群建设的基本问题解析 [J]. 中国大学教学，2011（1）：36-38.
[2] 郭福春. 高水平专业群在高水平高职院校建设中的现实意义分析 [J]. 中国职业技术教育，2019（5）：21.
[3] 陈运生. 产教融合背景下高职院校专业群与产业群协同发展研究 [J]. 中国职业技术教育，2017（26）：27.

学基础扎实、就业市场表现优异的重点建设专业，这些核心专业与多个在工程对象、技术领域或专业学科基础上有共通之处的相关专业共同构成了一个集合体❶。欧阳河教授指出，专业集群是职业院校内多个服务于同一产业链、相近岗位群或具有相同学科基础的专业集合，这些专业既共享资源又优势互补，因而紧密相连形成集合体。从"专业群"这一概念出发，可以衍生出群理念、群生态、群逻辑、群课程、群建设、群治理等一系列相关理念，形成一套完整的范式。只有通过全面推进这一范式改革，我们才有可能打造出高水平的专业群❷。

因此，专业群并非某些专业简单随意的组合，而是遵循一定的组群逻辑而有机组合而成的。综上所述，专业群指高职院校为了更好地实现资源整合、共建共享、优势互补，将具有内在逻辑关联性的多个专业组建在一起而形成的集群。专业群内各专业可以是产业链上的相关专业，也可以是工作岗位紧密相关的专业，还可以是课程内容有高度相关性的专业，这些专业组建成为一个集群，能够实现群内资源的共享共用、优势互补。

第三节

研究综述

一、研究现状

（一）国外研究现状

相对而言，目前国外关于专业群的研究成果较少，然而，鉴于国外职业教育已积淀了丰富的经验，通过梳理与分析这些实践经验，我们仍有望从中汲取灵感，为我国的专业群建设提供有益的启示。

1. 关于专业群概念的研究

国外关于专业群的概念可追溯到经济学家迈克尔·波特（Michael Porter）提出的产业集群理论，其核心在于发挥集聚效应产业集群理论为"专业群"

---

❶ 袁洪志. 高职院校专业群建设探析［J］. 中国高教研究，2007（4）：52-54.
❷ 欧阳河. 以范式改革推进高水平专业群建设［N］. 中国教育报，2020-03-03.

概念的起源提供了重要理论基础。在教育领域，尽管"专业群"和"集群"的概念尚未明确界定，但诸如"课程集群""学校集群""创新教育集群"等相关概念已形成。沃克（Walker）指出，"课程集群"有助于学生更好地融入大学生活，从而提升学业成绩❶。Shikalepo 认为，"学校集群"能够通过将地理位置相近的学校组织起来，实现教育资源的共享，进而提升教育质量❷。Xamidullaevich 的研究表明，"师范教育创新集群"已成为 21 世纪德语区许多国家的重要实践❸。由此可见，在教育领域，许多与专业群相关、类似的集群概念正逐步发展出来并在教育实践中产生积极影响。

2. 关于专业群建设价值的研究

许多学者认为，采用集群模式开展教学有利于提高学生的综合素质能力。拉斐伯（Lafeber）强调，采用集群教学模式能够显著提升学生的学习能力水平❹。李（Lee）等学者认为，学科群不仅能够加强学科专业间的合作交流，增强课程教学的有效性，提升学校整体的教学质量，与此同时，还能够吸引学生更为专注地学习，促进其职业生涯的良好发展❺。伯克兰（Birkeland）等人认为，紧密的跨学科合作能够使参与者跳出固有角色，发挥各自独特能力与专长优势，形成合力达成目标❻。

3. 关于专业群建设方式的研究

国外学者大多主张专业建设应与企业岗位需求相匹配，并在制订计划方案、专业设置、课程教学、教材设计等方面提出了各自的见解。德国学者斯蒂芬·胡梅尔斯海姆（Stefan Hummelsheim）等人认为，在高职教育专业设置

---

❶ WALKER A. General education clusters at UCLA: Their impact on students' academic and social integration [C]. Poster presentation at AERA Annual Meeting, 2001: 40.

❷ SHIKALEPO E. School cluster system for quality education in rural Namibian schools [J]. African Educational Research Journal, 2018, 6 (2): 48-57.

❸ XAMIDULLAEVICH I. R. Innovative cluster of pedagogical education in XXI century: Problem, solution and result [J]. Journal of Critical Reviews, 2020 (7): 485-490.

❹ LAFEBER W. America, Russia, and the cold war 1945-2006 [M]. New York: McGraw-Hill, 2006: 333.

❺ LEE C. Interdisciplinary collaboration in English language teaching: Some observations from subject teachers' reflections [M]. Reflections on English Language Teaching, 2008 (2): 35-38.

❻ BIRKELAND A, TUNTLAND H, FØRLAND O, et al. Interdisciplinary collaboration in reablement—A qualitative study [J]. Journal of Multidisciplinary Healthcare, 2017, 10: 195-203.

过程中，政府须参与指导干预❶。阿利耶·梅内夫斯（Aliye Menevse）等认为，美国的职业教育应在"职业岗位群"理念下进行推广，高职院校的专业设置应面向职业岗位，并邀请企业参与专业建设，把控好质量关，避免专业建设与行业发展相脱节❷。加拿大学者诺尔帕纳（Shiva Nourpanah）指出，加拿大专业设置的流程是十分严格的，学校在设置专业时会高度关注产业发展变化，以保证专业人才符合职业岗位的要求❸。拉夫雷什（Lavrysh）指出，在加拿大，学校课程教材内容会根据产业发展变化进行定期更新❹。

4. 关于专业群建设实践基础的研究

纵观国外职业教育的发展历程，各国均发展出了与自身职业教育需求相契合的成熟的课程模式。双元制模式（即校企合作模式）聚焦于目标任务的具体化，深入剖析工作中的静态岗位特性。能力本位（CBE）模式以岗位的单项能力为侧重点，构建了职业能力分析表（DACUM 表）。岗位技能（MES）模式侧重于工作任务的分析，通过培训流水线技能来构建就业技能模块。"文凭+证书"（BTEC）模式强调能力本位，采取模块化的课程设置方式。此外，技术与继续教育（TAFE）模式同样注重能力本位，其核心在于"培训包"这一国家认可的职业资格培训体系的构建。由此可见，国外在专业群建设所依托的课程方面，已经形成了较为完善的模式，并积累了丰富的实践经验。

（二）国内研究现状

为了解国内"双高计划"背景下高职院校专业群建设研究的现状，以"专业群""高职教育""高等职业教育""双高计划"为篇名或关键词在中国知网（CNKI）全文数据检索平台中进行文献检索，发现当前关于高职院校专业群建

---

❶ HUMMELSHEIM S, BAUR M. The German dual system of initial vocational education and training and its potential for transfer to Asia ［J］. PROSPECTS, 2014, 44（2）：279-296.
❷ MENEVSE A, YAPICI E. An investigation of the opinions of the students of physical education and sports on vocational education: The cases of America and Turkey universities ［J］. Universal Journal of Educational Research, 2018（6）：2426-2437.
❸ NOURPANAH S. Drive-by education: The role of vocational courses in the migration projects of foreign nurses in Canada ［J］. Journal of International Migration and Integration, 2019, 20（4）：995-1011.
❹ LAVRYSH Y. Transformative learning as a factor of lifelong learning by the example of vocational education in Canada ［J］. Comparative Professional Pedagogy, 2015, 5（4）：62-67.

设的研究主要集中分布在专业群的内涵本质、建设价值与意义、组群逻辑与建设原则、建设方式与模式、建设指标体系以及建设实践案例等的研究。

1. 关于高职院校专业群内涵本质的研究

当前，国内对"专业群"内涵的研究已取得较为丰硕的成果。宋文光等学者指出，专业群是由核心专业及若干相邻领域专业构成，其中核心专业需要具备较强的办学能力❶。曾宪文等运用人力资本价值计量模型，深入剖析了专业群建设的本质，认为专业群是以学校龙头专业为核心、以职业间的内在联系为纽带，通过资源重组等方式整合其他相近专业形成的集合体❷。郭福春等人从产业、行业背景及职业能力三个维度出发，探讨了专业群的本质，认为专业群是将面向相同产业领域、相近行业背景及相近职业能力的多个专业整合在一起，而形成的专业集合体❸。方飞虎等认为，专业群的服务领域是一致的，主要以学校的优势专业为核心，联结其他技术基础、职业能力相近的专业组成专业群❹。吴升刚等从教育性等六个特性分析了高职专业群的基本内涵，认为职业是联结各个专业组成专业群的纽带，专业群围绕培养人才的主要目标，各专业协同发展，同时，专业群具备系统、开放、创新等特点❺。张红指出，专业群在本质上是一组专业的集合，其内在构成影响着外部的服务对象与方法❻。赵蒙成从产业集群角度对专业群的内涵进行了分析界定，认为专业群是专业的进阶版，在发展过程中须适应产业链条上的职业岗位群的变化❼。张俊义等人也表达了相似的观点，指出专业群中的核心专业应与地方核心产业密切关联，其他专业应与产业链相关❽。

---

❶ 宋文光，许志平. 高职院校专业群建设的路径探析［J］. 中国成人教育，2008（2）：98-99.

❷ 曾宪文，张舒. 论高等职业院校专业群建设——关于质的探讨［J］. 当代教育科学，2010（13）：15-18.

❸ 郭福春，徐伶俐. 高职院校专业群视域下的专业建设理论与实践［J］. 现代教育管理，2015（9）：111-114.

❹ 方飞虎，潘上永，王春青. 高等职业教育专业群建设评价指标体系构建［J］. 职业技术教育，2015，36（5）：59-62.

❺ 吴升刚，郭庆志. 高职专业群建设的基本内涵与重点任务［J］. 现代教育管理，2019（6）：101-105.

❻ 张红. 高职院校高水平专业群建设路径选择［J］. 中国高教研究，2019（6）：105-108.

❼ 赵蒙成. 高职院校专业群建设的偏误及其纠正：微观组织变革的视角［J］. 教育发展研究，2020，40（9）：63-70.

❽ 张俊义，宋莹，薛新巧."双高计划"背景下高等职业教育专业群课程建设研究［J］. 教育与职业，2021（5）：102-106.

2. 关于高职院校专业群建设价值的研究

关于专业群建设价值的研究，学者们从不同视角提出见解。米高磊等认为，专业群能够推动人才培养模式创新，能够增强学生的职业岗位适应能力，从而为产业发展提供更优质的人才，助力产业转型升级❶。任占营则从高职教育改革的视角出发，阐述了专业群建设的必要性，他认为为适应内外部环境变化，高职院校应不断优化专业结构，促进治理体系的改革，以提升高职院校的办学特色和竞争力❷。崔志钰等认为，产业集群需要大量的技术技能人才，而专业群建设的价值在于能够满足其人才需求❸。覃川认为，专业群建设的价值体现在促进职业教育内涵式发展、提高职业教育办学质量等方面，同时还能够促进社会经济发展，推进职业教育现代化❹。马廷奇等认为，培养具有创新思维的技术技能人才，促进地方产业集群的发展是专业群建设的重要价值❺。章建新从促进专业协调发展、经济一体化等内外部视角分析了专业群建设的价值所在❻。张栋科等认为，专业群建设十分重要，具有能够加快推进高等职业教育内涵式发展的功能❼。阚丽从百万扩招的生源变化这一全新视角分析了专业群的建设价值，认为专业群更能适应百万扩招背景下的办学需要❽。

3. 关于高职院校专业群组群逻辑的研究

专业群组建作为专业群发展的逻辑起点，是产业与人才需求的集中体现，同时也是专业群建设的关键环节。郭福春深入探讨了高职院校专业群的组建逻辑，指出存在产业、职业和学科三大逻辑❾。张红进一步细化了专业群组建

---

❶ 米高磊，郭福春."双高"背景下高职专业群建设的内涵逻辑与实践取向——以浙江金融职业学院为例［J］.高等工程教育研究，2019（6）：138-144.
❷ 任占营.高职院校专业群建设的变革意蕴探析［J］.高等工程教育研究，2019（6）：4-8.
❸ 崔志钰，陈鹏，倪娟.高职院校专业群建设：意义辨析·问题剖析·策略探析［J］.高等工程教育研究，2020（6）：136-140，181.
❹ 覃川.高职院校专业群建设定位与内涵发展研究［J］.中国职业技术教育，2020（23）：57-63.
❺ 马廷奇，王俊飞.从专业到专业群：高职院校专业群建设的产业需求逻辑［J］.中国职业技术教育，2021（8）：11-15.
❻ 章建新.职业联系视角下高职专业群建设的效应分析与提升对策［J］.职教论坛，2016（12）：5-9.
❼ 张栋科，闫广芬.高职专业群建设：政策、框架与展望［J］.职业技术教育，2017，38（28）：38-43.
❽ 阚丽.基于高质量专业群建设的高职人才培养［J］.教育与职业，2020（24）：52-55.
❾ 郭福春，徐伶俐.高职院校专业群视域下的专业建设理论与实践［J］.现代教育管理，2015（9）：111-114.

的模式，提出了依托共同基础、围绕核心专业、面向岗位及产业链四种构建专业群的方式❶。针对不同的组群逻辑，不同的学者有不同的观点。

（1）基于合力论的产业逻辑。吴升刚等强调高职院校在组建专业群时须紧密关注其与产业的对接性。由于产业发展状况和结构对人才培养的目标、规格及体系均提出不同要求，因此，高职院校应根据所在区域产业发展的实际情况，有针对性地组建专业群，确保教育培养与产业需求紧密契合❷。

（2）基于共同论的岗位逻辑。沈建根等指出，"职业联系"与产业、岗位群之间存在紧密的关联性。可通过融入工作要素的学习情境来推动学生职业能力的成长。同时需说明的是，"职业联系"并不否定学科知识，关键在于是以"学科体系"逻辑还是"工作体系"逻辑来加工和传授这些知识❸。在岗位逻辑下，专业间的行业背景和服务对象相似，因此，可以将具有一定工作联系的专业组织在一起，形成更为紧密的专业群❹。

（3）基于复合型人才培养的知识逻辑。徐国庆提出，当前高职院校在组建专业群时，单纯依赖产业逻辑或岗位逻辑显得较为机械。他强调，专业群的组群逻辑应聚焦于知识层面，但须明确区分本科教育与高职教育对知识逻辑的不同要求。本科教育组建学部或大类平台旨在打破科学研究中学科的界限，而高职教育组建专业群更注重复合型人才培养的深化。因此，从知识逻辑的角度出发，高职教育的专业群建设旨在培养复合型应用人才❺。

（4）基于相近论的专业逻辑。该组群逻辑实际操作性较强，通常建立在相似的专业大类基础上，确保各专业的基础相似且互为补充。这种逻辑便于实现课程、教师、实训、教学等资源的共享，从而使专业群的人才培养目标更为明确和聚焦。此外，以共同基础组建的专业群往往拥有共同的技术或学科基础，专业之间形成相互依存、相互促进的共享关系，这种特征也使专业群在教

---

❶ 张红．高职院校高水平专业群建设路径选择［J］．中国高教研究，2019（6）：105-108.

❷ 吴升刚，郭庆志．高职专业群建设的基本内涵与重点任务［J］．现代教育管理，2019（6）：101-105.

❸ 沈建根，石伟平．高职教育专业群建设：概念、内涵与机制［J］．中国高教研究，2011（11）：78-80.

❹ 刘英霞，亓俊忠，丁文利．系统论视角下高职学校高水平专业群组建逻辑与成效探析［J］．职业技术教育，2020，41（14）：25-29.

❺ 徐国庆．基于知识关系的高职学校专业群建设策略探究［J］．现代教育管理，2019（7）：92-96.

学资源配置、学科交叉融合以及人才培养质量提升等方面具有显著优势❶。

（5）基于协同的混合（多元）逻辑。孙峰提出专业群设置不仅受产业、职业、学科的影响，还受离职院校发展内部驱动力和外部产业经济发展驱动力的多重影响❷，因此，专业群的建设应立足区域特色产业，适度超前产业发展。尽管孙峰的观点综合了校内外多重因素，但其核心设置原则仍偏向"产业到专业"的线性逻辑，学校教育角色略显弱化。张栋科认为这种线性逻辑不适用于专业群建设，他根据卢曼（Niklas Luhmann）的功能结构主义理论，提出通过高职院校内部招生、教务和就业部门与外部政府、行业企业等部门联动，形成专业群建设的双联动逻辑❸。邓子云等也指出，专业群组建实际上是多种逻辑耦合的结果，包括产业高端业态、高端产业关系、岗位群特征、专业构成及人才培养定位等逻辑❹。

4. 关于高职院校专业群建设原则的研究

李波认为，高职院校在组群专业群时应遵循适应需求、科学构建、开放包容、协同一致等四个原则，不断提升人才培养质量，服务社会经济发展❺。刘毓认为，高职院校在组建专业群时应当坚持学生的主体地位，不断与外界交流，加大对专业群的资源投入，建立科学高效的运行制度❻。徐恒亮等认为，高职院校构建专业群要坚持依据社会发展要求、根据地方实际需要、结合自身办学发展、面向朝阳产业、适度超前建设等五个原则❼。孙峰认为，在构建专业群时，不应跟在产业后面，应适当超前发展，综合考虑地方产业发展，还应衔接好不同层次职业院校的专业群建设，重视资源与需求的导向❽。钱维存从学习者视角出发，针对专业群的目标、资源、运行制度、发展方向

---

❶ 宗诚，王纾. 关联性：双高院校专业群建设的基本遵循［J］. 中国职业技术教育，2020（13）：52-57.
❷ 孙峰. 专业群与产业集群协同视角下的高职院校专业群设置研究［J］. 高等教育研究，2014，35（7）：46-50.
❸ 张栋科. 高职院校专业群建设的行动逻辑反思与重构——基于功能结构主义的视角［J］. 教育发展研究，2019，39（1）：17-24.
❹ 邓子云，张放平. 中国特色高水平专业群的组群逻辑［J］. 现代教育管理，2020（4）：89-95.
❺ 李波. 高职院校特色专业及专业群建设的研究［J］. 中国成人教育，2009（2）：74-75.
❻ 刘毓. 高职院校松散型专业群建设研究［J］. 继续教育研究，2010（6）：82-84.
❼ 徐恒亮，杨志刚. 高职院校专业群建设的创新价值和战略定位［J］. 中国职业技术教育，2010（7）：62-65.
❽ 同❷.

等方面一一说明了其建设原则❶。

5. 关于高职院校专业群建设方式的研究

梅亚明认为，专业群建设要遵循专业发展的内在关联，满足专业设置的要求，积极探索专业群组建、结构优化的最佳方式，重构体系与架构❷。沈建根等认为，专业群的建设须厘清专业群内各专业之间的内在关联，深入调研区域产业发展情况，建立相关保障体制机制❸。滕跃民等认为，要从宏观视角看待专业群的建设，强化顶层设计，需要吸引多方主体参与，要鼓励行业组织、企业等主体参与专业群建设，建立系统完备的反馈调整体制，推进专业群内涵式发展❹。钱红等认为，专业群建设要从人才培养模式创新、课程改革、实训基地建设、双师型师资队伍建设、教学资源库建设等方面入手，提高专业群建设的质量水平❺。张君诚等在专业群课程体系建设方面提出了独到的见解，提出不仅要建立"平台+模块+方向"的课程体系，更要从组建方式、资源的共享整合、运行机制、结构优化、组织保障等方面促进专业群发展❻。董伟等从专业群建设方案内容挖掘视角出发，以专业群组织模式、群组强度、行业划分等特征为切入点，提出了加强校企合作、增强交流互动、建立评价制度等策略❼。李梦卿等认为，专业群建设应积极对接高端产业和支柱产业，凝聚各方主体的力量，组建专门的专业群建设指导委员会，以确保专业群建设工作的有序推进❽。

6. 关于高职院校专业群建设指标体系的研究

李林指出，专业群建设评价体系的构建应坚持遵循指导性、诊断性、可

---

❶ 钱维存. 学习者视角下职业院校专业群建设的实践逻辑［J］. 职教论坛，2020，36（7）：46-51.
❷ 梅亚明. 高校专业群的集约建设［J］. 教育发展研究，2006，26（17）：68-69.
❸ 沈建根，石伟平. 高职教育专业群建设：概念、内涵与机制［J］. 中国高教研究，2011（11）：78-80.
❹ 滕跃民，蒋志. 关于出版印刷艺术专业群结构布局的系统性思考——以上海出版印刷高等专科学校为例［J］. 教育理论与实践，2013，33（15）：13-15.
❺ 钱红，张庆堂. 高职院校专业群建设的实践与思考［J］. 江苏高教，2015（1）：139-141.
❻ 张君诚，许明春. 应用型院校专业群建设的思维和路径选择分析［J］. 国家教育行政学院学报，2017（5）：22-27.
❼ 董伟，陶金虎，郄海霞. 高职院校专业群组织模式识别及其特征——建设方案内容挖掘视角［J］. 高等工程教育研究，2021（2）：148-154.
❽ 李梦卿，邢晓. "双高计划"高职院校建设的时代要求、现实基础与提升路径［J］. 教育科学，2020，36（2）：82-89.

操作性、量性兼容及动态考核等原则，同时建立健全保障机制以确保持续改进与成果导向，从而推动专业群建设的递进过程❶。张秦建议从教学改革与创新、师资队伍建设、教学条件建设、人才培养质量提升、专业群建设成果五个维度构建高职专业群建设效果的评价指标体系❷。胡德鑫等强调，专业群评价应关注理念建构、管理机制和技术设计三大层面，确立科学的评价理念，明确评价权力的分配与运行，并设计合理有效的评价指标❸。孙佳鹏将背景、输入、过程、成果（CIPP）评价模式作为分析框架，提出评价指标应围绕专业群目标建构能力、资源配置能力、运行实施能力和成果绩效能力等四个方面进行构建❹。

7. 关于高职院校专业群建设模式的研究

传统的专业建设模式呈现出多样化的特点，涵盖了以产教融合、校企合作等切入点，以项目驱动为载体❺，以特色专业建设为核心的多种模式❻。然而，相较于传统专业建设模式，专业群建设内涵更为丰富，关系更为错综复杂，因此在建设角度的切入上也存在显著差异。专业群建设更注重整合与协同，旨在形成更具凝聚力和影响力的专业集群。通过文献梳理高职院校专业群建设模式，可以分为以下角度。

（1）从建设内容构成角度进行专业群建设模式的研究，包忠明等通过实践提炼，认为专业群建设模式涵盖人才培养、师资团队、课程实训、信息化教学和专业群管理等关键环节❼。柯玲基于当前产业集群园区化发展的背景下，提出了高职院校的集群式专业建设模式。这一模式强调专业群与产业群

---

❶ 李林. 高职专业群建设评价体系构建研究［J］. 教育评论，2017（8）：76-79.
❷ 张秦. 高职专业群建设效果评价指标体系研究——以湖南商务职业技术学院为例［J］. 教育科学论坛，2021（18）：15-19.
❸ 胡德鑫，金子. 高职院校专业群评价体系建构的三重突破：理念、管理和技术［J］. 教育与职业，2021（17）：19-25.
❹ 孙佳鹏. "双高计划"背景下高职院校专业群建设评价指标研究——基于CIPP评价模式［J］. 职教通讯，2021，36（5）：44-51.
❺ 朱红建. 以逆向工程项目为驱动的专业建设模式探讨——高职计算机辅助设计与制造专业建设的改革与实践［J］. 职教论坛，2009（18）：39-40.
❻ 李宏魁，韩应江. "四融四定"特色专业建设模式探索［J］. 职业技术教育，2009，30（11）：5-6，31，94.
❼ 包忠明，袁淑清. 高职纺织贸易专业群建设模式探析［J］. 高等职业教育（天津职业大学学报），2013，22（3）：50-53.

的对接，以需求为导向培养高质量人才，同时为适应行业发展的快速变化，该模式还建议建立专业随人才需求动态调整的机制，并依托专业群与产业园区合作，设立特色分院，实现共建共治共享共赢❶。周桂瑾提出了以"结构—资源—机制"为核心的专业群建设模式，即专业群建设在结构上考虑产业链、岗位职业群及学校建设基础，在资源上注重优质资源的集聚与最大化利用，在机制上聚焦于组织重构、制度完善，以确保专业群校内外运行顺畅与建设质量❷。

（2）从专业群组建的主体角度出发，孙毅颖提出了高职院校专业群的"内生式"建设模式，其核心理念在于依托院校自身的优势与特色专业，结合其他现有专业，形成重点建设的专业群❸。此外，温辉研究了校际专业群建设模式，提出了一种超越高职院校内部界限的校际专业群建设方式，即多所高职院校基于社会需求，共同构建专业集群❹。聂瑞芳进一步深化了校际专业集群建设的思路，主张以统筹城市群、产业群区域内的高职院校为基础，以创新管理机制为发展动力，构建适应性与前瞻性相结合的校际专业群建设模式❺。

（3）从组织建设的视角出发，专业群的建设模式主要分为跨院系专业群和以群建院两种模式。对于跨院系专业群建设，现有文献基于政府区域间治理理论，提出了"松散型"建设模式。刘毓指出，尽管依照相关相近原则构建的专业群容易形成稳定的结构，但这种稳定性也导致跨院系专业间的沟通障碍。为解决这一问题，提出了以项目为纽带的专业群建设模式，其特征在于内容开放、形式松散、模式动态，无须重新划分学系、组织架构和行政归属。根据项目建设需要，一个专业可以灵活地归属于不同的专业群❻。吕筱琼从组织建设角度深入剖析了"松散型"模式，即在保持原有院系组织稳定性的基础上，通过共同的重大项目和课题促进各专业的连接，跨学院建立专业

---

❶ 柯玲．产业集群园区化发展下高职院校集群式专业建设模式探究［J］．教育与职业，2017（16）：83-88．
❷ 周桂瑾．高职院校专业群建设模式的研究与实践［J］．职业技术教育，2017，38（29）：24-27．
❸ 孙毅颖．高职专业群建设的基本问题解析［J］．中国大学教学，2011（1）：36-38．
❹ 温辉．高等职业教育校际专业集群发展研究［J］．教育与职业，2014（17）：48-49．
❺ 聂瑞芳．高职院校校际专业集群建设探究［J］．教育与职业，2015（25）：37-39．
❻ 刘毓．高职院校松散型专业群建设研究［J］．继续教育研究，2010（6）：82-84．

群，实现目标协同、主体独立、资源共享和机制管理协同❶。至于以群建院的专业群建设模式，目前主要表现为建设实践多于理论研究，因此相关文献较少。孔德兰认为，学校应以专业群为基础构建二级学院，通过提供人力和资金保障，推行二级管理，实现专业群的自主管理❷。刘硕结合当前产业对专业人才的需求和高职学校的发展现状，提出了以群建院的专业群建设模式❸。聂强强调，围绕产业需求以群建院能更有效地激发二级学院的活力，确保专业群的资源聚集优势，并引领改革发展❹。

8. 关于高职院校专业群建设实践案例的研究

郭福春等通过深入剖析浙江金融职业学院案例阐明了专业群建设的基本原则和理论指导，指出高等职业院校专业群建设须以产业行业背景与岗位职业能力的相似性为基础，在专业群视野下，紧密围绕学科、产业、职业等核心要素展开。他认为，资源共享理论、人的全面发展理论、产业集群理论和协同创新理论为专业群建设提供了有力的理论指导，并主张从系部组织构建、人才培养方案顶层设计、课程资源建设、师资配备及校内外实习实训基地共享等多个维度进行实践探索❺。朱俊以某学院为案例，探讨了专业群建设的理论框架。他认为，专业群对生产岗位嵌套知识的不同编码方式深刻影响着专业组群的逻辑结构和所采用的教学组织管理形式，为专业群建设的策略制定提供了重要参考❻。郑宏亮等结合唐山工业职业技术学院机电一体化技术专业群的实践，提出了专业群建设的综合策略。他们强调顶层规划与底层落实的有机结合，构建完善的课程体系，并注重加强教学团队建设，以提升课程思政的实施能力。同时，深入挖掘思政元素，提升课堂育人质量，加强实训基

---

❶ 吕筱琼．基于协同创新理念的高职院校"松散型"专业群建设模式探讨［J］．继续教育研究，2014（1）：51-52.
❷ 孔德兰．构建以专业群为单元的校企合作有机体的实践与思考［J］．中国高教研究，2011（10）：73-75.
❸ 刘硕．基于"以群建院"模式的高职专业群建设实践探索——以湖南铁道职业技术学院为例［J］．湖北函授大学学报，2018，31（16）：65-66，73.
❹ 聂强．专业群引领下的"双高计划"学校建设策略［J］．教育与职业，2019（13）：16-20.
❺ 郭福春，徐伶俐．高职院校专业群视域下的专业建设理论与实践［J］．现代教育管理，2015（9）：111-114.
❻ 朱俊．知识编码与组群逻辑："双高计划"下的高职院校教学组织变革［J］．高等工程教育研究，2020（1）：153-159.

地建设，以促进学生职业素养的提升。此外，他们还提出了完善运行机制建设，以保障课程思政的有效实施❶。

二、研究述评

从国内外的研究现状来看，众多学者对高职院校专业群已进行了大量的理论与实践研究，对专业群的内涵本质、建设价值、组群逻辑、建设原则、建设方式、建设指标体系、建设模式和建设实践案例等方面开展了深入的分析与研究，取得了较为丰富的理论研究成果。

（一）现有研究的优点

1. 高职院校专业群建设的重要性已经普遍明晰

目前，多数高职院校已经认识到了专业群建设的重要性，积极推动专业群建设已经成为高职院校推进高质量发展的重要途径。解决职业院校专业群建设问题，可有效加快我国职业教育改革与发展进程，让高职学生成为对社会更有价值的人，成为德智体美劳全面发展的社会主义建设者，实现"人生出彩"。

2. 多样化的研究视角利于从不同维度剖析事物发展过程

学者们基于集体效率等理论概念，从结构功能主义等不同视角对专业群建设状况进行分析，并提出具有针对性的建设建议。多样化的研究视角更能洞悉专业群建设过程中存在的问题及原因，更加系统地审视专业群建设的各个环节为制定精准有效的建设策略提供多元化设计方案。

在对现有研究文献进行综合整理与分析的过程中，主要明确了"专业群"这一概念的具体内涵和定义，也详细探究了在当前的专业群构建探讨中，学者是如何进行分类与研究的，并探讨是否存在一种普遍适用的建设模式。此外，还深入挖掘了专业群构建所涉及的关键要素等诸多相关内容。对这些文献的详尽梳理，不仅为本研究提供了丰富的理论依据，更推动了我们对专业群建设的深入思考。

---

❶ 郑宏亮，牛彩雯，张晶，等．机电类专业群课程思政建设的探索与实践［J］．职业教育研究，2021（4）：34-38．

(二) 现有研究的不足

1. 有关高职院校专业群建设的发展历程有待梳理

有关高职院校专业群建设的发展历程的研究较少，难以全面清晰地展示高职院校专业群发展至今的历史演变。当前，我国高职院校专业群建设实践已经站在新的历史起点上，只有理解高职院校专业群为何会发展起来，它的演进基于何种背景形势；每个阶段的建设与发展取得了什么样的成效，面临什么样的问题，拥有哪些经验；在高职教育不断发展的进程中，专业群如何一步步发展至今等历史问题，才能更好地理解在开启"双高计划"的新时代，专业群应如何继续前行。因此，重新审视高职院校专业群发展历程，理解高职院校专业群建设与社会发展的适应关系，是当前高职院校专业群研究的重要课题。通过系统梳理高职院校专业群的发展历程，明确各个阶段的发展重点和特点，包括对早期的高职教育发展、专业群概念的提出、实践探索及政策推动等方面的研究；通过总结不同阶段和不同类型的高职院校专业群建设经验，提炼出具有普遍意义的模式和路径，为今后的专业群建设提供指导和借鉴；通过关注高职院校专业群建设的未来发展趋势和挑战，在对历史进行研究的基础上，预测和分析未来的发展趋势，更好地把握专业群建设的规律和方向，为推进高水平专业群建设提供有力支持。

2. "双高计划"背景下有关高职院校专业群理论研究有待深化

高职院校专业群的理论研究已经取得一定的成果，为进一步研究提供了基础性内容和思考。然而，在"双高计划"新时代的背景下，高职院校专业群建设仍然面临一系列的机遇与挑战。为更好地应对这些挑战并把握机遇，需要进行更深入的理论和实践研究，以拓展对专业群建设的认识和理解。首先，要深入分析"双高计划"对高职院校专业群建设带来的影响和机遇。"双高计划"旨在建设一批高水平高职院校和专业，这为专业群建设提供了重要的政策支持和资源保障。然而，如何将"双高计划"与专业群建设有机结合，发挥政策优势，提高专业群建设的质量和水平，是一个值得深入探讨的课题。其次，要明确高职院校专业群建设的核心价值取向。专业群建设应该以服务区域经济发展和产业升级为目标，培养具有创新精神和实践能力的高素质技术技能人才。通过深入研究"双高计划"新时代背景下有关高职院校专业群

的理论蕴含，挖掘专业群的本质内涵、理论基础、行动逻辑等，筑牢高水平专业群建设的研究基石，推动探索高职院校专业群创新改革发展路径。

3. "双高计划"背景下有关高职院校专业群建设行动路径研究有待推进

在"双高计划"背景下，高职院校在推进专业群建设时，应更加注重探索和实施切实有效的行动策略。然而目前，有关高职院校专业群建设的行动路径研究仍然有待进一步推进，以更好地指导实践并提高建设质量。理论研究的成果需要通过实践来检验和落实。高职院校需要注重实践探索，不断总结经验教训，加强"双高计划"专业群建设实证研究，通过研究"双高计划"专业群实际建设案例，总结分析建设经验与特色，为我国高职院校高水平专业群建设提供可参考、可借鉴的行动路径。同时，还应对高职院校专业群建设现状进行深入的研究与反思，发现当前专业群建设的问题与不足之处。通过深入研究和探索具体的行动路径，包括如何根据区域经济发展和产业升级的需求，优化专业群结构；如何整合教学资源，提高教学效率；如何推进实践教学改革，提升学生实践能力和创新能力；如何加强师资队伍建设，提高教师素质等问题，对建设问题与不足之处进行改进和优化，为高水平专业群建设的实践提供指导，推动我国高职院校高水平专业群建设。

第二章

高职院校专业群建设研究的理论基础

从国内外有关专业群建设的文献综述可以发现，专业群是高职院校建设的核心内容之一，也是高职院校优质发展的重要"动力源泉"。要深入、全面、科学地研究高职院校专业群建设的内在发展规律和机制，就需要在新时代背景下，运用多学科、多样化、多层次的理论分析和研究方法，深入探讨高职院校专业群建设在"双高计划"中的深刻意义、价值取向和实践路径，深挖细探，一探究竟。本章引入了产业集群、协同发展、人的全面发展等理论，经过分析总结，认为高职院校专业群建设与产业集群之间存在一定的互动耦合关系。专业群作为一个相对复杂的系统需要多方主体间的相互协同，专业群建设旨在培养人的全面发展，在"双高计划"的新时代背景下，专业群也要关注新的发展问题。"双高计划"建设相关理论对于促进高职院校专业群实现高质量发展有着不可或缺的支撑和主导作用。

第一节
产业集群理论

一、产业集群理论概述

1890年，经济学家阿尔弗雷德·马歇尔（Alfred Marshall）首先提出了工业集群理论，他主张依靠规模经济在一定范围内形成工业集群。随着时间的推移，学界对产业集群的理论探讨逐渐丰富，包括阿尔弗雷德·韦伯（Alfred Weber）提出的工业区位理论、弗朗索瓦·佩鲁（Fransois Perroux）提出的增长极理论、迈克尔·波特（Michael E. Porter）提出的竞争力理论等，都提供了研究产业集群的重要理论基础。孙毅颖认为，通过地理位置的聚集发展，形成产业链，形成产业聚集效应[1]。这种聚集不仅带来基础设施共享、成本降低和收益提高的优势，还能促进专业分工和交易的便利，形成有效的生产组织方式，提升整体竞争力。集群内的企业合作和知识技术溢出效应能激发创新，进一步推动产业发展。魏江等强调对产业集群的定义，主要是基于地理

---

[1] 孙毅颖. 高职专业群建设的基本问题解析[J]. 中国大学教学，2011（1）：36-38.

聚集和产业专业化两个特点❶。地理集聚指相关企业和组织在特定区域的集中，而产业专业化指这些企业和组织专注于某一特定产业或领域。郑健壮强调，产业集群的形成和壮大离不开地理聚集、专业分工协作和知识科技共享三大核心要素，必须形成和壮大产业集群❷。这三大要素交织在一起，共同夯实了形成和发展产业集群的基础。地理上的聚合仅是集群形成的起点，真正的集群效应需要通过专业的分工和协作，实现知识和技术的共享。这样的集群不仅能提高效率和竞争力，还能促进技术创新和知识传播。

产业集群指在特定的地理区域内，围绕某一产业领域，由相互联系的公司和有关组织紧密结合在一起的有机群体。这些组织在地理位置上相近，通过专业化分工与协作，以及知识技术的共享，共同促进了产业集群的形成和发展。这些公司和组织机构在特定的区域内共享竞争与合作关系，形成一个深度和复杂性各异的群体。该群体由众多企业、供应商、金融机构及其他相关组织机构共同构成，形成了一个多元化的生态系统。从更宏大的视角审视，产业集群不仅囊括其核心构成元素，还广泛涉及销售渠道、消费者、辅助产品生产商、基础设施服务提供商、政府机构、专业培训机构、标准制定机构、行业协会及各类民间团体多元主体。实际上，产业集群已经超越了单一产业的边界，它在特定区域内形成了一种多产业深度交织、各类组织紧密互动的共生生态系统。这一共生体不仅形成了区域产业的竞争优势，而且已经成为评估区域经济发展水平的关键指标之一。

二、产业集群理论视角下的专业群建设

产业集群理论不仅为高职院校建设专业群提供了坚实的理论基础，而且为其发展指引了方向。高职院校的特点是兼具"高精尖"和"专精"，因此，产业集群理论在高职院校专业群建设中扮演了至关重要的角色。高职院校专业群建设的实际依据，与产业和职业需求的"职业联系"紧密关联，这种联系为专业群的建设提供了现实指导和实践路径。"产业集群"指在某一特定行业内，政府、高等院校等机构利用集团的竞争优势和规模效益向相关企业聚

---

❶ 魏江，叶波. 产业集群技术能力增长机理研究[J]. 科学管理研究，2003，21（1）：52-56.
❷ 郑健壮. 产业集群理论综述及其发展路径研究[J]. 中国流通经济，2006，20（2）：25-28.

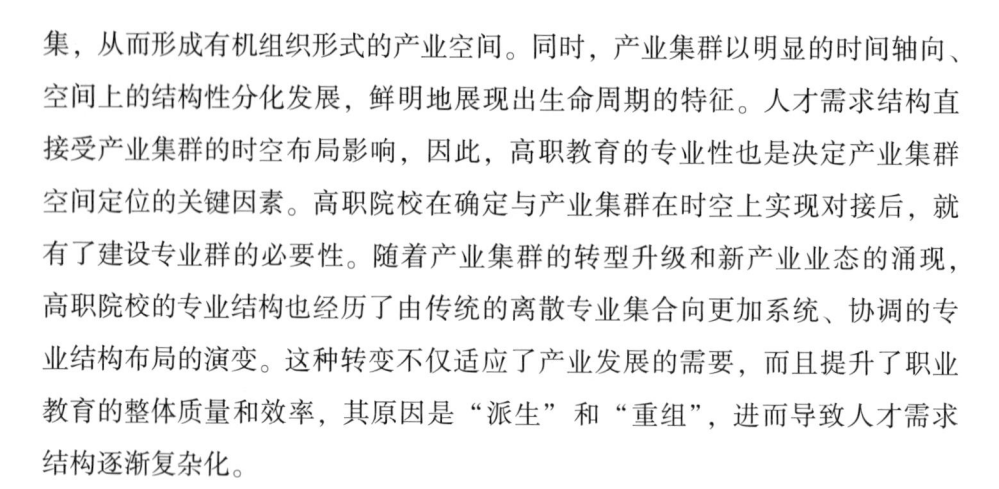

集，从而形成有机组织形式的产业空间。同时，产业集群以明显的时间轴向、空间上的结构性分化发展，鲜明地展现出生命周期的特征。人才需求结构直接受产业集群的时空布局影响，因此，高职教育的专业性也是决定产业集群空间定位的关键因素。高职院校在确定与产业集群在时空上实现对接后，就有了建设专业群的必要性。随着产业集群的转型升级和新产业业态的涌现，高职院校的专业结构也经历了由传统的离散专业集合向更加系统、协调的专业结构布局的演变。这种转变不仅适应了产业发展的需要，而且提升了职业教育的整体质量和效率，其原因是"派生"和"重组"，进而导致人才需求结构逐渐复杂化。

（一）产业集群与专业群的关系

从产业集群的发展需要出发，就开始有了专业群的概念。它是根据产业集群内部的关联性，在实验实训设备、师资力量等方面实现专业群内各专业间的共享，促进优势专业发挥示范作用，带动弱势专业，从而构建的专业体系。其带来了一系列的积极效应，如人才培养质量的提高、办学成本的降低等。这恰恰是高职院校专业群建设中应用产业集群理论最核心的东西。产业集群的影响主要体现在高职院校建设专业群的过程中，职业群体的影响就是产业集群的影响。

（1）专业设置与产业集群需求对接。在对当地产业集群进行深入研究后，高职院校要深入了解产业链和价值链的需求，依据产业集群的独特性和未来发展方向，确定与产业集群需求相匹配的专业方向。在此基础上，结合地方特色资源和行业优势，构建符合区域经济发展需要的"双元"型专业群。这样做有助于确保各个专业群的专业配置与产业集群的实际需求一致，从而增强人才培养的针对性和适应力。

（2）课程内容与产业集群技能要求契合。对专业群的课程内容进行调整，根据产业集群的技能要求和职业标准引进与其相关的新知识、新技术、新流程。为了突出实践教学环节并强化学生的能力培养，需要紧密围绕岗位工作任务来构建课程体系。确保课程内容与产业集群技能标准相匹配，增强学员在就业市场的竞争力，通过与企业合作开发课程，共建实训基地。

（3）产学研合作推动产业集群创新。高职院校与产业集群中的公司和研究机构形成了紧密的合作伙伴关系，共同推进科研项目、技术革新和产品创新。通过合作共建研发平台和共享技术资源，可以推动产业集群内的创新活动，从而提高专业群的科研实力和服务能力。

（4）实践教学与产业集群实习就业相结合。高职院校与产业集群中的企业合作，创建实践教学基地，并为学生在产业集群中提供实习和实训机会。结合实践教学和产业集群的实习就业，增强学生的实际操作技能和职业修养，并为产业集群培养和输送高质量的专业人才。

（5）社会服务需求融合产业集群发展。高职院校要利用其专业群的优势，为产业集群提供技术援助、人才培养和科技成果的实际应用等服务。促进职业群体的社会服务与产业集群的发展需求更好地融合，通过组织技术培训班、提供技术咨询服务、参与企业技术改革等多种方式，提升高职院校在社会上的影响力。

集群发展需要多方面的协同、一体化发展。总体来看，高职院校为对接专业设置和产业需求，正在将产业集群理论融入专业群建设。人才培养质量和服务能力在高职院校专业群中得到明显提升，为产业集群发展带来新活力、新动力。这种对接模式确保高职院校的教育资源得到更加高效和精准的配置，使人才培养更加符合产业集群的实际需求，从而提高了教育服务的质量和效率。

（二）学科集群与专业群的关系

集群就是实践导向，就是创新理念，就是发展理念。产业集群与创新集群已经成为世界范围内产业发展与国家创新发展的重要选择及趋势。高等教育作为社会大系统中的子系统，与经济社会发展紧密相连，而产业集群与创新集群发展的新态势、新实践、新理念，必然要求高职院校在人才培养模式、专业建设、课程设置、实习实训构建、学科建设等方面实现转型、创新和优化，呈现出明显的集聚优势。首先，学科集群化是在对产业集群化发展的探索中，由普通高等教育自然形成的。学科集群是高校围绕社会需求和产业集群发展的实际需要，在特定的区域内整合具有不同性质但有较大学科关联性、融合性、交叉性的科研单位或高校优势学科和科研团队而成的学科组织网络。学科集群既关注高等教育内部系统的学科群，又关注学科集群与产业集群的

双向耦合、协同创新，侧重于为适应和服务产业集群发展、创新而组合、集聚、整合不同学科。其次，学科集群化的学科组合，可以在不同学科门类之间、不同一级学科之间，实现跨领域、宽领域、多学科的有机整合。最后，学科集群由于要服务于产业集群，在构建的范围上往往超越了一所高校、一个区域的局限而形成跨校、跨地域甚至全国性的学科集群，换言之，学科集群突破了区域的局限性。

随着经济社会的发展，对推动学科集群培养大批量复合型人才的需求逐步提高。学科集群由若干学科门类有机组合而成，层次较高，旨在打破原有的学科界限，进而与相关学科相结合，最终解决单一学科难以解决的问题。高职院校专业群也是以课程组织为落脚点，其课程内容的"高等性"决定了学科集群理论是高职院校专业群的基础理论。学科集群的出现是为了适应高科技发展的需要，同时也是高级综合性人才培养的需要，需要高度的区分度及融合度。得益于学科群内部结构的序列性和构成要素的关联性，学科集群可以更好地满足社会对复合型人才的需求。

职业的场域属性和关联关系导致职业集中，推动产业复杂度上升，产业链不断延伸，职业与产业之间的联系不断加深，这是当代产业的主要特征。建设专业群应运而生，以适应培养复合型高素质技术技能人才的需要。专业群与学科集群非常相似，因此"学科集群"研究对高职院校的专业群建设研究也有重要借鉴意义。

（1）学科交叉与整合。学科集群理论着重于不同学科间的相互交融和整合，通过这些学科间的相互影响和合作，催生出新的学科发展焦点和创新领域。职业教育是一种以"工学结合"为主要方式，行业特色鲜明、地域特色鲜明、地方特色鲜明的教育形式。在高职院校的专业群建设过程中，可以参考学科集群的理论思维，激励不同专业间的交融与合作，消除专业间的障碍，从而在专业群中建立学科交叉的优势，促进专业群的持续创新与进步。

（2）资源共享与协同发展。学科集群理论强调资源的共享和共同进步，它通过构建共享的平台和策略，鼓励不同学科间的资源合作与共享，从而提升了整体的发展质量。学科群应从资源共建、共管的理念出发，基于资源共享、相互协作、协同发展的体系架构建设与发展学科与学科群。在高职院校建设专业群的过程中，通过构建专业群内部的资源共享机制，推动不同专业之间的课程互选、学分互认、互聘师资等，实现专业群内部的协同发展。

（3）核心专业引领与特色发展。学科集群理论强调核心专业的引领作用和特色发展，通过构建高水平的核心专业，促进相关专业的协同发展，形成具有鲜明特色的学科集群。以汽车、机电一体化等典型行业为依托，构建了一批特色鲜明、辐射能力强、社会影响大的核心专业。在高职院校建设专业群的过程中，可以塑造专业群的唯一性和优越性，提升整个专业群的市场竞争力和社会影响力，通过加大投入和建设力度，选择具有独特优势和特色的核心专业作为主导方向。

（4）创新人才培养和实践教学方面的工作。通过不断强化实践教学环节，培养学生动手、工程实践和创新创业的能力。高职院校要办出特色，要具备核心竞争力，关键是学科集群。在高职院校专业群建设过程中，加大实践教学基地建设力度，鼓励行业企业参与推动实践教学改革、创新人才培养模式的实践教学活动。

（5）产学研合作与社会服务。通过与各种企业和科研机构建立紧密的合作伙伴关系，共同推进科研项目、技术革新和产品创新，为经济和社会发展提供服务。校企共建学科集群是高校参与区域创新体系构建的有效途径之一，有利于实现学校与地方经济发展相结合。在高职院校建设专业群的过程中，主动寻求与产业集群、行业企业等的合作机会，促使专业群更好地与行业企业进行深度对接，从而提高人才培养的针对性、有效性和应变力。

第二节
系统理论

一、系统理论概述

系统是在自然界、社会及思维等内部普遍存在的特征。系统概念是一种思维形式，它反映了系统的本质属性。"系统"（System）一词是希腊语自古就有的，指有组合的、有整体的（集合的）、有条理的。系统思想由美籍奥地利人、理论生物学家贝塔朗菲（Ludwig Von Bertalanffy）创立，其核心思想是系统总体思想。贝塔朗菲认为，每个系统都是一个有机的整体，而不是机械的堆砌，每个部件单独不具备的新特性就是作为一个整体的系统的功能。反对整体机械论的观点认为，单个元素表现好就代表整体表现一定不错；系统中的每一个要素都不是独立存在的，它们各自扮演着系统中的具体角色，存在互相影响的关系。元素之间能够环环相扣，融会贯通，形影不离。

随着研究的不断深入，传统的问题分解和简化因素的方法在处理复杂问题时显示出其局限性。对较简单的题目，一般可化整为零，抽象出最简单的要素，探求因果关系，再累加各部分成绩，使整道题目有理有据。但这种方法有效的前提是，不存在某些部分或元素的显性关系或相互影响，或者说，这些关系是可以被忽视的。但在面对复杂问题时，情况就完全不同了。在复杂问题中，各个部分或元素之间的关系可能极其错综复杂，以至于传统的思维方式显得捉襟见肘。如果仍然只关注问题的局部或某个单一要素，试图寻找单向的因果关系，那么很可能无法真实地反映问题的整体性质。为了更全面地理解问题，我们需要探究问题各部分、各要素之间的联系和相互作用。正是在这样的大背景下，系统概念开始受到越来越多的研究者和实践者的重视。系统思维强调从整体出发，考虑各部分之间的相互作用和影响，以更全面地理解和解决问题。在处理复杂问题时，系统思维提供了一种有效的框架和方法，有助于我们更深入地理解问题的本质和找到更有效的解决方案。

系统理论是研究一般模式、结构和系统规律的一门学问。体系论的核心思想是系统的全局性[1]，基本思想方法是将研究和处理的对象视作系统，总结和分析系统的结构和功能，研究系统各要素之间、各系统之间、环境变化规律之间的相互联系。系统论运用集中、完整、等级结构等概念，研究适用于所有综合系统的模式、原理和规律，并尝试用数学描述其结构和作用[2]。系统论强调整体与局部、整体与外部环境的有机联系，一般具有三个基本特征：全局性、动态性和目的性。

---

[1] 冯·贝塔朗菲. 一般系统论：基础·发展·应用［M］. 秋同，袁嘉新，译. 北京：社会科学文献出版社，1987：8-44.
[2] 常绍舜. 从经典系统论到现代系统论［J］. 系统科学学报，2011，19（3）：1-4.

一是系统是由各种元素构成的一个有机整体,每个元素都是系统的组成部分,不管是物体、部件、个人还是企业。即使是小一号的体系,每个元素在这个整体中也是必不可少的重要一环。这些元素不是孤立存在的,而是共同构建成一个完整的体系,互相联系和互相影响。在这个整体中,任何一个单独的要素如果脱离了系统,都将失去其在系统中的意义。从全局来看,体制内任何一个要素的缺失,都有可能使整个体制遭到毁灭性打击。同时,这些要素在系统内的排列并不是随机的,而是按照一定的结构和顺序,相互形成了一种相对稳定和有序的联系。这种联系使系统的各个部分能够协同工作,共同实现系统的功能和目标。

二是任何制度都有服务其存在目的的具体角色,它所显示的能力和功能,旨在达到系统所显示的既定目标或解决特定问题。系统的功能并不是构成系统的全部要素,它是一个功能叠加的简单要素。当所有的要素组合成一个体系时,整体就会涌现出单个要素所没有的、新的特性,以及本质上所具有的行为方式。简单地将元素堆砌在一起,并不能产生系统所具有的全部作用。系统的整体功能源于要素之间的相互作用和协同工作,这种相互作用使系统能够以一种独特的方式实现其目标。因此,整体具备的功能是要素及其组合无法比拟的,这也是系统的独特价值和优势所在。

三是任何系统都无法脱离其所在的环境而独立存在。系统总是在特定的环境下运行,持续不断地演化,并与环境的质量、能量、信息保持某种程度的交换。这种交换对系统的结构、行为和功能产生了直接或间接的影响。环境不同,对制度的影响就不同,让制度表现出的行为也就不一样。系统行为是系统与环境之间相互影响的综合结果,同时也是对外部环境做出的反应。因此,要理解系统的行为,必须考虑到它所处的环境。总之,制度和环境环环相扣、互相作用。系统的结构、行为和功能都受到环境的影响,而系统又通过其行为对环境产生影响。这种互相影响是一个重要的基础,这个体系是可以存在的,也是可以发展的。

综上所述,系统论是一种研究系统的结构、特征、行为、动态、原理、规律,以及系统与系统之间联系的科学理论。把研究和处理对象看成一个完整的体系,这是系统论的核心思想。系统论的主要任务是研究构成系统的整

体与各要素的相互关系,从整体出发,以系统为对象,对其结构、作用、行为、动态等进行本质解释,以达到抓住系统整体、从整体出发、以系统为对象的最佳目的❶。系统理论认为所有系统都具有共同的基本特性,即开放、自组织、整体、动态平衡、时序性等。这些特点既体现了系统的基本思想观点,又表现了系统理论是反映客观规律的科学理论,在科学的方法论上具有重要意义,是系统方法的基本原理。

二、系统理论视角下的专业群建设

高职院校的专业群建设并不只有单一因素,有外在的,也有内在的。外因包括不可忽视的社会环境、社会需求、政策支持、经济发展形势、社会文化等;内因指高职院校的专业群有自身建设的内在规律,如基础设施条件、师资状况、课程体系建设、校内外实习实训基地建设等。高职院校的专业群建设不仅有其固有的发展规律,而且可以直接体现社会的需求。高职院校在不同发展时期和科学发展的人才需求变化中取得平衡是它的终极目标,调整和提升自身功能是它在建设专业群过程中解决矛盾的落脚点。从系统理论的角度来看,每一个组织或系统都可以看作一个有机的集合,其相互联系和影响的部分决定着系统的整体特性和行动方式。因此,从这个意义上说,要实现对高职院校专业群的管理与控制,就必须建立起科学有效的管理系统。在高职院校的专业群建设过程中,可以运用系统理论的以下几个关键原则。

(一)整体性原则

在系统理论中,整体性原则被特别强调,这意味着将各个专业群视为一个有机整体,并从宏观的视角进行全面的规划和管理;同时对各专业都要有明确的目标定位,并以此为依据制定相应的发展战略。在分析专业群可持续发展能力内涵基础上,提出了高职院校专业群建设与管理应遵循的基本要求。通过采纳系统性的观点和策略,我们能够全方位地思考专业群的组织结构、布局及未来的发展趋势,确保各个专业间存在深厚的联系和互补,从而减少重复和潜在的冲突。

---

❶ 盛昭瀚. 从系统管理到复杂系统管理——写于《系统管理学报》创刊30周年之际[J]. 系统管理学报,2022,31(6):1031-1034.

（二）动态性原则

从系统理论的角度出发，我们可将高职院校的专业群视作一个具有生命周期且不断演变的动态系统。这样的系统不仅要求动态地观察和分析专业群的发展变化过程，更要求深入理解其内在的运动规律，从而确保专业群能有效地实现自身的功能和价值。高职院校的专业群建设一定要跟上时代的步伐，既要考虑社会的不断进步，也要考虑不断调整的产业结构。这意味着，需要根据社会的实际需求和产业的发展趋势，对专业群的结构和布局进行持续的调整和优化。只有这样，专业群才能保持其生命力，更好地适应外部环境的变化，培养出真正符合社会需求的高素质技术技能人才。因此，对于高职院校，构建一个灵活、动态的专业群系统至关重要。这样的系统不仅能够快速响应外部变化，而且能通过自我调整和优化，不断提升专业群的整体效能和竞争力。

（三）功能性原则

在专业群的建设中，我们不仅要关注各个专业的独立性和特色，更要注重专业之间的相互联系和协作。通过精心设计课程体系，促进不同专业之间的知识交流和资源共享，实现专业群内部各要素的有机整合，从而提升整个专业群的教学质量和水平。同时，打造专业群的功能性还意味着需要从更宏观的角度来思考专业群的培养目标和社会需求。通过深入了解行业发展趋势和市场需求，我们可以调整和优化专业群的培养方案，使其更好地服务经济社会发展。从系统论的角度来看，注重打造专业群的功能性是提升教学质量和培养创新型人才的关键。通过加强专业之间的协作和整合，以及优化培养方案和教学资源，使专业群成为一个真正高效、协调、有机的教学系统。

（四）开放性原则

从系统理论的角度来看，系统是一个开放的实体，它和它所处的环境是互相作用、互相影响的。因此，要以开放性思维来看待专业群建设问题，从多个角度研究如何构建具有竞争力的专业群新模式。在高职院校的专业群建设过程中，我们必须密切关注外部环境的演变和需求，主动吸纳外部资源和合作伙伴，以扩大专业群的发展潜力和影响范围。可以通过资源共享、课程

互补及教师之间的合作等多种方式，促进不同专业协同进步。

(五) 优化性原则

从系统理论的角度来看，系统具备通过优化手段来提高其性能和经济效益的潜力。将这种观点应用于高职院校专业群的建设，我们可以理解为专业群本身就是一个复杂的系统，它需要以市场需求为导向，并遵循"功能—结构"的耦合协调机制，以实现不同类型资源与要素的优化组合。高职院校内部的建设工作，一定要在建设专业群的过程中抓紧抓好。这包括但不限于课程设置、教学资源分配、教师队伍建设等方面，具体到教学资源分配、师资力量建设等。通过加强这些方面的建设，确保专业群内部的各个组成部分能够协调运作，共同支撑起专业群的整体发展。

第三节

协同理论

一、协同理论概述

阿诺夫第一次提出协同概念，指的是"共生互长的关系"。作为一门横跨自然科学和社会科学的新兴学科，协同理论由赫尔曼·哈肯在1970年代创立。哈肯以系统理论为基础，首次完整论述了协同理论，将信息论、突变论、控制论等理论成果互相结合，它的核心概念有自组织原理、支配性原理、协作性等，研究了复杂系统中各子系统之间的行为。该理论指出，各系统之间虽然属性不同，但系统之间在特定环境下会产生相互干扰、相互影响的现象❶。从基本观点看，研究对象（无论生命与否）是一个由多个子系统构成的开放且复杂的系统。子系统之间会经历结构调整、重组，时间、空间或功能上的优化，从而由无序过渡到当外部条件达到一定阈值时的有序过渡，最大限度地发挥协同效应。协同理论不仅研究混沌到稳定的变化规律，还探讨稳定转至无序的原因。抓住临界过程中不同系统之间的共性，并结合具体现

---

❶ H. 哈肯. 协同学引论 [M]. 徐锡申, 陈式刚, 陈雅深, 等译. 北京：原子能出版社, 1984: 89.

象，对由杂乱无章到有条不紊的转换规律进行描述。

协同理论提供了一种框架，用于理解和分析由多个相互关联的子系统组成的复杂系统。该理论强调整体上可视为一个不断地将物质、能量、信息等与外界环境进行交换的开放系统。在系统的内部，各子系统之间能够相互配合，通过物质、资源和信息等方面的沟通，促使它们之间相互制约、相互影响。这些相互作用可能是线性的，也可能是非线性的，它们共同决定了系统的整体行为及演化方向。协同理论认为，系统内部主要依赖于各子系统之间的协同合作和竞争互动，可以实现从无序状态到有序状态的转换。这种自组织的过程通常涉及某种形式的能量或信息的耗散，以及新的结构和功能的涌现。系统的有序发展不仅提高了其内部的稳定性和效率，还为整体的创新发展提供了动力。创新可能表现为新的技术、新的组织形式、新的市场策略等，它们都是系统对外界环境变化作出的适应性响应。协同理论的适用性非常广，在很多领域都可以应用，如物理、生物、化学、社会及经济等。它提供了一种通用的语言和方法，用于研究和描述不同领域中复杂系统的共同特征和演化规律。

综述协同理论的研究，主要有以下特点。

（1）综合多种要素影响。事物不仅受自身因素影响，也受外部因素影响，事物形成和发展是内外部因素的综合协同过程，也是其从非平衡态向平衡态转变的过程。协同理论认为，在远离平衡状态的开放系统中，当外部序参量（描述系统有序程度的物理参量）作用不断增大到一定程度时，通过与内部要素协同可推动系统不断前进。

（2）各构成要素协同统一。体制内各要素的相互独立和综合协调是相辅相成的。在设计和管理系统时，需要权衡各要素的独立性和协同性，以实现整体布局的优化和整体效益的提升。同时，还需要建立有效的机制和策略，以促进要素之间的协同与配合，确保系统的稳定、高效和创新发展。

（3）各要素协同和相互促进。协同理论是复杂自组织系统形成的基础，也是系统平衡、稳定结构形成的内在动力机制，控制着系统内部子系统之间的合作、竞争、协同，形成空间、时间和功能上的有序。

协同理论是一种关于如何实现资源、能力和目标协同整合的方法论。强

调在组织管理、团队协作和公共政策等领域，通过授权、协作和信任等原则，达到协同效应，从而达成最佳效果。协同理论的基本概念包括资源、能力和目标，强调组织或团队中的每个成员都拥有不同的资源和能力，而这些资源和能力的协同整合可以实现"1+1>2"的效果。协同理论的核心原则包括授权、协作与信任三个方面。授权意味着给予每个成员充分的自主权和责任感，让他们能够充分发挥自己的能力和创造力；合作指通过团队协作为整个组织或团队创造更大的价值；信任则是协同理论的基础，只有在相互信任的氛围下，才能最好地发挥协同效应。协同理论在组织管理中有着广泛的应用，包括沟通、决策和计划等方面。强调通过有效沟通，实现信息共享、相互了解，使各部门的工作更好地协调一致；主张通过多方参与、多方协商，使决策更加科学公正；提倡制定全局性的方案，保证各部门之间的工作相互配合，以达到一致的目的。此外，协同理论在社会生活中也有着广泛的应用，如公共政策、环保和医疗等领域。主张通过政府、行业、企业和社会的多方协作，制定更加科学、公正的政策和方针；强调跨领域的合作与协调，实现环保与可持续发展目标，推动医疗服务效率和质量的提升。

总之，协同理论的意义是非常重大的，无论是对个人的发展还是对组织的发展。它可以帮助我们在整体上找到最佳的效果，使各种资源和能力达到一个最好的平衡。在未来的发展中，随着科技和社会的进步，协同理论将继续发挥重要的作用。

二、协同理论视角下的专业群建设

随着研究的不断深入，且由于开放性、复杂性系统的广泛存在，协同理论在各学科领域的适用度不断提升。协同理论就研究而言具有较高的适切性，高职院校在产教融合背景下的专业群建设具有明显的协同特点，首先，在经济、教育、产教融合等外部环境需求发生变化的情况下，基于协同视角，将专业群建设和育人过程视为一个复杂的系统，具有动态的开放性。专业群应及时做出调整，以配合外部环境的要求。由此就形成专业群的外部协同性，也就是专业群建设过程中，系统需要不断地和外界环境进行信息交换，从而对专业群的内部要素进行调整。其次，专业群作为高职院校产教融合的有效载体，实际包含了产业链与教育链两个子系统，子系统双方为达成产教融合、实现利益双赢这一目的，会在产教融合系统内部通过要素整合、共享共建等行动来实现自组织功能。

在推进现代职业教育的时候，要把重点放在理念的协同创新上。协同创新需要各要素之间的协同、协作和互补，包括人力、物力和信息，旨在消除各要素之间的隔阂，以达到超越单个要素所能达到的整体效果，从而取得共同进步。协同创新不仅致力于资源间的整合，更着眼于实现创新与突破，推动教育的不断发展与进步，通过汇聚更强大的力量，进而促进个体能力的整体提升。

高职院校专业群建设需要建立在协同创新理论的基础之上，建设的成功主要依赖以下两个方面：一是必须以协同创新为基础，实现专业群内部的专业多样性。学校的专业建设要坚持在原有专业的基础上，建立起专业群的完整体系，不能一味地追逐热门专业。在考虑市场需求变化的同时，对学校已有的专业基础也应给予充分考虑。专业群以促进和辐射多领域专业共同发展的核心专业为主导。各要素之间必须紧密协作，才能充分发挥专业群体的协同创新作用，推动专业领域不断辐射更新，使协同作战取得进展。二是专业群所涉及的领域多种多样，这就决定了协同创新要有一定的基础。建设专业群涉及人才培养的各个层面，是一项综合性、系统性的复杂工作。在建设过程中，人才培养定位、顶层设计、课程体系、专业建设、教学管理与质量监控、师资配备、实验实训建设与组织等方面都需要一体化、协同发展，而这种一体化、协同必须建立在协同创新的基础上。

在高职院校专业群建设过程中，协同效应主要体现在以下三个方面。一是协同培养供需匹配人才。从单个专业设置到专业群建设，既是社会经济发展对高职院校人才培养提出的新诉求，也是高职院校提升内涵建设对接产业需求的主动变革。因此，必须根据外部需求去匹配相应的人才供给，建立起内外协调发展的专业群模式。二是多系统目标的一致性协同。专业群体是一个庞大的体系，由政府、行业、企业、职业院校、学生家庭等方面组成。虽然各子系统之间存在着异质性，但是它们的共同目标是培养社会需要的技术技能人才。目标价值导向的一致性，可以促进社会各子系统之间的物质和信

息交流，从而激发协同体系内的自我组织生成。通过对有限的教育资源进行整合和优化，实现政府、企业、高职院校、师生等要素的有效互动，推动共同目标的协调有序发展。三是群内各专业的结构性协同。构建专业群是一个整体化和系统化的工程，它涉及各个专业从分形而治到集群化整合的动态过程。在此过程中，各专业之间的结构协作必须权衡考虑各方面要素，从顶层设计、人才培养定位、课程开发、教学质量诊断与改进、师资配备、实习实训建设与组织等多个专业群发展方面共同努力，才能在各专业之间形成协同发展。

因此，高职院校的专业群建设基于协同理论，一方面应从外部协同性考虑专业群与产教融合背景的关系，并根据经济和教育发展的要求，确定建设什么专业群；同时，专业群建设要寻求群内外要素的协同，推动形成协同效应，需要产教两个系统的协同建设。另一方面，要从经济和教育两个方面来建设高等职业院校的专业群。还要从系统的视角寻求群内师资队伍、人才培养、基地建设、课程开发等多要素之间的协调与融合。

第四节
人的全面发展理论

一、人的全面发展理论概述

促进人的全面发展是教育的最根本任务和最根本职责。这一理论最早可追溯到古希腊哲学家亚里士多德所倡导的关于德、智、体、美共同发展的和谐教育。后来，夸美纽斯在《大教学论》中主张无私地向他人分享他所掌握的知识，从在各个领域得到充分的发展，而这一理念也为塑造一个和谐发展的个体奠定了泛智教育的基础。教育从一开始到现在，都是为了更全面地推动人的发展，促进人与人之间的和谐发展。马克思认为，人的全面发展学说意味着人的全部潜能只有通过综合的方式来实现，才能成为一个完整的个体。人的综合性质包括人的劳动性质、社会关系性质、需要性质和自由人格性质等。于是，人的全面发展与片面发展，就有了天壤之别。全面发展指个体在劳动技能、天赋兴趣、品德修养、社会关系、独立意志等方面提高后，能够在身体和心灵、个人和社会等方面得到全面、充分和自由的成长。从漫长的历史观察，人的全面发展复杂程度取决于基于生产力水平发展的复杂程序。当代对人的全面发展提出了更迫切的要求，同时也提供了伴随着生产力迅速提高而产生的更多可能性。而教育与生产劳动的紧密结合，被认为是实现人的全面发展的必经之路，教育与生产劳动的紧密结合是人类发展的必然之路。

在漫长的思想史长河中，人的发展或全面发展是众多学者的研究主题中一条或明或暗的线索，也显示出跨越时代的深厚人文韵味和历史穿透力。然而，尽管众多思想家都触及了这一主题，却只有马克思对人的全面发展进行了科学且彻底的理论阐释和路径论证。马克思的整个理论体系都围绕这一主题而展开，但由于他并未进行集中统一的论述，也未给出明确定义，学界对马克思"人的全面发展"思想的内涵存在多种解读方式，尚未形成统一见解。

"个人的全面发展"在马克思晚期的著作中经常被提及，所以一些学者认为马克思关于"人的全面发展"的概念应该理解为"个人的全面发展"，也可以理解为"个人自由的全面发展"。这种理解上的分歧实质上是"类"（即人类整体）与个体发展之间的矛盾体现，这也是马克思在批判私有制时关注的核心问题。马克思认为，实现共产主义社会是解决两个主要矛盾，即人与自然的矛盾和人与人之间的矛盾。真正解决好人与人之间的矛盾，才是最重要的一点。另外，真正解决存在和本质之争、对象化和自我确证之争、自由和必然之争、个体和类之争，是我们必须解决的问题。这一解释被视为"对历史的困惑的一种解释"。其中，"个体与类的斗争"指的是马克思关于人的全面发展思想的核心线索——个人发展与人类整体发展之间的矛盾。在马克思看来，个人的全面发展与人对自然本质和社会本质的全面占有是相辅相成的，两者缺一不可。如果个体在异化的过程中不能到达本质力量的顶峰，不能完全控制自己的社会关系，那么不可能实现一个人的整体发展。既然如此，如果只重视和支持一部分人的发展，而限制或牺牲另一部分人的发展，那么就会影响整个社会的进步，人类也不可能真正达到全面繁荣。人的潜能是有限的，不可能完全到达极限。只有当我们理解马克思和恩格斯把"自由人联合体"定义为"每个人的自由发展条件是每个人的自由发展"时，我们才能

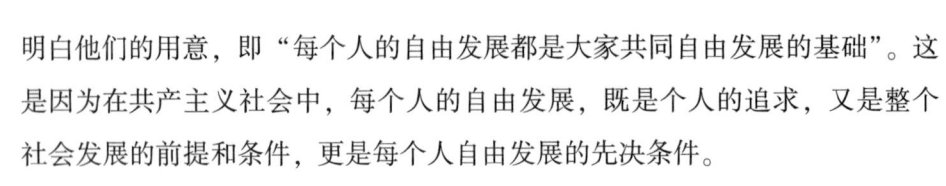

明白他们的用意，即"每个人的自由发展都是大家共同自由发展的基础"。这是因为在共产主义社会中，每个人的自由发展，既是个人的追求，又是整个社会发展的前提和条件，更是每个人自由发展的先决条件。

由于个人是"类"的一部分，生活在各种组织和社会关系中，因此，个人的发展无法脱离人类整体、相应的社会关系和中间组织形式这些基础性的客观条件。反之，人类的发展、人类整体的进步则是个体发展的总体展现。总体具有单个个体所不具备的特性，这在现代系统论中被称为"涌现"或"系统质"。因此，个体的发展构成了人类整体自然本质和社会本质发展的基石。正是通过这种"类"与"个人"发展的辩证关系，我们可以更好地理解马克思在前期和后期论述上的差异。相对于"生产方式""生产力和生产关系的关系"等概念和原理的不同论据，马克思关于人的全面发展的理论逻辑更加清晰：人作为"类"的全面发展，总体上是指人对自己所创造的社会关系的全面支配和置身其中的本质力量（自然界的本质）的全面占有；在个人层面，个人的全面发展指在一系列的中间组织和社会关系（如自由人联合体）中，个人潜能得到全面发挥，达到"自我实现"状态的个人实现自由意识的活动。

尽管关于马克思"人的全面发展"的理论内涵尚存分歧，但是回归到经典文本中，可以发现这与马克思思想发展转变的历程及研究内容的变化有关，也与马克思在概念上的使用习惯有关。抛开这些差异，可以发现在基本规定、基本问题和基本因素上，马克思的界定是一贯明确和一致的。

马克思对人的全面发展的含义阐述主要包括以下几个方面。

（1）财富具有"人学"属性，即财富是人（超越自然、超越人类自身）充分利用自然力量的一种表现。个人需求、才能、享受、生产力等，在广泛的沟通中，能够普遍产生充分发挥个人创造的能力。这一点完全符合马克思的观点，《1844年经济学哲学手稿》就是这么写的。

（2）历史发展所形成的人的创造才能或人的潜能的发挥是以历史发展为唯一前提的，"不以旧的尺度来衡量人的全部力量的全面发展"。这就解释了人的全面发展的两个核心问题：一是人什么的全面发展，二是这种全面发展的尺度。前者指人的本质力量、人的全部潜能、人的创造天赋；后者指其发展的社会形式和社会性质，旧有的尺度就是旧有的社会形式。

（3）人的再生产不是对再生产人的规定，而是对再生产人的全面规定。这些综合规定性，既有人的类型化特征，也有人的社会性，更有人的人格。在不同抽象层次的人的规定性、类的规定性、社会的规定性、个体的规定性，以及受高层次规定性制约的低层次的规定性等方面。

（4）综合发挥人的内在本质是人的综合发展之本。这里的"内在本质"指人的创造性的潜能、人的多样性的天赋、人的对象性的能力。"内在本质"不同于"类本质"，它是人的内在的各种潜能，而"类本质"是"自由的有意识的"生命活动。❶

（5）在主体之外的一切客观事物中，"本质是现象的，现象是本质的"，❷人的需要、人的活动、人的交往、人的各种关系、人的一切创造，都是由人的"内在本质"发动、创造、表现出来的；与此同时，作为主体力量的对象化产物，所有与主体相对应的社会客体，也都在对主体力量这一"内在本质"进行反作用，甚至会产生"决定性的反作用"。仅从这一点上看，马克思将人的内在本质，即人的主体能力，作为人的全面发展的核心规范加以丰富、完善和发挥。人的全面发展，即综合、健全、协调地发展人的全部主体性的能力。

二、人的全面发展理论视角下的专业群建设

高职教育作为高等教育的重要组成部分，不仅需要对学生长远可持续发展和全面发展进行全面考量，而且不能仅限于对其专业技能的培养。当前，知识经济正在飞速进步，劳动者要适应未来经济社会发展的变革，不仅需要掌握多样化的专业技能，更需要具备与之相适应的基本能力素质。此外，在经济全球化背景下，满足学习型、技能型社会的必然需求，也是对劳动者的基本要求，须拓宽学生的知识结构，全面提升学生的综合素质。职业教育在注重培养学生理性思维的同时，一定要保证学生掌握所需的基础知识和基本

---

❶ 卡尔·马克思，弗里德里希·恩格斯. 马克思恩格斯文集（第一卷）[M]. 中共中央马克思恩格斯列宁斯大林著作编译局，译. 北京：人民出版社，2009：162.
❷ 列宁. 列宁全集（第55卷）[M]. 中共中央马克思恩格斯列宁斯大林著作编译局，译. 北京：人民出版社，1990：213.

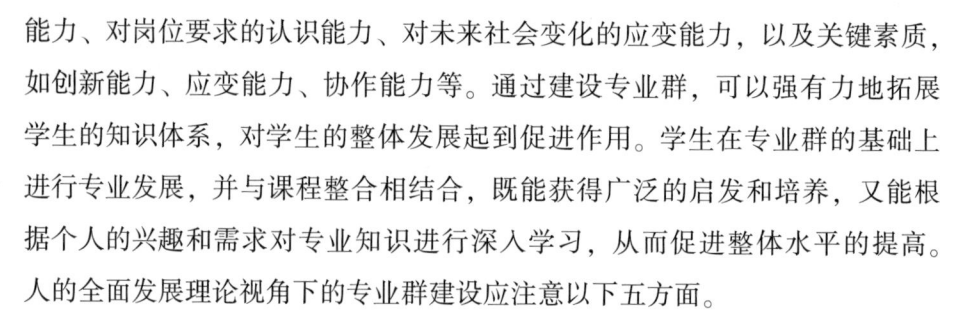

能力、对岗位要求的认识能力、对未来社会变化的应变能力,以及关键素质,如创新能力、应变能力、协作能力等。通过建设专业群,可以强有力地拓展学生的知识体系,对学生的整体发展起到促进作用。学生在专业群的基础上进行专业发展,并与课程整合相结合,既能获得广泛的启发和培养,又能根据个人的兴趣和需求对专业知识进行深入学习,从而促进整体水平的提高。人的全面发展理论视角下的专业群建设应注意以下五方面。

一是职业教育是一种特殊类型的高等教育,其目标是为经济社会服务并培养与之相适应的技能型专门人才。高职院校在建设专业群的过程中,要注重培养包括但不限于专业知识、实际操作技能、创新思维和团队协作能力等方面的学生整体素质,使社会多样化的人才需求在各个领域都能得到较大程度的满足,这是高职院校在建设专业群的过程中所应注重的。

二是高等职业教育是高等教育中至关重要的一环,为达到培养人才、增强职业能力的目的,必须注重学生的个性化培养。高职院校在建设专业群的过程中,既要培养学生的特长和优势,又要满足学生的多元需求和兴趣爱好,所以应提供多样化的课程和学习资源。

三是在高职高专专业群建设中,注重实践教学环节,加强学校与企业的合作,促进学生动手能力和创新创业精神的培养,开设实践教学的多元化场所,为学生提供更多的实习和实践机会。

四是在高职院校建设专业群的过程中,为培养学生在专业课中融入职业道德和职业规范两个方面的素养和职业操守意识,注重德育教育和职业素养的培养。

五是为满足社会的进步需求,人的全面发展理论主张教育应与社会的日常生活紧密结合。高职院校专业群作为一种新型办学模式,是对原有人才培养方案中"学科体系""课程结构"等要素进行优化整合而形成的具有鲜明特色的课程体系。在建设高职院校专业群时,要密切关注社会发展需求和行业发展趋势,适时调整专业结构和课程内容,为经济社会进步提供坚实的人才基础,确保不断发展的专业群能紧密结合社会实际需求。

第五节

新发展理念

一、新发展理念概述

2015年11月,新华社受权发布《中共中央关于制定国民经济和社会发展第十三个五年规划的建议》。文件指出,推动经济社会全面进步、促进区域协调发展,着力构建均衡发展格局;倡导绿色发展、着力改善生态环境、推动开放开发、致力共赢合作,倡导共享发展。

2016年以来,从中央到地方政府工作报告都提出,要按照"五位一体"总体布局和"四个全面"战略布局,牢固树立创新、协调、绿色、开放、共享的新发展理念,下大气力解决发展不平衡、不协调、不可持续等突出问题,把创新发展作为内生动力,把保障民生、改善民生作为治本之策,切实把改善民生作为治本之策,实现经济稳定健康发展。

中国共产党的十八届五中全会对新发展理念有了具体的阐述,主要包括"坚持创新发展,必须把创新摆在国家发展全局的核心位置,不断推进理论创新、制度创新、科技创新、文化创新等各方面创新,让创新贯穿党和国家一切工作,让创新在全社会蔚然成风";"坚持绿色发展,必须坚持节约资源和保护环境的基本国策,坚持可持续发展,坚定走生产发展、生活富裕、生态良好的文明发展道路,加快建设资源节约型、环境友好型社会,形成人与自然和谐发展现代化建设新格局,推进美丽中国建设,为全球生态安全作出新贡献";"坚持共享发展,必须坚持发展为了人民、发展依靠人民、发展成果由人民共享,作出更有效的制度安排,使全体人民在共建共享发展中有更多获得感,增强发展动力,增进人民团结,朝着共同富裕方向稳步前进"。

新发展理念是全面考虑解决根本问题、着眼长远战略的指导方针,是我国新时期发展的思路、方向和重点的集中体现。党的十八大以来,中国高质量发展不断取得新进展、新成效,新发展理念的"指挥棒"作用得到充分彰显。在新的征途上,要把新的发展思路贯彻得面面俱到,保证走得圆满、走

得准确。始终坚持以抓质量、促发展为内在统一，使创新、协调、绿色、开放、共享成为质的变化、效益的变化和推动经济发展的动力。

二、新发展理念视角下的专业群建设

新发展理念的内在要求是事物的全面可持续和高质量发展，五大理念科学地回答了一系列理论和现实问题，包括事物发展的动力、路径和途径等，提供了认识事物、分析事物的理论遵循。所有的事物都是相互联系的整体，高职院校的专业群建设是一个必须坚持系统性思维贯彻专业群体建设全过程、各领域的复杂工程，还应将新发展理念贯彻至专业群建设。

（一）创新发展

科技创新是人类社会前进的重要引擎，也是应对世界范围内各种挑战的有力工具，创新是推动社会发展的主要动力。抓住科技创新这一引领我国发展的关键，就能确保在促进经济社会实现高质量可持续发展中掌握竞争发展的主动权。要深入实施创新驱动发展战略，完善科技创新体制机制，进一步优化政策环境，实施科教兴国、人才强国等重大战略，不断增强国家创新体系的整体效能，在科技自立自强、自主创新等方面创新驱动经济社会发展的核心作用。重点培养学生的创新意识和能力，加强创新创业教育与实践，推动专业群与产业链、创新链深度融合，是高职院校专业群建设的关键所在。

（二）协调发展

协调既是促进发展的工具，也是实现发展的目标，更是衡量发展的标准和尺度，两者缺一不可。在促进经济社会各方面协调发展的同时，注重调整关系，注重发展的整体效能，要从整体上把握经济社会各领域发展的内在联系。比如，在加强供给侧结构性改革、促进需求创造、引导供给的同时，也要协调推进，扩大内需、实现两者有机融合的战略；统筹推进乡村振兴、优化国土空间利用、推动城乡统筹发展、促进经济社会协调发展、提升社会建设水平。协调是内在要求，注重解决发展不平衡问题，协调发展意味着人才培养需要兼顾多方面的利益。专业群要在培养当前急需"一技之长"的人才和面向长远的"一专多能"的人才之间找到平衡，以满足产业和企业对技术技能人才的需求为出发点，以产业链上相互关联的职业岗位群为基础，同时适应产业需求的变化，并随着产业技术的革新和区域产业结构的调整不断变化，平衡与产业融合的供需关系。从可持续发展的理念考虑，为满足专业群高质量发展的内在需求，建设过程中应保证各要素之间的有序、协调和均衡。建立一个涉及多领域的发展过程，协调一致、相互促进、良性循环。

（三）绿色发展

永续发展不可或缺的方式就是绿色发展，绿色代表了人们对美好生活的渴望。要牢固树立绿水青山就是金山银山的理念，把绿色发展理念贯穿于生态保护、环境建设、生产制造、城市发展、群众生活等方面，坚定不移地走生态优先、节约集约、绿色低碳发展之路，把绿色发展理念贯穿于城市发展的各个环节，坚持正确处理好发展与保护的关系，切实把绿色发展理念贯穿于城市发展，坚持在开发中保护，做到应保尽保。坚持系统性理念，统筹产业结构调整、污染治理、生态环境保护与治理领域，全面推进山水林田湖草沙一体化保护与系统治理，统筹推进生态环境保护与治理。以绿色发展为倡导，强调可持续发展的重要性，注重在高职院校专业群建设中对环境保护、节约能源、资源循环利用等方面的教育和实践，培养学生的环保意识和可持续发展理念，促进专业群与绿色产业的对接和发展。

（四）开放发展

坚持以开放促改革，坚持以开放促发展，坚持以开放促创新，是国家繁荣发展的必由之路。深入推进重点领域改革，加快建设国内统一的大市场，是根据建设高水平社会主义市场经济体制的要求，是按照促进高水平对外开放的要求。充分发挥中国巨大的市场优势，提升中国贸易投资合作的层次和质量，通过利用国内市场巨大的循环，吸引全球资源要素，加强国内与国际市场的资源互动。制度开放、管理开放、标准开放不断拓展，加快形成开放型经济更高层次新体制。新发展理论强调开放与合作的重要性，倡导构建开放型经济体系。在高职院校专业群建设中，我们注重与国际国内企业和教育机构的合作与交流，引进优质的教育资源和先进的教育理念，推动专业群的国际化发展，提升专业群的竞争力和影响力。

(五) 共享发展

共享发展的要义在于坚持以人为本的发展理念,这体现了共享发展的本质,也是逐步实现共同富裕的重要方式。坚持把保障和改善民生、促进发展作为现代化建设的出发点和落脚点,把实现人民群众对美好生活的向往作为解决好人民群众最关心、最直接、最现实的利益问题的落脚点。坚持全民共享、全员参与、共建共享、逐步实现共享,以更加显著的实质进步促进人的全面发展,促进全体人民共同富裕,就是为了更好地实现人民群众对美好生活的向往,推动改革发展成果更广泛地惠及全体人民,确保人民群众得到实惠。强调让人民群众共享经济社会发展成果是新发展理论所倡导的共享发展。关注弱势群体和特殊需求学生的教育问题,注重教育公平和机会均等,为社会输送更多高职院校专业群建设中的高素质技术技能型人才,促进职业群体建设成果共享。

第三章

我国高职院校专业群建设的历史演进

专业群建设不仅是高等职业教育与社会需求的交汇点，也是学校教育资源分配的关键节点和人才培养的基础组织单位。以专业群为单位来推进专业内涵的建设是实现高等职业教育高质量发展的关键路径。从前述的研究可以发现，我国高职院校专业群建设是从2006年《关于实施国家示范性高等职业院校建设计划加快高等职业教育改革与发展的意见》文件正式提出建设专业群开始，一般意义上，我们认为2006年为我国高职院校专业群建设元年。从2006年至今，随着高等职业教育的发展，我国高职院校专业群建设也经历了四个发展阶段，分别是"起步""探索""普及"到"提质"，这四个发展阶段呈现出鲜明的阶段性特征。本章将从这四个发展阶段入手，逐一分析不同阶段高职院校专业群建设的政策导向、建设成效与存在的不足。其中，由于"提质"阶段（2019年至今）是本书的重点，相关建设现状将在下一章做重点分析。

第一节

专业群建设起步阶段（2006—2010年）

一、政策导向

2006年11月，教育部、财政部联合下发《关于实施国家示范性高等职业院校建设计划加快高等职业教育改革与发展的意见》，文件提出，从专业带头人和教学骨干培养、实训基地或车间建设、工学结合特色的课程体系开发等多方面入手，支持建设100所高水平示范高职院校，形成500个左右的以重点建设专业为龙头、相关专业为支撑的专业群，进一步提高示范高职院校服务经济社会发展的能力。至2010年，先后分三批完成了重点专业群试点建设共计440个试点项目。由此，随着国家示范性高职院校的引领作用，专业群建设逐渐成为我国高职院校未来发展的重要方向。这一趋势预示着高职院校专业群将成为高等职业教育内涵式发展的核心载体，推动我国高等职业教育的不断发展和提升。此阶段的政策导向体现在以下方面。

一是明确了办事指南,即"以服务为宗旨、以就业为导向"[1]。2006年11月,教育部发布的《关于全面提高高等职业教育教学质量的若干意见》明确提出,要"服务区域经济和社会发展,以就业为导向,加快专业改革与建设",通过实时跟踪市场需求和毕业生就业情况,更有针对性地调整和优化专业结构布局。在此基础上,建立以重点专业为核心、其他相关专业为支撑的专业群,以更好地服务区域、产业、行业、企业以及乡村的发展需求。通过建设重点专业体系、专业教学标准和专业认证体系,进一步强化对学生就业能力的培养,提升毕业生就业竞争力。

二是系统提出具体任务,提出了高职院校专业群建设实验实训条件建设、课程建设、师资队伍建设及共享型专业教学资源库建设四方面的具体任务。2007年6月,教育部、财政部联合印发《国家示范性高等职业院校建设计划管理暂行办法》,文件明确了高职院校专业群建设的方向和具体内容,主要包括实验实训条件建设、课程建设、师资队伍建设、共享型专业教学资源库建设等四个方面的专项经费支出。《关于实施国家示范性高等职业院校建设计划加快高等职业教育改革与发展的意见》中也详细指出,在行业企业技术骨干和能工巧匠队伍中,要引进高素质的双师型专业带头人和骨干教师;在课程建设方面,建成优质专业核心课程4000门左右,特色教材和教学课件1500种,每个专业带动区域和行业内3个以上相关专业主干课程建设;打造高技能人才培养公共平台,围绕国家支持发展的重点产业领域,构建终身学习体系,通过建设实验实训,加强学生的实践能力和操作技能,培养出更符合产业需求的高技能人才;课程建设注重优化课程体系和教学内容,使学生能够获得更为全面系统的知识和技能学习;师资队伍建设方面则应关注提升教师的专业素养和教学能力,通过提升教师教学水平来提高教学质量;建设共享专业教学资源库,可以促进教学资源的高效利用,为广大教师和学生获取优质教学资源提供便利,增强教学效果提供便利。

二、建设成效

在2006—2010年专业群建设起步阶段,以国家示范性高等职业院校建

---

[1] 张栋科.高职院校专业群建设的价值取向与行动路径研究[D].天津:天津大学,2018.

设为标志，建设了500个左右的专业，从而形成了以重点建设专业为龙头、相关专业为支撑的重点建设专业群，进一步引领带动了高职专业提升内涵质量。这一阶段，高职院校专业群建设得到了国家政策的引导和推动，呈现了鲜明的阶段性特征。专业群建设不断发展，优化改革了人才培养模式和教学模式。专业群的建设模式开始成为高职院校专业内涵式发展的未来方向，并逐步在全国推广。此外，专业群建设还注重跟上产业结构的调整和产业技术进步，通过建立专业预警机制和课程体系，形成专业群动态调整的建设机制。

总体来说，这一时期高职院校在国家政策的引导和推动下，通过试点建设、推广应用、改革创新等措施，专业群建设取得了显著的成效，奠定了我国高职教育专业群的内涵式发展的基础。

（一）专业数量扩增，招生就业扩增

为实现院校规模的扩大和办学效益的进一步提高，全国各高职院校开设专业数量呈逐年增加的趋势。2008年，70所示范性院校专业布点已达2713个。❶ 其中，有8所院校设置专业60个以上，5所院校设置专业50~60个，19所院校设置专业40~50个，17所院校设置专业30~40个，14所院校设置专业20~30个，设置专业在20个以下的院校有7所。自2006年12月国家示范性高等职业院校建设计划启动以来，至2009年，招生就业不断扩增，跨省招生的平均比例由原来的14.67%，增长到25.84%；对西部招生的平均比例由原来的20.59%，增长到42.15%；毕业生一次就业率由原来的82.29%，增长到90.00%。

（二）灵活设置专业，专业覆盖产业广

为进一步提升服务地区社会经济发展的能力，示范高职院校根据当地经济社会发展的需求和产业升级调整的要求，及时进行专业论证、更新与再建设。例如，天津职业大学紧跟国家通信领域3G牌照发放，对传统通信技术专业课程进行重组，经过培养使学生毕业就能初步满足上岗技能要求，使得毕

---

❶ 吴兵团，杨新宇. 高职院校专业设置现状、问题与对策——基于70所国家示范性高职院校的实证研究［J］. 现代教育管理，2009（12）：73-76.

业生供不应求。❶ 经过专业设置的不断增减和完善，在大类和二级类保持相对稳定的前提下，专业目录内专业种类增加至722个。2008年，70所示范院校共计开设专业达391种，覆盖了《全国高职高专指导性专业目录》中所列出的19个大类、71个二级类。

（三）"校企合作、工学结合"，专业群确立改革方向

示范院校与用人部门围绕区域产业发展特点和需要，联合开展专业建设，共同实施人才培养和教学管理，将课堂延伸到生产车间、田地和社会服务场所，并与企业合作建立起校内实训和校外实践基地。截至2009年，高职院校校内实训基地（室）增加到10606个；校内生产性实训学时比重增长到68.92%；校外实习基地增加到25998个。聘请行业企业技术骨干和能工巧匠担任兼职教师，兼职教师实训实践教学学时占总学时数比例增加到60%～70%，半年以上顶岗实习学生占应届毕业生比例由原来的73.47%提高到92.37%。

三、存在的不足

这一时期，作为新概念的专业群才刚开始起步，虽然产生了许多建设成果，但建设口径仍以专业为主，缺乏对专业群的统筹规划，导致专业群的结构不合理、定位不明确、资源分散等问题，在师资力量、实践教学、校企合作等专业群内涵建设方面建设不足。这影响了专业群的资源整合和共享，也影响了学生的针对性和实用性培养。

（一）注重专业规模扩张，专业内涵建设相对滞后

既有社会进步的因素，也有学院建设需要的因素，许多高职院校积极寻找机会，每年都会申请增设新专业，专业数量不断增加，招生人数不断增加。然而，随着专业规模的扩大，一些问题逐渐浮现出来。首先，专业群教师队伍力量明显不足，教学质量难以得到质量保障。为满足教学需求，一些院校

---

❶ 示范性高等职业院校建设计划实施工作办公室，上海市教育科学研究院高职教育发展研究中心. 《国家示范性高等职业院校建设计划》执行情况报告［J］. 职业技术教育，2010，31（30）：31-32.

不得不外聘教师，这又带来了新的管理难题。其次，实验和实训的条件不足。随着专业数量的增加，需要建设或更新相应的实验和实训设施，这需要大量的资金投入。然而，由于资金有限，许多高职院校难以满足这一需求，实验和实训条件相对落后。最后，特色和精品专业的建设资金投入也显得不足。尽管特色和精品专业的建设对提升专业群的整体实力至关重要，但由于种种原因，如资金不足、政策支持不够等，这些专业的建设往往被忽视。这些问题都严重影响了现有专业结构优化调整工作的顺利开展，导致专业内涵的建设速度无法跟上专业规模的迅速扩张，严重影响了现有专业结构优化调整工作的顺利开展，造成了资源浪费和重复投资，制约了学院的办学效益。

（二）专业发展不平衡，与产业需求对接不够紧密

由于人才市场的供需变动及高等教育机构为追求招生的影响，高职院校在专业建设上往往倾向于扶持热门专业建设，如制造、电子信息、财经、土建四大领域。这种趋势容易导致热门专业重复布点，重合率不断上升，毕业生数量急剧增多，而使人才供应供过于求。这种不平衡的发展不仅影响了专业群的整体效益，也制约了人才培养的质量和适应性。

（三）"综合性"办学趋势明显，专业特色不够凸显

通过统计分析，示范性高职院校在专业设置方面也存在一些的问题。其中，"大而全、多而广"的现象较为突出，成了一个较为普遍的问题。许多高职院校为追求全面发展，都致力于将学校建设成为"综合型"或"全能型"的高职院校。这导致专业设置与本科院校的趋同，学校的办学特色逐渐被淡化，品牌的优势也在逐步减弱。原本高职院校的办学特色和品牌优势是其核心竞争力的重要组成部分，但如今这些特色和优势却在逐渐消失。这不仅对高职院校的长期发展造成了影响，也削弱了其在教育领域中不同类型教育的竞争力和影响力。因此，高职院校需要重新审视自身的发展战略和专业设置，明确自身的办学定位和特色，强化品牌优势，以实现可持续发展。

（四）专业设置"同质化"现象严重，区域特色弱化

国家示范性高等职业院校在建设过程中，专业设置"同质化"明显。土建、制造、财经、电子信息、旅游等专业成为高职院校建设的热门专业。计

算机应用技术、软件技术、电气自动化技术、数控技术、机电一体化技术、旅游管理等专业是高职院校间竞争、争夺生源的焦点。专业设置呈现出"同质化"的特点，脱离区域产业特色，进一步引发了办学"同质化"的问题，一方面，重复建设造成社会资源的不必要浪费，另一方面，也产生人才培养与区域产业之间的结构化矛盾。

第二节

专业群建设探索阶段（2010—2014年）

一、政策导向

2010年7月，教育部、财政部联合发布《关于进一步推进"国家示范性高等职业院校建设计划"实施工作的通知》提出在原有基础上新增建设100所左右骨干高职院校，形成以国家示范性高等职业院校为引领、国家骨干高职院校为带动、省级重点建设高职院校为支撑的高等职业教育发展格局。2011年9月，教育部、财政部决定启动实施"支持高等职业学校提升专业服务能力"项目，中央财政拨付20亿支持1000个左右高职教育专业进行重点建设，提升高职院校服务国家经济发展和支撑现代产业体系发展的能力。截至2012年6月，全国共计969所高职院校进入该行动计划。至此，可以说，"以重点专业为龙头辐射带动相关专业"的模式基本覆盖了全国专业群建设。此阶段的政策导向具体表现为：

第一，明确高职院校专业群建设的核心目标为提升产业服务支撑能力。2011年9月，教育部发布的《关于推进高等职业教育改革创新引领职业教育科学发展的若干意见》明确指出，服务经济发展和现代产业体系建设是高等职业教育应承担的责任。专业群建设应紧密围绕国家和区域产业发展需求，合理布局专业设置，规划专业群结构。同时，鼓励行业与企业深度参与专业群人才培养全过程，深化校企合作、产教融合，共同研制人才培养方案、课程标准、专业教育标准等，推动教育教学改革，提高人才培养的适应性，助力地方经济发展。

第二，明晰提升高职院校专业群服务产业能力的目标、原则与举措。2010年教育部、财政部发布了《关于进一步推进"国家示范性高等职业院校建设计划"实施工作的通知》，文件指出，提升高职院校专业群服务产业能力的具体举措包括适应区域产业升级调整专业结构、参照职业岗位任职要求制定培养方案、引入行业企业技术标准开发专业课程、吸纳行业企业参与人才培养与评价、合作共建实习实训基地等多方面内容。2011年教育部、财政部发布《中央财政支持高等职业学校提升专业服务能力基本要求》，文件指出高职院校专业群要坚持服务和发展相结合，坚持重点突破与整体带动相结合，坚持学校主体和多方参与相结合，坚持区域特色与行业统筹相结合的原则，增强为产业服务能力；重点打造产业支撑型、人才紧缺型、特色引领型、国际合作型专业，推进校企深度对接、探索系统化培养、强化实践育人、转变培养方式、建设教学团队、实施第三方评价等，推进提升高职院校专业群的产业服务能力。通过推进校企对接，加强校企合作，深入了解市场需求，优化专业设置和人才培养方案，提高人才培养的针对性和适应性；同时，探索系统化培养，注重学生综合素质和能力的培养，构建科学合理的课程体系；强化实践育人，加强实践教学环节，提高了学生的动手能力和操作本领；此外，改变培训方式，采用灵活多样的授课方式，进行启发式授课和项目式授课；加强教师队伍建设，提高教师的专业素养和教学能力；实施第三方考核，建立科学有效的评价体系，确保人才培养的质量和效果。

二、建设成效

2010—2014年，专业群建设处于探索阶段，这一阶段，高职院校以专业建设为核心，加强内涵建设，提高人才培养质量，建设了以国家骨干高等职业院校为标志的国家级专业379个，辐射带动了区域高等职业教育整体水平的提升。这一时期，高职院校专业群建设在前期建设成果的基础上，继续取得了一系列重要的成效。首先，这一时期高职院校专业群建设的重点在于深化产教融合，通过与行业企业的紧密合作，共同推进专业群的建设与发展。这种合作模式不仅提高了高职院校专业群人才培养的质量，也增强了高职院校服务区域经济社会发展的能力。其次，这一阶段高职院校专业群建设较上一阶段更加注重内涵建设,通过优化专业结构、完善课程体系、提升师资队伍等措施,增强了专业群的整体实力与市场竞争力。再次,这一阶段高职院校加强了与国外先进职业教育机构的交流与合作,开始探索专业的国际化办学路径。此外,随着信息化技术的快速发展,高职院校专业群建设也开始尝试与信息技术深度融合,从而推动教育教学数字化改革创新,提高人才培养的效率和效益。

在专业群建设探索阶段,高职院校专业群建设在深化产教融合、加强内涵建设、推进国际化发展及探索信息化融合等方面取得了显著的成效,进一步推动了高职教育的改革与发展。

(一)聚焦协同产业

到2014年,中央财政已累计投入40亿元支持重点领域和地方经济社会发展需求,包括现代农业和制造业、战略性新兴产业以及生产生活性服务业等。牵头地方政府、行业企业、高职院校等共同投资34.28亿元,对全国977所独立设置的公办高职院校给予全力支持,累计建设重点专业点1816个。全国全日制在校生近90万人受惠。[1]坚持专业与产业对接,服务区域发展,形成了专业特点突出的优秀高职院校专业群,为推动战略性新兴产业、先进制造业健康发展,加快传统产业转型升级,建设基础设施和基础产业,提供了重要的技术技能人才支撑。

(二)优化专业布局

对接产业需求,高职院校专业群进一步优化了专业结构。2014年,高职院校主动对接物联网应用技术、新能源应用技术等新兴产业,以及老年服务、康复治疗等与民生密切相关的未来产业,优化专业布局,新增专业3000余个,撤销了5000余个与地方产业相关度低、重复设置率高和就业率低的专业,进一步发挥高职院校在适应互联网经济发展及服务新兴产业与未来产业方面的作用。

(三)深化校企合作

在校企合作方面,为增强校企合作实效,高职院校积极创新"政行企校"

---

[1] 翟帆. 透视2014高职质量年度报告[N]. 中国教育报,2014-07-21(3).

合作机制。至2014年，高职院校生均教学仪器设备总值已超9700元，超过教育部规定的优秀标准。校企合作企业达近16万家，学生校外实习基地使用时间超70天。双师素质教师比例达59.2%，高职院校专业教师年均下企业实践天数增至27天。

三、存在的不足

尽管在此阶段，高职院校开始意识到对接产业、校企合作等在专业群建设中的重要性，但在实际操作中，由于多方面原因，仍存在资源整合与共享不充分、校企合作不够深度等问题。专业群建设需要充分整合和共享校内外的优质资源，但在这方面，高职院校存在明显不足，如校内实验室、实训室等资源重复建设，未能实现有效的资源共享，导致资源浪费。同时，由于缺乏有效的资源整合机制，企业参与度不高、合作模式单一、合作内容浮浅、合作深度不够，影响了专业群的建设效果。

（一）专业群建设的群共享观念不强

在高职院校的专业群建设中，虽然重点专业的基础已经奠定，但"群"观念，即共享观念并不强。具体表现在以下几个方面：一是专业群内各个专业之间或专业方向之间的关联度不够高。尽管专业群的建设是基于区域内产业集群和岗位群的状况，但各专业在教学内容、教学资源等方面的整合不够深入，导致专业间的壁垒仍然存在，缺乏有效的共享和协同机制。二是教师的合作意识不强。由于行政隶属部门的划分，专业群内教师更多隶属于各自的行政部门，这在一定程度上限制了他们在教学上的合作。这种从属关系不仅对专业群教师团队建设造成影响而且阻碍了专业群开展高效的内涵建设。三是实训基地及实训设备利用率共享率不高。目前，专业群内实训基地主要用于相关专业学生的实训实践，而群内的共享尚未形成，使利用率和共享率不高，这种情况不仅影响了学生的学习质量与效果，而且也造成了实训实践设备等资源的浪费。可见，现有的组织形式和行政管理模式未形成"群"的组织及管理模式，阻碍了资源的共享和优化配置，在一定程度上束缚了专业群的发展，是造成"群"观念不强的主要原因。

(二）传统的教育教学思维模式束缚专业群建设发展

在高职院校专业群的教学中，部分课程仍然沿用以"教师、教材、课堂"为中心的传统教学方式。这种方式强调了教材重要性，更加注重理论知识的教授，将教材视为知识的唯一来源。同时，专业课程的授课方式仍以讲授式为主，注重理论基础知识的积累和知识的完整性与系统性。这种理论与实践相分离的教学方式，未能有效地将理论基础知识与实践结合，影响了学生的学习效果和实践能力的培养。传统的教育教学模式在某种程度上阻碍了现代教育技术的应用，一定程度上降低了学生学习兴趣，从而影响了学习质量。面对日新月异的产业发展对复合型人才的需求，传统的教学模式已经无法适应当前人才培养的需要，教学质量受到严重影响，专业群的发展也受到了制约。

(三）实训实验设备及教学资源不足

这一时期，虽然高职院校实训实验设备和教学资源有所增加，但还不能完全满足专业群内学生实训实验教学的需要。主要原因包括：一方面资金投入不足，职业教育不同于普通教育，有教室、有教师、有书本就能完成授课，职业教育需要在实际操作中教学，然而，由于先进的实训实验设备昂贵、资金投入不足等原因，很多高职院校专业群没有足够的经费配置先进的对接生产一线的实训实验设备。另一方面专业群实习实训设备整合不够，高职院校在配置专业群实训实验资源方面优化不够有效，导致出现设备闲置、利用率低下等问题，使得实训实验设备及教学资源不足。

(四）"双师型"教师队伍建设不足

高职院校师资队伍建设，但是仍未达到教育部《关于全面开展高职高专院校人才培养工作水平评估的通知》中规定的标准：专业基础课和专业课中双师素质教师比例达70%。专业带头人数量仍然不足，且在本行业中的影响力有限，成了一个突出问题。这不仅影响了专业群整体的发展，也影响了人才培养的质量。此外，双师素质教师的培养渠道过于单一，主要依赖于获得中级技术职称及相关专业资格的"双证"形式。尽管部分教师选择到企业挂职锻炼，但这种挂职锻炼往往停留在表面，未能真正融入岗位，实现技术技能提升。从职称结构上看，高职院校专业群中年轻教师比例较高，职称相对

较低，导致专业群教师队伍中高级职称缺少的现象。教师团队的整体职称结构不尽合理，对专业群的教学质量和社会服务能力产生了影响。总体来看，高职院校专业群建设在师资力量上面临较大挑战。为提升专业群建设水平，高职院校须采取有效措施，加强专业带头人和双师素质教师的培养，优化职称结构，从而为专业群的发展提供有力支持。

第三节

专业群建设普及阶段（2014—2019年）

一、政策导向

2015年，教育部印发了《高等职业教育创新发展行动计划（2015—2018年）》，文件提出要建设200所优质专科高等职业院校的目标，旨在为高职院校改革发展树立起"新标杆"，指出以紧贴区域产业发展需求的专业群建设为核心，推动校企深度合作，推动专业群促进区域产业结构调整和新兴产业发展。2016年6月，教育部提出到2018年，将支持地方建设200所办学定位准确、专业特色鲜明、社会服务能力强、综合办学水平领先、与地方经济社会发展需要契合度高、行业优势突出的优质专科高职院校。由此，我国高职院校专业群开始步入动态调整的普及化建设阶段。此阶段的政策导向具体包括以下几个方面。

第一，完善高职院校专业设置的动态调整机制。2015年10月，教育部印发了《普通高等学校高等职业教育（专科）专业设置管理办法》以及《普通高等学校高等职业教育（专科）专业目录（2015年）》等文件，明确了高职院校专业设置实行备案制，并提出了按照专业目录设置专业和自主设置专业方向的实施细则，需要从专业设置原则、要求与条件、程序等方面进行明确和规范。提出省级教育行政部门应建立健全以招生计划、招生计划完成率、报到率、就业率、生均经费投入、办学情况评价结果等作为优化专业布局、调整专业结构的基本依据的高职院校专业设置的预警和动态调整机制。这意味着在实施层面，高职院校需要遵循专业设置原则，明确专业设置条件与标准，规范专业设置程序，建立健全专业设置预警和动态调整机制，及时了解市场需求和行业变化，适时调整专业设置，以适应经济社会发展的变化。

第二，优化专业布局是高职院校专业群建设需推进的重要行动策略。2015年7月，教育部印发了《关于深化职业教育教学改革全面提高人才培养质量的若干意见》，文件指出，要引导高职院校紧贴市场、紧贴产业、紧贴职业岗位科学合理地设置专业；围绕区域经济带、产业带和产业集群优化服务产业发展的专业布局，建设特色鲜明、适应需求、效益显著的专业群；要围绕现代农业、先进制造业、现代服务业以及战略性新兴产业发展需要，积极推动国家产业发展急需的专业群建设。2017年1月印发的《国家教育事业发展"十三五"规划》中也指出，要进一步完善职业学校布局结构，推动区域内职业学校科学错位化定位，使每一所职业学校都能够集中力量办好当地经济社会发展需要的特色优势专业（群），进一步加快调整学科专业结构，通过专业整合、改造等方式，设置复合型跨学科专业，并建设服务现代产业的专业集群。

第三，建立高职院校专业群教学诊断与改进制度。2015年6月，教育部办公厅印发了《关于建立职业院校教学工作诊断与改进制度的通知》，文件指出要建立职业院校教学工作诊断与改进等相关制度，引导和支持高职院校开展教学诊断与改进工作，不断完善内部质量保障体系和运行机制，并试行开展专业诊改，通过专业机构和社会组织对高职院校专业教学质量的评价与评估，倒逼专业改革与建设。2015年12月《高等职业院校内部质量保证体系诊断与改进指导方案（试行）》下发，指出高职院校应切实履行人才培养工作质量保证的主体责任，建立常态化的可持续的内部质量保证体系和诊断与改进工作机制。依托诊改机制不断改进和提高人才培养质量，更好地服务经济社会的发展需求。在专业质量保证方面，可以从专业建设规划、专业诊改、课程质量保证等三个角度开展工作。其中，专业诊改是重要的环节之一。高职院校内部应建立常态化的专业诊改机制，及时发现和解决专业建设中出现的问题，促进专业的持续改进和可持续发展。同时，应能够在专业整改机制运行下保持专业与产业的同频发展、动态调整，紧跟产业行业企业发展脚步，更好地适应市场需求和产业变化。由此，专业群内部是否建立起常态化的专

业整改机制，以及是否能够随产业发展动态调整专业设置的诊改与运行机制，成为衡量高职院校专业群人才培养质量保障工作的重要指标。

第四，深化产教融合是高职院校专业群建设应遵循的主线。如何依托重点专业（群），整体提升专业（群）建设水平，服务区域产业结构调整和发展，是高职院校专业群亟待研究解决的问题。从"优质校"建设标准来看，产教融合是高职院校建设的主线，高职院校应结合自身实际与办学优势，准确把握学校利益与企业利益的共同点，找准切入点，建立深度融合的长效机制，不断推进产教融合。2017年2月，国家发改委等部门联合印发的《教育现代化推进工程实施方案》明确提出，要以建设实习实验实训设施为重点推进职业教育产教融合，支持高职院校改善办学条件，深化校企合作、产教融合，推进协同实践育人。由此，产教深度融合成为了高职院校专业群发展的重要路径和发展主线。

二、建设成效

在高职院校专业群建设普及阶段，在前期建设基础上，高职院校专业群继续取得了一系列建设成效。首先，这一时期高职院校专业群建设的重点在于服务产业转型升级，通过与行业企业的深度合作，共同推进专业群的建设与发展。与此同时，这一时期高职院校开始探索专业群建设新模式，推动"互联网+"背景下的教育教学方式创新。其次，这一时期高职院校专业群建设非常注重实践教学和创新创业教育，通过加强校内实践教学基地和校外实践教学基地的建设，提高学生的实践能力和创新创业能力。再次，高职院校开始探索与产业园区、企业等合作共建实践教学基地的路径，推进产教融合的深度发展。最后，随着国家对职业教育的高度重视和大力支持，高职院校专业群建设也开始注重与国际先进职业教育机构的交流与合作，注重引进国际优质职业教育资源，提高我国高职院校专业群建设的国际化水平。

（一）专业紧贴产业建设升级有成效

各地和高职院校对标《高等职业教育创新发展行动计划（2015—2018年）》"紧贴产业发展、校企深度合作、社会认可度高"的要求，打造了一批特色鲜明的骨干专业，提升了专业整体发展水平。2017年，全国31个省市自治区启动骨干专业建设项目，该项目覆盖了 834 所高职院校的 408 个专业。总体来看，第三产业分布占比 62.59%、第二产业分布占比 33.03%、第一产业分布占比 4.38%，与同期三大产业国内生产总值分布比例基本相当；从大类来看，装备制造、财经商贸、电子信息大类专业布点数量最多，符合国家重点发展装备制造业、电子信息技术和现代服务业的总体发展方向；2017 年，高职院校面向十大重点产业领域重点产业相关专业，及时调整专业，新增专业点 1200 余个，年度招生人数超 40 万人。

（二）产教融合协同发展成果涌现

至 2018 年，全国共组建了职教集团 1400 余个，覆盖 100 多个行业板块，吸引近 3 万家企业参与职教集团建设；教育部分三批建设了 558 个现代学徒制试点，2200 多家企业参与现代学徒制试点培养，培养学徒 9 万余名；充分发挥行业指导作用，56 个行指委发布了 60 份行业人才需求与职业院校专业设置指导报告，此阶段，行业指导与参与已成为加快专业群建设的重要机制。27 个省市自治区共投入 1.5 亿元，政府牵引，校企共建，整合优质企业资源建设了 660 个双师型教师培养基地，促进了高职教师和企业人员双向交流合作，有效提升了教师的"双师"素质。

（三）专业群教学资源丰富呈现

建成国家级职业教育专业教学资源库 112 个，资源库的覆盖面更加广泛，共覆盖了高职教育 19 个专业大类、56 个专业。专业教学资源库的建设与应用推动了优质资源的辐射推广，实现了优质资源的普惠共享。同时，职业教育国家标准体系进一步完善，相继发布了国家专业目录、专业教学标准等职业教育标准，为依法治教、规范办学提供了依据。

三、存在的不足

（一）集群管理不够健全

专业群管理涉及对群内各要素之间关系的协调，对专业群的发展和竞争力产生重要影响。然而，这一时期高职院校在专业群建设方面普遍存在重建设而轻管理的现象，这制约了专业群管理效能的发挥。高职院校专业群大多

采用行政化管理直线式的"校—院—专业"管理结构，专业隶属于科层制，而不是专业集群管理。这种管理模式限制了专业群内资源的合理配置和灵活流动，不利于群内资源的共建共享。此外，专业群运行机制的不完善也限制了其发展。专业群负责人的权利与责任不够明确，与二级学院行政负责人之间的权责边界模糊，导致专业群负责人的作用无法发挥。同时，专业群内的人事安排、激励机制等方面的制度也不健全，导致教师工作效率不高。因此，为提升专业群的管理效能，需要从管理结构、运行机制和制度建设等方面着手，改进和完善专业群管理体系。

（二）资源聚集有待推进

高职院校专业群建设的核心在于资源整合，在专业群资源聚集不充分的情况下，往往难以发挥群优势，甚至还可能导致资源浪费。群内专业间的融合、渗透和资源共享能够显著降低专业群建设的投入，同时增强资源利用率。尽管大多数高职院校已经建立了不同类型的专业群，但尚未实现专业群内资源真正地整合与共享。且专业群内部共享和合作意识还较为淡薄，使不同专业教师之间在专业共享方面的沟通较少。资源的聚集不足会限制教学活动的有效开展和教学团队优势的发挥，成为高水平专业群建设的阻碍。

（三）评价体系缺失

评价体系在高职院校一流专业群建设中起到了至关重要的指导作用，它不仅具有诊断和改进的功能，还能起到激励作用。从经济学的角度来看，高水平专业群建设需要大量人力、物力和财力投入，因此，有必要对其专业群建设产出进行考核。高水平专业群的评价是用于衡量专业群建设的水平，具体表现为对专业群建设成果的量化考核，然而，目前国家、省市、学校层面均缺乏较为完整的评价体系，导致高职院校在建设专业群的过程中无法衡量其水平成效。

第四节

专业群建设提质阶段（2019年至今）

2019年1月，国务院印发了《国家职业教育改革实施方案》，文件提出启动实施中国特色高水平高职学校和专业建设计划。同年4月，教育部、财政部联合发布《关于实施中国特色高水平高职学校和专业建设计划的意见》至此，"双高计划"正式启动；"双高计划"提出集中力量发展150个左右高水平专业群，并提出到2022年，专业群办学水平、服务能力、国际影响等方面显著提升，发挥为职业教育改革发展和培养千万计的高素质技术技能人才的示范引领作用，到2035年，专业群达到国际先进水平，引领职业教育实现现代化，为促进经济社会发展提供优质人才资源支撑，提高国家竞争力。

2019年12月，教育部、财政部公布了《中国特色高水平高职学校和专业建设计划建设单位名单》，文件显示首批"双高计划"建设名单高职院校共计197所，其中高水平学校建设单位56个，高水平专业群建设单位141个。从专业布局看，首批"双高计划"中389个专业群覆盖了18个高职专业大类，布点最多的五个专业大类分别是装备制造大类、交通运输大类、电子信息大类、财经商贸大类、农林牧渔大类。从产业布局看，首批"双高计划"中面向战略性新兴产业的专业群有113个，面向现代服务产业的专业群有112个，面向先进制造产业的专业群有100个，面向现代农业的专业群有32个，其他产业专业群32个。

由此，我国高职院校专业群开始步入"提质"建设阶段。此阶段的政策导向体现在以下方面。

一、动态优化专业结构

在传统的专业建设模式下，为适应市场变化，高职院校专业群常常采取新设、停办、合并、转型等方法调整专业布局。然而，这种做法也存在一些问题。首先，由于专业建设需要一定的周期，专业调整往往滞后于市场的变化，使得人才培养与市场需求不匹配。这可能导致毕业生就业困难，或者需要额外的学习和培训才能适应市场需求。其次，这种做法可能会造成办学资源的巨大浪费。每个专业都需要相应的师资队伍、教学设施和实习基地等办学资源，如果频繁地调整专业，这些资源就可能无法得到充分利用，导致资源浪费。最后，这种做法也不利于形成学校的办学特色。专业文化的持续积淀是形成办学特色的重要基础，如果频繁地调整专业，这种文化积淀可能会

被打断，影响学校的办学特色。因此，在专业群建设过程中需要保持专业群定位的相对稳定。高职院校应持续聚焦服务区域产业，明确办学方向和特色，注重形成稳定的人才培养定位与文化积淀。同时，随着新产业、新技术、新业态、新模式的发展，高职院校专业群可依托已有办学基础，进行局部动态对专业结构或方向调整。此外，在专业群中，各专业仍应是一个完整的人才培养单元，应具有各自明确的人才培养定位。它们都受到专业群人才培养定位的统领，确保群内各专业在同一个产业链或岗位群中，从而确保各专业不脱离该领域。通过这种方式，专业群才能够更好地适应市场的变化，提高人才培养的适应性和应变能力。这样，高职院校可以更好地满足经济社会发展的需求，提高毕业生的就业竞争力，并为他们提供更广阔的发展空间。

二、整体重构课程体系

科学合理地构建课程体系是专业群建设的核心任务，专业群课程体系应以群为基本单位设置课程、安排内容，采用"底层可共享、中层可融合、上层可互选"的有机组合模式对课程进行重组。底层可共享是指整合群内各专业共性知识、技能和素质，面向专业群所有学生开设，帮助学生形成对产业的整体认知，掌握职业的通用技能；中层可融合是指根据各专业对应的职业岗位所需的核心职业能力为本专业的学生开设的相关课程，帮助学生具备从事产业领域内各专业岗位的职业能力；上层可互选是指专业群根据产业发展和市场需求，实时开发的模块课程，供群内学生根据兴趣与职业规划有选择地进行学习。通过重构优化专业群课程体系，实现从宽口径职业领域到专业化就业岗位的人才培养，将学生的学习路径与职业岗位、职业发展相对接，提高人才培养的适应性。

三、建设高水平实践教学基地

在专业群建设中，实践教学体系的设计必不可少。应以专业群为整体，将产业中的最新技术、工艺和规范等融入实践教学项目中，确保实践教学与产业发展同步。通过构建"工学结合"的人才培养模式，建立校内顶岗实习、校外社会服务相结合的实践教学模式，以增强学生的实践能力和社会适应能力。在建设实践教学基地时，必须确保其与所设计的实践教学项目相匹配，以保证实践教学的有效性和可操作性。学校与企业应加强合作，共建共享资源，共建专业群的公共技能型、专业技能型、综合技能型、创新型以及生产性实训基地等。同时，建设"双师型"教师队伍也是关键。通过构建多层次、多类型的实践教学内容及课程体系，可以更好地满足学生的学习需求。各专业在校内建立"双师型"师资队伍，并配备相应数量的实验设备，实现实验室资源共享，以提高资源利用效率。此外，也应进一步提升实践教学基地的管理水平，应加强专业群实践教学基地的系统管理，加大开放共享。引入新一代信息技术（如云计算、大数据、人工智能、增强现实（AR）、虚拟现实（VR）等），提升实习实训基地的智能化水平，提高实践教学基地的共享程度、使用效率以及实践教学质量。

四、打造高水平教师队伍

专业群应基于"四有"标准，打造一支数量充足、结构合理、专兼结合的高水平双师队伍。教师队伍不仅要数量充足，还需具备专业性和多样性，能够适应不同的教学需求。应引进和培育有行业权威性和国际影响力的专业群建设带头人，高水平专业群带头人能够引领教师队伍向更高水平发展。培养能够改进企业产品工艺、解决生产技术难题的骨干教师，以及具有绝技绝艺的技术技能大师，提升教师队伍整体实力与双师结构。聘请行业领军人才、大师名匠兼职授课，将最新的行业知识和实践经验引入课堂，增强教学的实用性和前瞻性。建立健全教师职前培养、入职培训和在职培养体系，促进教师不断提高自身能力，适应不断变化发展的教育需求。建设教师发展中心，以提升教师的教学和科研能力，促进其职业生涯发展。建立起以业绩贡献和能力水平为导向、以目标管理和目标考核为重点的绩效工资分配机制，激发教师队伍活力。

五、打造技术技能创新服务平台

专业群应积极打造技术技能创新服务平台，充分发挥其在技术技能创新服务方面的作用。应以技术技能积累为核心，将人才培养、教师团队建设和

技术服务紧密联系在一起，打造资源共享、机制灵活、产出高效的综合性技术技能创新服务平台。紧跟科技发展的最新趋势，旨在确保所培养的人才和所进行的技术创新能够与时俱进，不断满足变化的市场需求。应兼顾人才培养和技术创新，致力于推动科研成果和核心技术的产业化，特别要加强对中小微企业的技术研发和产品升级的支持与服务。通过与地方政府、产业园区和行业企业的深度合作，建设兼具科技攻关、智库咨询、人才培养、创新创业功能的产教融合平台，服务产业转型升级和区域经济发展。打造集产品研发、工艺开发、技术推广、专家培训功能于一体的技术技能平台，通过加强专业人才的汇聚和配套服务能力，与行业领军企业深度合作。为推动区域经济持续增长提供有力支撑，打造区域人才培养培训服务知名品牌。

六、构建可持续发展机制

专业群应建立健全与专业群建设相适应的组织架构和管理运行机制，包括明确专业群各方职责和权利，形成有效的协作和沟通机制，促进专业群资源合理配置，有效利用专业群内资源。建立专业群动态调整机制，及时跟踪区域产业发展趋势，加强与行业企业沟通合作，及时掌握产业发展动态和企业人才需求，及时根据行企需求及时调整专业群和群内专业的方向，调整课程设置和教学内容，确保人才培养紧密对接市场需求。建立专业群教学诊断与优化机制，持续推进专业群与产业对接、教学过程与生产过程对接以及课程内容与职业资格的对接，建立完善的教学质量监控体系，定期对专业群进行评估诊断，及时发现问题，及时改进，提高人才培养的质量和适应能力。

第四章

"双高计划"专业群的建设现状

上一章主要分析了我国高职院校专业群建设"起步""探索""普及"的前三个阶段建设情况。时间来到当下，即 2019 年至今的高职院校专业群建设的"提质"阶段，从政策规划与高职院校内涵发展来看，以"提质"为特征的本阶段发展周期尚未结束，其现状还难以呈现。但"双高计划"专业群发展作为高职院校专业群建设龙头，能够较为充分地展现本阶段的"提质"特征，因此，本章以"双高计划"专业群建设为样本，通过对高职院校调研、"双高计划"中期验收绩效自评报告文本分析等方法，分析"双高计划"专业群的组建情况、建设成效、存在的问题及其原因，尽可能科学与客观地展现"双高计划"专业群建设现状。

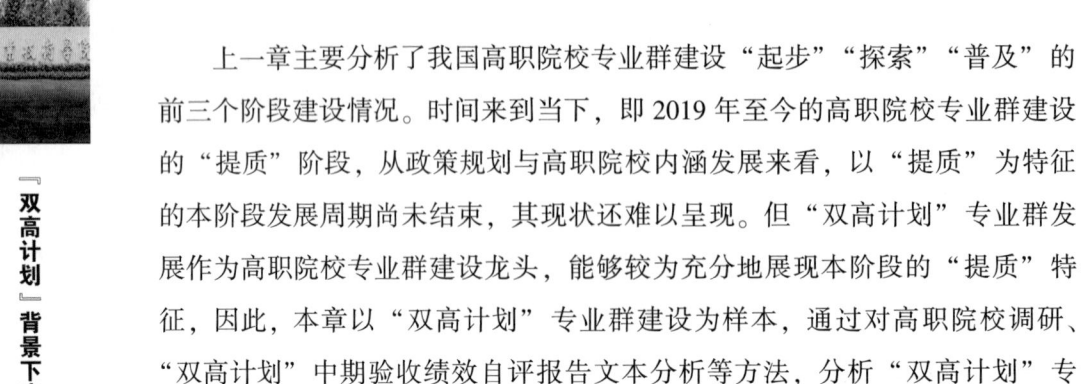

第一节
"双高计划"专业群组建情况

一、专业群组建的依据

"双高计划"专业群建设是职业教育推进教育教学改革的重大举措，在实践探索中，"双高计划"专业群在建设思路、逻辑方面已形成一定的共识。

一是注重教育逻辑。高职院校专业群虽然承担着应用技术创新、社会培训服务、国际交流与合作等多元功能，但专业群的核心任务与功能是人才培养，人的教育是专业群建设发展的根本任务。因此，专业群组建首先要注重教育逻辑，遵循教育规律。

二是注重职业逻辑。职业教育是从职业出发的教育，职业是职业教育的逻辑起点。职业岗位之间的关系是专业群组群的重要依据，专业群不是人为组合而成，专业群的组建依据是基于客观的职业岗位群岗位之间的逻辑关系以及职业岗位对人才培养规格需求之间的逻辑关系。职业岗位群岗位之间的关系决定了专业之间的组合关系，职业岗位对人才培养规格需求之间的逻辑关系，决定了培养内容之间的组合关系。因此，在专业群组建时，注重职业逻辑非常必要。

三是注重系统建设。专业群是一个系统，群内专业相互关联，专业群组建必须注重系统建设，明确专业群建设目标定位，构建科学合理的专业群结构，完善专业群可持续发展体制机制，使其系统化运行。

四是注重协同发展。专业群将不同专业按照职业联系组合在一起，群内专业既相互独立又相互协同。专业群不应是取代了专业，而应是为专业建设提供了新的路径，整合原本离散的单一专业，整合相关专业的资源，进一步发挥优势专业对其他专业有辐射带动作用，使群内专业协同发展，因此在专业群组建时必须注重协同发展问题，进一步优化资源配置，促进专业群发展。

五是注重开放发展。职业教育是跨界的教育，积极开展校企合作，充分利用行业企业资源参与办学是职业教育的重要办学路径，专业群建设是基于产业集群发展而来，在组建时，应注重开放发展，发挥跨专业群组的优势，提升技术技能培训、技术研发攻关等能力，加大校企合作力度，深化产教融合深度，促进专业群对外开放发展。

六是注重创新发展。专业群是为满足产业行业创新发展的需求而组建的，因此在组建专业群时也应注重创新发展，应进一步发挥专业集群以及跨专业交流融合的优势，提升创新能力。

二、专业群组建的内容与流程

专业群建设主要包括学校层面的专业调整和群层面的专业群人才培养方案调整。从"双高计划"专业群组建实践来看，学校层面的专业群整合一般要先通过学校专门成立的专家组或者教学委员会论证，如专家组或教学委员会主要由相关二级学院院长、教学副院长、专业带头人、专业教授等校内专家组成。专业群人才培养方案则主要是由教务处出台原则性指导意见，规定整体框架与要求，具体内容由专业群及各专业负责人协同合作企业制定。人才培养方案制定流程主要包括调研企业、调研岗位、分析职业知识与技能、编写课程标准、构建课程体系等步骤。企业调研通常与校企合作单位开展调研或者座谈，调研分析行业、产业需求，研制"既满足社会需求，又保持教学体系完整性"的人才培养方案、课程体系。

三、专业群组建的校内外协作

(一) 专业群与学校其他部门的协作情况

(1) 教务处与专业群：教务处作为教学管理的核心部门，负责制订和实施教学计划、课程安排及日常教学管理工作。专业群则负责具体的教学活动，包括专业课程的设计、教学任务的安排及教学质量的管理。两者之间的互动主要围绕着教学计划的制订、执行和监督展开。

(2) 学生处与专业群：学生处负责学生日常管理、心理咨询等工作，与专业群之间的互动主要体现在学生专业选择、职业规划指导及就业服务等方面。专业群为学生提供专业化的职业培养和就业信息服务，帮助学生实现职业发展目标。

(3) 科研处与专业群：科研处负责科研项目的管理、科技成果的转化等工作，与专业群之间的合作主要体现在科研项目的申报、实施和推广方面。专业群教师和学生可以参与科研项目的研究，同时科研成果也可以转化为教学资源，提升教学质量。

(4) 校内外实践教学基地与专业群：实践教学基地是高职院校培养学生实践技能的重要场所，与专业群之间的合作关系主要体现在实践教学课程的设计、实践教学基地的建设及学生实践能力的培养方面。实践教学基地为专业群提供实践教学资源，帮助学生将理论知识与实践结合，提高专业技能。

(二) 专业群与外部的协作关系

专业群与外部的协作关系主要指高职院校专业群与行业企业的合作关系，专业群与行业企业的协作关系一般有订单班、现代学徒制，以及组建职教集团、产业学院等合作形式。一般来说专业群与行业企业分工协作较为固定，通常以专业群为建设主体，行业企业作为参与者参与人才培养方案开发、课程教学资源开发等。当然，专业群与行业企业之间的分工协作依据不同的合作形式也有所不同，例如，某校汽车检测与维修专业与某著名汽车企业开展现代学徒制试点，除一般意义的人才培养合作以外，企业还选拔学徒进行培养，学生在企业学徒期间课程教学由企业主体负责，此外双方在资格认证以及科研创新等方面也达成合作。

第二节
"双高计划"专业群建设成效

一、专业群的布局与结构

从"双高计划"专业群布点的情况看，高水平学校建设单位共建设专业群112个，其中3.16%专业群属第一产业；16.60%专业群属第二产业；24.51%专业群属第三产业。高水平专业群建设单位共建设专业群141个，其中5.14%专业群属第一产业；21.34%专业群属第二产业；29.25%专业群属第三产业[1]。

从总体情况看，2019年"双高计划"建设启动时，我国第一产业产值占比7.10%，第二产业产值占比39.00%，第三产业产值占比53.90%，"双高计划"专业群立项建设与产业发展相适应，第一产业相关专业群占比8.30%，第二产业相关专业群占比37.95%，第三产业相关专业群占比53.75%。产业的发展趋势和结构调整直接影响了职业教育专业群的发展方向和内涵。随着国家经济结构的优化升级，特别是随着第三产业（服务业）比重的不断增加，对应的专业群也必然要向这些领域倾斜，以培养更多符合市场需求的高素质技术技能人才。专业群的建设内容和分布格局应当与产业发展需求相匹配，这样不仅能够为产业发展提供必要的人才保障，还能够通过科研创新、技术服务等方式补偿产业发展的短板，推动产业转型升级。这种相辅相成的状态表明，职业教育与产业发展之间存在着紧密的互动和依存关系。职业教育必须紧密跟踪产业发展的步伐，不断调整优化专业结构和人才培养模式，以适应和引领产业发展的需求。同时，产业发展也要充分利用职业教育的资源和优势，推动产学研深度融合，实现教育与经济的良性互动和协同发展。

华东地区在专业群支撑三次产业分布上表现最为突出，这既得益于其显著的经济优势，也与其职业院校的数量和质量在全国的领先地位密不可分。

---

[1] 邢菲，钱鉴楠，戎成． "双高计划"专业群适应产业发展现状及优化策略研究——基于253个"双高计划"专业群的分析[J]．职教论坛，2023，39（2）：41-51．

华东地区的经济发展水平和产业结构为职业教育提供了广阔的市场需求和发展空间，而该地区职业院校的高质量发展则为区域产业提供了有力的人才保障和技术支持。从专业群重点支持产业的角度来看，不同区域的专业群与产业的契合度呈现出明显的地域特征。东北及西北地区由于历史原因和资源优势，第二产业（如制造业、能源产业等）较为发达，因此，专业群与第二产业的契合度最高；而华北、华东、西南及中南地区，随着经济的转型升级，第三产业（如服务业、高新技术产业等）得到了快速发展，因此，专业群与第三产业的契合度最高。这种区域性的差异和特色体现了职业教育与区域经济发展的紧密联系和互动。职业教育作为与经济社会发展联系最为紧密的教育类型，必须紧密对接区域产业需求，优化专业结构，创新人才培养模式，以更好地服务区域经济发展。同时，区域经济发展也要充分利用职业教育的资源和优势，推动产学研深度融合，实现教育与经济的良性互动和协同发展。

二、专业群的人才培养

"双高计划"专业群建设单位强调人才培养的核心地位，将提高人才培养质量作为首要任务。通过深化内涵建设，提升教育教学的整体水平，以适应社会发展的需求。同时，注重突出自身的办学特色，发挥优势，打造具有影响力的教育品牌。通过走质量和特色发展之路，"双高计划"专业群建设不仅提高了人才培养质量，还为当地经济社会发展提供了有力的人才支撑和智力支持。"双高计划"专业群紧密围绕地方支柱产业发展需求建设专业群，形成行业优势突出、专业特色鲜明的高水平专业群生态系统。学校积极推行现代学徒制、订单班、学习工场等多种类型的校企双元育人模式，将专业群建在产业链上，打造高水平生产性实训基地，从体制、课程、教学等层面全方位推进校企深度融合的人才培养模式改革，形成了模式可引领、经验可推广、成效可视化的产教协同育人模式。"双高计划"专业群充分利用专业特色和资源优势，注重"劳模精神""工匠精神"的培育，全面推进课程思政进人才培养方案、进课程标准、进教材内容、进课堂教学，建设了课程思政教学资源平台，构建了课程思政教学内容体系，形成了一批课程思政教学名师、教学团队、示范课程、特色案例等，专业课程、课程思政与思政课程同向同行、协同育人的大思政育人格局逐步形成。许多"双高计划"专业群还在积极探索高层次技术技能人才培养路径，为中高本研贯通培养提供实践样本。积极推进高职学校与本科院校开展四年制联合培养，打通技术技能人才成长路径。

三、专业群的内涵建设

在实践教学基地建设方面，"双高计划"专业群非常注重将企业的生产要素融入校内实训基地的建设。通过建设整合了学生技能实训、企业技术研发和教师下企业实践等多重功能的产教融合型实训基地，模拟企业的真实生产环境，不仅进一步丰富了学生的学习情境，优化了学习过程，缩短学生未来适应企业生产环境的时间，提升人才培养适应性；还更深层次地推进了产教融合。同时也积极利用数字智能技术推进教育教学改革，利用VR、AR等技术建设虚拟仿真实训基地，为学生提供更加真实、立体的学习体验。在技术技能平台建设方面，"双高计划"专业群同样取得了显著成效。建立了一批不仅能为企业提供了技术攻关、中小微企业帮助和技能培训等服务，还能反哺教育教学，提升了教师的专业能力和学生的培养质量的技术技能服务的实体平台。这些平台的建设，实际上也加强了学校与社会的联系，使学校的教育教学更加贴近社会的实际需求。在师资队伍建设方面，"双高计划"专业群坚持跨界融合，优化了师资队伍结构；坚持工匠引领与国际化赋能并重，强化了师资队伍素质建设；坚持校企共育与多维度培训并重，提升了师资队伍能力水平。在教学资源建设方面，"双高计划"专业群积极打造"资源库+在线课+大平台"的教育教学新生态，构建"线上云课堂+线下智慧课堂"的教学改革模式，探索建设数字教材和新形态教材，推动了教学资源数字化改造。❶

四、专业群支撑发展

（一）精准服务社会发展，助力产业升级新模式

"双高计划"专业群在任务推进过程中重视与产业发展精准匹配，着重服

---

❶ 郑雁，刘晓. 职业教育"双高计划"中期成效与发展审思［J］. 高教发展与评估，2023，39（5）：47-57，120-121.

务产业经济的新旧动能转换，通过服务区域主导产业、战略性新兴产业、高精尖产业、绿色产业等发展，助力区域经济发展。整合技术资源和产业链资源，对接地方千亿级产业集群，全面融入地方经济社会发展，为产业升级发展提供"一站式"人才供给和"打包式"技术服务。

（二）技术服务转型升级，融入社会发展新格局

"双高计划"专业群服务专精特新中小微企业，推进技术服务与成果转化供给侧结构性改革，强化科研培育与技术支持，通过与高校、科研院所等合作，协同破解企业"卡脖子"技术难题。高职学校突出成果导向，全面提升专利质量，注重专利转让和许可，通过专利发挥了推进产教融合的纽带作用，为技术服务社会提供了坚实有力的保障。"双高计划"以来，建设单位的专利转化数从2019年的920项上升至2021年的1819项，增长了近1倍。

（三）服务技能型社会，提供技术服务新平台

"双高计划"专业群积极服务技能型社会建设，服务全民技能提升工程，为社会持续输出高素质技术技能人才。整合优质资源，发挥"双师型"教师培训基地作用，开展国培、省培、市培、社会化培训项目。对接行业企业发展需求，协同高水平培训中心开展各层次技术技能培训与学历提升，开展定制式、个性化技术技能培训，构建终身教育服务体系。走进社区，开展"点单式"公益化社会培训，通过打造社区教育特色品牌，形成"多方位、立体化"服务技能型社会建设样板。

（四）服务乡村振兴，打造共同富裕新引擎

"双高计划"专业群紧扣乡村振兴战略，通过培训新型职业农民，帮助乡村合理规划，优化乡村产业结构，助力建设生态宜居的美丽乡村。对口帮扶新疆、西藏等西部地区的职业学校，坚持"帮根本、帮所需、科学帮、帮到位"，加强东中西部职教交流合作，推进精准扶贫，促进资源共享，助力共同富裕。

（五）推进国际化，树立高质量发展新标杆

"双高计划"专业群积极响应"一带一路"倡议，坚持"走出去"与"引进来"融合发展，着力打造具有鲜明特色的国际化办学品牌。与国外优质大学合作，通过交换生项目、海外实习、访学等，提供国外学习交流的机会。

引进国外优质教学资源，邀请海外合作院校教师来校授课，联合开发国际化课程和专业标准，互鉴先进教育经验。建设鲁班工坊，推广国际化专业教学标准，把优秀职业教育成果输出国门，助力共建"一带一路"国家技术技能人才培养，推进技术技能人才本土化，形成职业教育的"中国品牌"。

第三节 "双高计划"专业群建设现实审视

"双高计划"专业群建设是一项涉及面广、过程复杂的任务，它不仅关系高职教育的教学质量和人才培养，还与区域经济发展、产业结构调整等密切相关。由于"双高计划"专业群是一项新实践，并且业界对"双高计划"专业群的研究相对较少，高职院校在"双高计划"专业群建设实践中也面临诸多挑战。

一、"双高计划"专业群建设现存问题

（一）专业群结构布局有待优化

当前高职院校在构建专业群时，主要基于产业链人才需求、岗位职业群和现有专业资源三种考量。然而，在实际操作过程中，存在着为了形式而建群的现象。在传统二级学院分治的模式下，专业群设置往往将基础知识相近的专业简单组合，有时甚至是"就地取材"式的拼凑。这种以基础课程资源共享为基础的协同发展方式，虽然初步形成了专业间的协同，但缺乏深层次的整合和科学论证。高职院校的专业群建设多以校内优势专业为核心，通过内部资源整合来形成专业集群。但问题在于，这些组合而成的专业群往往缺乏严密的科学论证和共同理念，导致专业之间表面上合作而实际上各自为政。有时，由于群内关系处理不当，不同专业在资源分配上甚至会出现相互掣肘的情况，这不仅无法实现专业群建设的预期效果，反而可能阻碍专业发展和人才培养。此外，在专业群建设中容易忽视对产业发展趋势和需求的深入研究，这导致专业群的建设与区域产业的整体布局、重点产业的发展及产业链岗位群对技能人才的需求之间存在不匹配。同时，由于产业的动态发展，专

业群也需要不断优化升级，以适应新的技术和产业模式。然而，目前高职院校在这方面的动态调整机制还不够完善，专业动态调整存在一定的滞后性，难以满足区域产业快速发展的需求。更为重要的是，专业群建设的初衷是整合校内外资源、聚合行业企业优势、培养高素质技术技能人才。但现实中，专业群建设主要还停留在校内专业之间的合作层面，缺乏行业企业的深度参与。这使专业群的建设无法充分体现高职教育的特色和需求导向，限制了人才培养的质量和水平。

（二）专业群与产业发展匹配度有待加强

专业群建设是职业教育为适应产业转型升级、信息技术发展对技术技能人才提出的新需求而推进的改革，满足产业行业人才培养需求是专业群建设的根本目标，因此高职院校在专业群建设过程中，必须充分调研产业行业企业发展现状、趋势以及人才需求，充分调研分析产业链职业岗位，根据职业岗位确定人才培养定位；充分调研企业人才知识、技能及素质需求，根据人才需求确定培养规格。然而，部分高职院校的专业群建设中缺少对产业行业企业发展及人才需求情况的调研，缺少对行业企业所需人才所应具备的理论知识、技术技能以及职业素养等要求进行分析与论证。行业企业参与人才培养方案开发不足，使得专业群与产业发展匹配度不高，职业教育人才培养适应性不强。

（三）内部治理体系有待进一步优化

专业群是通过专业之间的结构性关系而构建的一种更系统的教学组织，其本质是集多专业的人才培养共同体，该共同体内应有科学的结构关系、共同的目标愿景、顺畅的运行机制。专业群建设的核心任务是培养复合型、创新型技术技能人才，建立专业之间共生共赢、互动互促的良性关联结构，建立专业群的资源匹配与专业之间合作共赢的机制是其建设的主要任务。高职院校专业群建设的跨专业性、课程教学等教育要素的复杂性、学校企业人才培养主体的多元性要求建立相应的组织管理体制和集群运行机制，但不少高职院校未打破专业之间的管理壁垒，仍沿用原二级学院的组织架构，且未建立相应的组织管理体制及运行机制。同时，内部治理体系改革本身也是专业群建设的任务之一，通过推动内部治理体系改革，优化行业企业参与专业群建设工作机制，完善专业群资源共建共享机制，激发专业群内生动力。然而，当前高职院校专业群建设在内部治理体系建设与改革方面探索仍然不足，专业群的组织构架、课程教学、师资、实训平台等资源的配置以及校企协同治理方面还缺乏科学有效的制度规范与运行机制，无论是纵向的校内管理机制还是横向的校企沟通协调机制，均有待进一步建立与完善。❶

（四）师资队伍力量有待进一步激发

教师团队的实力与水平对教育教学改革来说至关重要，是高质量教育的基石，也是学校竞争力的核心。在产教融合的大背景下，对高水平专业群师资团队的要求更为严格。这不仅体现在团队的结构上，更体现在教师个体的能力素质上。从结构上看，专业群师资团队需要形成一个多元化、互补性强的跨专业团队，能够覆盖专业群内的各个专业领域，实现跨学科的交流与合作。这样的团队结构有助于发挥不同专业教师的优势，形成协同效应，提升整体教学质量。从能力素质上看，专业群建设背景下的教师不再仅仅满足于传统的"双师素质"，即同时具备理论知识和实践能力。专业群教师还需要深入了解行业企业的发展趋势和升级方向，熟悉岗位群的人才需求标准。他们不仅要能在课堂上传授知识，更要能在实际操作中指导学生，培养他们的实践能力和创新意识。此外，教师还需要具备产业思维，能够将产业发展的最新动态融入教学和科研中，实现教育与产业的紧密对接。然而，当前"双高计划"专业群在师资规模、结构、能力及合作机制方面都存在可进步空间。例如，师资规模不足导致教学负担过重，结构不合理使某些专业领域缺乏足够的教师资源，教师能力参差不齐影响整体教学质量，合作机制不健全则阻碍了教师之间的交流与协作。只有在这些方面进一步完善，才能支撑专业群的高水平发展。

另外，为提升师资水平，引进高层次人才成为各专业群提升内涵建设的途径之一。但受地域发展、职业发展模式等多种因素影响，高职院校对人才的吸引力相对较弱。这可能导致专业群在引进高层次人才时面临竞争劣势，难以吸引到足够数量和质量的优秀人才等问题。成功引进高层次人才后，在后续的培养和留任方面也面临着挑战。由于缺乏有效的培养机制和激励措施，以及可能存在的管理和服务不到位等问题，可能出现引进的人才难以充分发

---

❶ 李莹，闫广芬. 高职院校专业群建设的现实审视与推进路向［J］. 职教论坛，2021，37（12）：138-142.

挥其作用，甚至流失现象。这不仅浪费了高职院校引进人才的成本，还可能对高职院校的声誉和长远发展造成负面影响，因此产生了引才难、培养难、留人难的新问题。

（五）专业群教育教学改革有待深入

《教育部　财政部关于实施中国特色高水平高职学校和专业建设计划的意见》（教职成〔2019〕5号）文件中指出，高水平专业群建设要面向区域重点产业。高职院校的高水平专业群建设担负着服务产业集群发展的重任。然而，当前"双高计划"专业群建设的现状却显示，专业群在服务产业群发展方面的贡献仍显不足。集群发展应是专业群的显著特征，理应在专业群内实现教学资源、实训场所、教学团队、课程、教材、教法改革等多方面的共建共享。然而，在实际操作中，这种集群发展往往未有效落实。很多情况下，专业群建设仅仅停留在名义上，而实际上，专业群内各专业仍各自为政，缺乏整体的科学规划和有效的管理机制。专业群的建设没有从"群"出发来谋划发展和重构课程体系，导致专业群内各专业缺乏协作，资源难以共建共享，甚至出现群内专业争夺资源的内耗现象。这些问题不仅使专业群的人才培养标准与产业需求之间存在较大差距、课程体系和教学内容相对滞后、高水平教学资源难以开发，同时也造成了物力和人力资源的浪费，导致难以推动深入的教育教学改革。

二、"双高计划"专业群建设问题原因分析

（一）高校建设思维固化

尽管专业群的概念早在2006年就已经提出，但是在实际操作中，如何科学地组建、优化和管理专业群仍然是一个需要深入探索的问题。目前，我国在"双高计划"建设中，通常是先申报再进行建设，最后进行验收。这种方式虽然有一定的效果，但也存在一些问题。例如，在申报和建设过程中，可能缺乏对如何科学地组建专业群的深入理解和研究，导致专业群的组建不够合理和有效。同时，在优化专业群的资源配置和管理运行方面，还需要进一步的探索和实践。因此，为更好地推进专业群建设，需要加强对专业群概念

的理解和认识，深入研究如何科学地组建、优化和管理专业群。同时，也需要建立完善的评估机制和动态调整机制，确保专业群的建设能够适应经济社会发展的需要和产业结构的变化。只有这样，才能真正实现专业群建设的"提高人才培养质量和水平，促进经济社会持续发展"目标。

（二）资金投入不足

无论是课程教学资源建设、师资队伍建设还是实习实训基地建设，都需要高职院校专业群投入充足的资金。然而，目前用于高职院校专业群内涵建设的资金主要来自政府拨款和学校的自筹，这在一定程度上限制了专业群的可持续发展。首先，国家层面资金投入不足。尽管当前国家已经投入了大量资金来支持高职院校专业群建设，但与普通教育及职业教育发展的实际需求相比，这些投入仍然显得捉襟见肘。仅靠校内的资金投入很难支撑起专业群的长效发展，这在一定程度上制约了高职院校专业群的建设。其次，校内资金投入有限。高职教育以实践实训为特色，先进的实践实训基地的建设需要大量资金投入，实践实训设备也经常面临更新换代的问题，需要购买设备、配置软件、维护更新等一系列费用。然而，在实际建设中，由于资金投入不足，很多高职院校的实训基地建设难以达到理想水平，这不仅影响了教学质量和教学效果，也制约了专业群的发展。此外，由于资金投入不足，很多高职院校的软件设备与现代化软件设备之间存在一定的差距，这使得专业教学与行业产业先进技术脱节。

（三）政府统筹不够

专业群建设作为新技术、新产业、新业态变革背景下的职业教育发展的战略部署，旨在适应产业升级和经济结构变化，引导职业教育未来发展方向。这需要高职院校根据国家发展战略、区域产业特色，以及自身办学基础等情况进行整体谋划，构建适应区域产业升级和企业需求的多层次专业群梯次。然而，在实际建设过程中，高职院校专业群建设面临一些问题和挑战。其中，省级层面的统筹力度不足是一个显著问题。当前，在各省探索建设省域现代职教体系的背景下，省级教育部门在制定专业群建设规划时，应更多地依据省域产业结构以及产业需求布局省内专业群结构，同时更多地吸纳国家发展改革委、工业和信息化部、人力资源和社会保障部等相关政府部门的参与，以确保专业群布局与产业群布局的平衡。但从实际建设情况来看，省级教育

部门对省内专业群布局与建设统筹指导较少，专业群的布局完全由高职院校自己把控，这容易造成区域内专业群与产业群匹配不高，发展不平衡等问题，也容易造成资源浪费，同时还面临一些战略性新兴产业人才供给不足等问题。

（四）行业企业参与不足

提高专业群人才培养的适应性，确保所培养的人才掌握核心知识技能符合工作岗位的要求，是当前职业教育面临的重要挑战。要实现这一目标，行业、企业、学校等多方跨界合作协同育人显得尤为重要。这种合作模式不仅可以从多个维度推动高水平专业群的科学合理建设，还能更好地培养学生的岗位核心知识和能力谱系，使其更加符合企业需求。在现阶段的专业群建设中，高职院校仍然是主体。企业、行业协会、教育主管部门以及职业教育研究机构等其他参与方的参与建设频率和深度仍然不足。这减慢了专业群建设和职业教育高质量发展全面推进的步伐。高水平专业群的建设需要适应产业升级、技术变革以及岗位革新，单一地依靠学校自身这一主体是很难实现这些目标的。需要政府主管部门、高职院校、行业企业、职业教育研究机构、第三方职业评价机构，以及人力资源和社会保障部门等社会多方主体更加积极地参与专业群人才培养过程，通过流程化、可视化等途径，打破区域共建专业群的跨界资源壁垒和学校边界壁垒，共同推动专业群的建设和发展，实现资源的共享和优化配置；其中行业企业的有效参与更是专业群建设中落实人才培养任务的关键。

（五）评价体系欠缺

教育评价对指明教育发展方向有着至关重要的作用，专业群评价体系的科学性、系统性会直接影响专业群建设的成效和质量。虽然"双高计划"对评价主体、评价模式、评价要求有基本规定，但仍然缺乏系统的专业群评价指标，专业群建设在目标定位、资源配置、教学内容与课程设置等方面的指标设定还不够全面，专业群建设在校企合作、产教融合、服务国家重大发展战略需求及地方行业企业等方面的成效评价还需要进一步完善。目前，高水平专业群建设评价主要以学校自评及上级主管部门评定为主，还未形成包括政府、社会、行业、企业等多元主体的评价模式，评价视角多元、评价内容多维等方面均有待提升，需要进一步完善评价体系，强化过程评价、增值评价，改进结果评价，完善综合评价。

第五章

"双高计划"背景下高职院校专业群建设的机遇与挑战

专业群建设是职业教育适应经济发展方式转变的有效载体，是推进高职院校提高教育质量与水平，增强核心竞争力的重要途径。❶也是"双高计划"的首要任务和关键所在。在开展"双高计划"建设的当下，专业群建设迎来了新机遇，同时也面临着新挑战。一方面，随着国家对职业教育投入的加大，专业群建设可以获得更多的经费支持，用于改善教学条件、提升师资队伍、拓展实践教学基地等。另一方面，随着社会的快速发展和产业结构的不断调整，市场对人才需求的变化也日益加快。这就要求专业群建设必须紧跟市场需求，及时调整专业设置和课程内容，确保所培养的人才能够符合社会的实际需要。"双高计划"下的专业群建设既有机遇也有挑战，只有抓住机遇、应对挑战，不断创新教育理念和方法，才能推动专业群建设向更高水平发展。

第一节

国家政策为专业群建设提供新支持，同时提出新要求

国家示范、骨干、优质等系列项目建设实践证明，通过项目引领、率先扶优扶强建好一部分高职院校，再由这些高职强校辐射带动高等职业教育整体发展的模式，切实加快了职业教育改革发展步伐。"双高计划"立意深远，旨在通过设计有进有退、动态调整的滚动式建设机制，持续推动建设一批综合实力强、改革力度大、办学特色鲜明的高水平高职学校，引领我国职业教育发展。通过"双高计划"建设单位的改革实践，将积累并形成可复制、借鉴、推广的改革经验和发展模式，从而舞起职业教育发展的"龙头"，带动整个职业教育体系的进步。"双高计划"的推出无疑为专业群建设提供了强有力的政策支持，为专业群的发展注入了新的活力。然而，这一计划也明确提出了新要求，要求专业群建设必须紧跟产业需求，注重教育质量的提升，强调教育资源的整合和优化，以及教育模式的创新。这些新要求不仅挑战了传统的教学理念和方法，也为专业群建设提供了新的发展方向和思路。

---

❶ 任占营. 高职院校专业群建设的变革意蕴探析［J］. 高等工程教育研究，2019（6）：4-8.

一、国家政策为专业群建设提供支持

（一）政策制度支持

教育部对"双高计划"项目作出了一系列制度设计，特别是教育部和财政部联合印发的三个重要文件，对"双高计划"项目的顶层设计作出了全面部署。出台了一个"意见"、两个"办法"、三个"通知"系列文件。其中"意见"着眼于"建"，明确了干什么，明确学校改革发展任务和中央地方保障举措。"遴选管理办法"着眼于"选"，明确了谁能干，明确了遴选条件和程序。"绩效管理办法"着眼于"管"，明确了怎么干，突出过程管理、动态调整，保证建设质量。三个"通知"则用于在每轮启动前明确申报要求，在遴选结束后公布遴选结果，以及在建设期内通报建设绩效。通过"双高计划"建设项目的撬动，地方也有针对性地推出不少有利于职业教育发展的改革举措，全国31个省市自治区共出台118项政策支持职业教育高质量发展。进而形成了"双高计划"国家、地方、高职院校三级推进机制：国家有关部门负责宏观布局、统筹协调、顶层设计，组建项目建设咨询专家委员会，为项目遴选和建设提供咨询服务；地方加强政策支持和经费保障，协调各方力量支持项目建设，对接区域经济社会发展需求，构建"以'双高计划'学校为引领，区域内职业学校协调发展"的格局；高职院校则聚焦建设任务，科学编制建设方案和任务书，健全责任机制，深化改革创新，推进项目任务落实，确保建设成效。

（二）资金支持

据统计，197所"双高计划"建设单位在2019—2020年度的总预算达到了229.6191亿元，其中中央财政预算为41.4714亿元。这一投入不仅体现了国家对"双高计划"的高度重视，也显示出该计划对于推动职业教育高质量发展的重要意义。同时，这一投入也产生了显著的撬动效应，拉动的其他预算资金相当于中央专项的4.6倍，进一步增强了"双高计划"的实施力度和影响力。在国家层面推进"双高计划"的同时，还有24个省份启动了省级"双高计划"建设，共支持建设高水平高职院校799所，总计投入约714亿

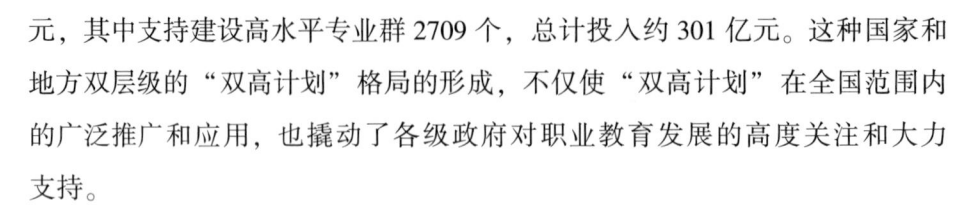

元，其中支持建设高水平专业群 2709 个，总计投入约 301 亿元。这种国家和地方双层级的"双高计划"格局的形成，不仅使"双高计划"在全国范围内的广泛推广和应用，也撬动了各级政府对职业教育发展的高度关注和大力支持。

总的来说，"双高计划"在资金投入方面的强力支持为其各项建设的顺利开展提供了有力保障。这种支持不仅体现在中央财政的专项资金上，也体现在地方财政和学校的自筹资金上。通过这些资金的投入和使用，"双高计划"得以在人才培养、创新服务、专业群建设、师资队伍建设及校企合作等多个方面取得显著成效，为推动职业教育的高质量发展注入了新动力。

（三）撬动社会支持

"双高计划"是国家高度重视与大力支持职业教育发展的战略部署，体现了职业教育作为一种类型教育的重要价值，职业教育不应是"低分学生"被迫接受的教育，而应是学生根据个性、能力选择的不同类型的教育。在此之前，我国基础教育出现了唯分数、唯升学的现象，导致学校教育、家庭教育只关注学生的学科学习成绩，忽视了兴趣及综合素质的培养。高中阶段，学生进入普通教育还是职业教育，往往不是根据自己的兴趣、能力而自主选择，而是根据分数高低被动地被分流。"双高计划"的推出一方面证明了职业教育作为类型教育和普通教育是平等的，另一方面更是为了推动职业教育的高质量发展，使职业教育在教学资源、师资力量、技术技能人才培养等方面都得到全面改善，从而使学生与家长更信任、支持与认可职业教育，使职业教育逐渐成为学生和家长的主动选择。

此外，对于行业企业来说，"双高计划"的实施有助于培养更多高素质、高技能的人才，为企业提供了更为丰富和优质的人才储备。这些人才在知识、技能和创新能力等方面都经过了高水平的培养，更能适应现代企业的需求。"双高计划"强调培养学生的实践能力和创新精神，这有助于推动企业技术创新和产业升级。企业可以与实施"双高计划"的高职院校进行紧密合作，通过联合培养人才、共建实践基地等方式，共同推动人才培养和技术创新。这种合作模式可以加强企业与学校之间的联系，为企业和学校的发展提供更多的资源和支持。参与"双高计划"的企业也可以借此机会提升自己的品牌形象和知名度，展示企业的实力和水平，培养高素质、高技能人才，吸引更多的优秀人才加入。可见，"双高计划"对于行业企业来说也是一个重要的发展机遇，企业可以通过积极参与合作，与高职院校共同推动人才培养和技术创新，实现自身的可持续发展。因此，"双高计划"的推出也很大程度上激发了行业企业参与职业教育办学的积极性，撬动了社会力量的支持。

二、国家政策对专业群建设提出新要求

教育部、财政部《关于实施中国特色高水平高职学校和专业建设计划的意见》（以下简称《意见》）在明确支持双高专业群建设的同时，也进一步明确了打造高水平专业群的建设要求和目标，主要包括以下几个方面。

（一）构建专业群可持续发展机制

《意见》明确提出"双高计划"专业群应面向区域或行业重点产业，依托优势特色专业，健全对接产业、动态调整、自我完善的可持续发展机制，进一步整合专业资源和优化结构，发挥专业群的集聚效应和服务功能，全方位融合人才培养的供给侧与产业需求侧的结构要素。为实现这一目标，高职院校在专业群建设中必须与产业链的需求和发展趋势保持高度一致，确保所培养的人才能满足产业发展的要求。围绕专业设置、课程设计和实践教学等结构要素，紧密对接产业链。首先，"双高计划"专业群需要深入了解目标产业链的需求，包括对产业链的发展趋势、岗位设置、核心技术以及人才需求等进行深入研究分析，通过与行业企业协会等机构的紧密合作，获取最新的产业信息，为专业群建设提供有力支持。其次，"双高计划"专业群也应建立健全专业群建设发展机制，包括建立专业调研、动态调整和定期评估等的系统化建设发展机制，以确保专业群建设在科学的动态的框架下推进。最后，根据产业链的需求灵活调整专业设置也是构建可持续发展机制的关键。"双高计划"专业群需要确保专业与产业链的高度契合，对于新兴产业或技术变革较快的产业，应设置新的专业或方向，以满足这些领域的人才需求。通过紧密对接产业链并调整专业设置和课程内容，专业群建设能提高学生的就业竞争力，为产业发展提供有力的人才保障。

（二）深化产教融合

《意见》明确提出要推动高职院校和行业企业形成校企命运共同体。比校企合作更为深层次的校企命运共同体，是实现教育与产业深度融合、促进经济社会高质量发展的有效途径。文件指出可以从以下几个方面着手推进校企命运共同体建设。一是实施中国特色现代学徒制，通过与企业分工合作，共同制定人才培养方案，实施校企联合招生，组建现代学徒制试点班级，实行"在学校学习理论知识，在企业学习技术技能"的分段育人，实现校企双主体育人。二是推行面向企业真实生产环境的任务式培养模式，通过与企业共建工作室、实验室、实践基地、创新基地等，打造企业真实生产环境，并开展企业真实工作任务项目式教学，推进人才培养模式改革。三是牵头组建实体化运作的职业教育集团，通过整合区域内的职业院校、行业企业、科研机构等各方资源，形成优势互补、资源共享的职业教育联合体，开展联合招生、联合培养、产学研合作等多样化合作项目，促进产教融合，提升职业教育质量。四是与行业企业共建现代产业学院，通过现代产业学院将专业群与产业群紧密对接，将高层次企业技术优势转换为行业通用性技术课程，将专业群"双师型"教师与企业技师相融合，高质量打造"专业+产业"的"双师"队伍，深化专业群产教融合。

（三）推进高质量实践教学

《意见》指出要将新技术、新工艺、新规范等产业先进元素融入教学标准和教学内容，建设开放共享的专业群课程教学资源和实践教学基地，加强实践教学，切实培养学生的实际操作能力，提高学生的技能水平和职业素养。专业群建设之所以强调实践教学，是因为它在提升学生实践能力和职业素养方面扮演着重要角色，同时也是学生毕业后能够快速胜任工作岗位不可或缺的一环。为加强实践教学，首先，必须强化标准制定。这要求持续追踪产业动态，及时捕捉新技术、新工艺和新规范的最新动态。通过与行业协会、研究机构等建立信息共享机制，制定能实时反映产业发展前沿的课程和教学标准；根据产业的实时变化和新技术、新工艺、新规范的应用情况，定期更新和完善教学标准。其次，应加强实训实践基地建设。加大实训实践基地建设投入，积极寻求与企业的合作，共同建设符合产业链需求的校内实训基地。

实训基地应模拟真实的职业环境和工作场景，能够再现实际工作流程和操作规范，从而为学生提供优质的实践平台。最后，应构建实践教学体系。高职院校应根据专业群的特点和产业链的需求，构建全面的实践教学体系，涵盖实践教学目标、内容、方法、资源等各个方面，以确保实践教学的系统性和完整性。

（四）打造高水平教师教学创新团队

《意见》还要求要组建结构化、高水平教师教学创新团队，旨在探索教师团队分工协作的模块化教学模式，团队合作推进教材与教法改革，以创新驱动课堂革命。高水平教师教学创新团队的构建是专业群建设的重要基石，对专业群建设具有深远的意义。高水平教师教学创新团队不仅应拥有跨学科背景、较高的教学与科研能力，还应展现出紧密的团结合作精神，已成为推动专业群建设的核心力量。教师教学创新团队的跨学科背景和紧密合作关系，能促进专业群内不同专业之间的交叉融合和资源共享，还能助力优化和调整专业群结构，推动形成更为合理的专业群布局；能紧密跟踪产业集群发展的趋势和行业需求，能将最新的科研成果和产业经验融入教学，通过团队成员共同研究和制定人才培养方案和课程体系，不断更新教学内容和方法，从而推动课程和教学的改革与创新，使专业群的教学既贴近实际又具有前瞻性；同时，还能在学科专业的融合发展中，找到融合创新点，提升团队研究能力与水平，为专业群科研与社会服务建设打下坚实的基础。

第二节

产业集群发展为专业群建设提供契机，同时带来新变化

一、产业集群发展为专业群建设提供新契机

在经济全球化和科技进步不断加速的今天，产业集群的迅速崛起无疑成为一种现象。这种集群现象不仅是企业地理位置的简单集中，更是一种经济资源和创新能力的高效整合。产业集群发展反映了现代经济发展模式在组织结构、资源配置和创新方式上的根本变革。产业集聚作为一种新型的经济组

织形式，其优势在于它能够高效地整合资本、技术与人才等市场资源，通过产业链上下游的紧密合作，实现资源的优化配置和高效利用。这种组织形式不仅能提高生产效率，降低成本，还能促进了技术创新和产业升级，是经济发展的新趋势和新方向。

波特（Porter）❶认为集群的因素影响了当前的世界经济格局，形成了大大小小色彩斑斓的"经济马赛克"。产业集群凭借其资源的集中性、互补性、地域间的合作、创新上的比较优势及经济的规模优势等独特竞争力，已经成为区域经济增长的核心驱动力。它不仅推动了区域经济的持续发展，甚至对国家和全球经济产生了深远影响，逐渐构建了经济体系的基本框架。因此，产业集群现象激发了国内外专家、学者、企业经营者和政府管理者的高度关注和深入研究，进一步推动了集群理论的深化和实践管理经验的逐步积累。❷

产业集群的空间聚集性、产业关联性、资源网络化、发展协同化等相较传统产业发展的独特结构和运作方式使其在经济市场中具有明显的竞争优势，主要包括以下方面。

第一，资源优势。产业集群具备独特的资源优势，主要表现在以下几个方面：一是资源集聚优势。一旦产业集群形成，它能够有效地吸引与产业直接相关的人力、物力以及技术等资源及相关配套服务机构等加入其中。随着基础设施的建设和生产经营的展开，产业集群会沿着产业链进一步延伸，吸引更多的相关产业甚至跨产业的企业加入，从而扩大地区的产业规模。随着产业规模的扩大，集群竞争力增强，资源就会出现虹吸效应。二是资源配置与共享优势。在经济市场中，资源总是倾向于流向最有效率的地区和产业。❸在产业集群中，由于资源的高度集聚和效率提升，各种资源能够迅速流向具有竞争力的优势产业，随着市场变化和新兴产业链的出现，实现资源的最优配置。集群内的企业可以共享基础设施、信息资源和人力资源，从而降低成本并提高效率。三是融资优势。产业集群的地理集中性使企业之间相互熟悉，大大降低了信息不对称的程度，使集群内部的相互融资成为一种重要的融资

---

❶ 迈克尔·波特. 国家竞争优势［M］. 陈小悦，译. 北京：华夏出版社，2005.
❷ 张哲. 基于产业集群理论的企业协同创新系统研究［D］. 天津：天津大学，2009.
❸ 代瑞红. 基于产业集群的高新技术产业园区发展研究［D］. 天津：天津大学，2009.

方式，为融资提供了极大的便利。

第二，成本优势。产业集群的空间集聚能够带来显著的经济规模和经济效益。产业在空间上的集聚使不同企业得以共享基础设施，并能够通过垂直与水平一体化发展实现利润增长，从而降低生产成本，奠定了产业集群在成本中的优势地位。此外，这种空间集聚有助于降低交易费用，通过建立在共同产业文化和人际信任基础之上的合作和准合作经济关系，有效吸引顾客和生产者积极参与经济活动。更为重要的是，产业集群还能有效降低创新成本。其中，物理接近和社会根植两大效应共同为产业集群降低创新费用创造了优势。从信息经济学的视角来看，空间距离的缩短有助于减少信息的不确定性，能够提高经济主体的信息生产效率，降低交易过程中的信息搜寻与沟通成本。

第三，创新优势。产业集群对企业创新能力产生积极影响，主要表现在以下几个方面：一是营造创新氛围。在产业集群内，企业彼此接近，会受到隐形的竞争压力，迫使企业不断进行技术、产品、服务创新和组织管理创新。二是知识和技术的转移扩散。在产业集群中，由于地理接近，企业间合作密切、交流直接，有利于各种新观念、新知识和新技术的传播与创新，由此形成知识的溢出效应，从而获取"学习经济"，增强企业创新能力。三是降低创新风险。在产业集群中，企业之间可以通过建立合作关系来共同研发新技术、新产品来开发新市场，从而降低单个企业的创新风险。此外，集群内企业与相关机构（如大学、研究机构等）的紧密联系也有助于企业及时获取最新的技术和市场信息，减少创新的不确定性。四是提升创新效率。在产业集群中，紧密的产业链上下游合作关系和横向的企业间协作关系，使企业之间的信息交流更加便捷。这种高效的信息传递有助于企业更快地了解市场需求和竞争对手的动态，从而迅速作出创新决策并调整自身的发展战略。

产业集群的发展，特别是在现代经济体系中，呈现出一种强大的集聚效应，不仅带动了相关产业的协同发展，更在技术创新、资源共享、市场开拓等方面展现出了无可比拟的优势。这种基于产业集群的发展模式，为高职院校的专业群建设提供了一个全新的视角和契机，主要包括以下几个方面。

（一）利于专业群优化专业结构，促进专业协同发展

产业集群是按专业化分工和协作原则，由若干企业和机构在特定地域形

成的产业空间集聚，能够为高职院校专业群组群提供可靠依据。专业化分工使不同企业和机构在产业集群中形成既专注于各自的领域和优势，又紧密合作的关系。这种合作关系可以扩展到专业群组群的建设中，促进不同专业之间形成相互依存、相互促进的专业群组群。同时，产业集群的发展也会带来对高素质技能人才的需求，这为技术技能人才提供了广阔的市场空间和就业前景，产业集群的发展对专业技能人才的需求，为专业群人才培养目标提供了明确方向。高职专业群建设需要不同专业之间的协作与共享，以避免资源的浪费和重复建设。产业集群中的企业可以提供实践经验和教学资源，促进不同专业之间交流与合作，实现资源共享和优势互补。通过专业群内不同专业之间的协同合作，可以实现知识、技能和资源的共享，促进专业的协同发展，提升整体的专业水平。

（二）利于专业群优化资源配置，促进共建共享

产业集群能够促进资源在相关企业和机构之间有效配置和共享，从而提高资源的利用效率。对于专业群建设而言，扎根区域经济、紧跟产业集群发展需求，依托产业集群优势，与行业内的标杆企业合作，意味着可以更有效、更广泛地撬动与利用产业资源，有助于专业群建设以"集群化"的发展思路聚能，有效整合产业集群内的资源，包括行业企业生产资源，高校、科研机构教育资源等，形成教育资源的共享机制。通过资源共享，避免了资源的浪费和重复建设，提高了教育资源的利用效率。同时，可以建立教育资源库，将各类教育资源进行数字化处理，便于不同专业之间的交流和共享。同时能促进专业群依据产业集群优化资源配置，充分实现空间效益与配置效益的最优效果。

（三）利于促进专业群产教融合，提升人才培养质量

专业化分工和协作使产业集群中的企业和机构更加紧密地联系在一起，形成了一个相对完整的产业链。这种产业链的形成可以促进专业群与产业的深度融合，使专业群建设与区域经济发展联系起来。首先，专业群能够相对容易地在产业链中找准职业岗位定位，且能通过产业链在纵向或横向上挖掘可迁移岗位，能更为精准地定位人才培养目标以及人才可持续发展所需的知识技能。同时，专业群依托产业集群而建能更充分地利用产业群资源与优势，

通过和产业链中的一家或者几家企业合作，从而打开该产业链的合作突破口，推动更多产业、企业及行业协会组织共同参与高职教育教学，推动校企之间单一的合作逐渐走向多元合作。此外，凭借产业群的资源聚集优势，专业群能更多地利用产业群资源，能将产业资源更多地引入专业群建设、融入教育教学，并且也能从与产业群的互动中提升创新能力，更多地参与到企业的技术产品研发等工作中去，进一步推进产教融合。

（四）为专业群提供创新平台，推动科教融汇

产业集群具有创新优势，能够为专业群提供创新平台，专业群建设能依托产业集群创新平台，充分利用其创新优势，加强与产业集群中的企业与科研机构、高等院校之间密切合作，通过产学研合作，可以实现教学、科研和生产的有机结合，推动科教协同创新。面对新技术革命带来的产业转型调整升级，人工智能时代给知识和技能教学带来的挑战，产业集群为专业群提供了科教融汇新思路。产业集群有助于营造"以科促教""科教相长"的氛围，推进实施"科教融汇"，在教学中注入"科技+"元素，实现教学与科研协同并进；有助于高职院校发挥作为科技成果转化"中试车间"的作用，推动科研成果的转化和应用，提升专业群的科研水平和创新能力。

二、产业集群发展为专业群建设带来新变化

产业集群的发展，无疑为专业群的建设开辟了新的发展机会。随着产业内相关企业和机构的集聚，对特定领域内的专业人才需求显著增加，这为专业群的建设提供了更为明确的方向和动力。例如，高新技术产业集群的崛起，将催生对计算机科学、工程技术等专业人才的大量需求。这种需求不仅体现为数量的增加，更体现在对专业水平和技能要求的提升。

产业集群的发展也为专业群建设带来了不小的变化。专业群在对接产业集群时，可能需要调整或重构教学内容、教学方式乃至整个培养模式，甚至重新布局专业群内的专业组成。这要求专业群必须更加敏感地捕捉到产业变革的信号，及时进行自我调整和优化，以便更好地与产业集群对接，确保所培养的人才能够符合市场的需求。同时，产业集群的发展还可能引发教育资源的重新配置。随着产业集群的壮大，相关的教育资源、研究资金和企业合

作机会可能会更加向某些区域集中，这无疑会对其他地区的专业群建设构成一定的压力和挑战。

总体而言，产业集群发展既为专业群建设提供了新的契机，注入了新的活力，同时也带来了一系列新的变化和挑战。这就要求我们在推进专业群建设的过程中，既要抓住机遇，积极对接产业集群的发展需求，也要充分预见和应对可能出现的各种变化和挑战，确保专业群建设能够健康、持续地发展。

（一）提升专业群与产业集群紧密度

1. 聚焦区域产业，建设核心专业

核心专业是专业群中发挥重要的辐射作用的专业，高职院校专业群应聚焦于区域产业结构布局，明确本专业群的核心专业。首先，应基于区域产业发展方向，结合学校实际情况与办学优势，明确专业群对接产业链的哪一环节，定位至哪些职业岗位，明确其中的核心目标岗位，从而明确核心专业，并依据可迁移岗位，明确群内其他相关专业。第二，完善核心专业建设标准，彰显专业群建设的科学性。综合评估各专业的办学基础、办学资源、特色优势等，将专业群中办学条件优、综合实力强以及具有特色优势的专业作为核心专业，保障其在专业群内的辐射带动作用。第三，对接产业链上下游发展，适时拓展新兴专业。高职院校专业群应对接产业链上下游新兴产业技术，改造传统专业，积极创办与新兴产业对接的核心专业，构建核心专业动态调整机制。

2. 打破专业壁垒，建设骨干专业

骨干专业是专业群中具有与核心专业在专业技术领域相近、专业基础课程相通及教学资源等共享等特性的专业，受核心专业的辐射作用，共同服务产业链发展。受产业集群发展影响，骨干专业应打破专业间的界限，围绕核心专业与其他专业协同发展，满足企业复合型技术人才的需求。第一，应打破专业壁垒。骨干专业应主动对接产业链上下游产业，结合区域产业发展特色，跨大类建设骨干专业，扩大专业群的辐射作用。第二，应打破知识壁垒。以企业复合型人才需求倒逼学科间知识重整，厘清骨干专业学科知识相关性，推进相关学科知识的衔接融合，通过重构课程体系对专业群内相通的学科知识进行调整和重组，实现学科知识间的共享，实现骨干专业知识体系的平衡。

第三，打破核心技术壁垒。深化专业群内核心技术的融合，提高复合型技术对产业链的适应性，承担产业对复合技能人才的隐性需求。

3. 对接产业链，适应产业发展变化

在系统设计专业群布局的基础上，应进一步对接产业链智能化、绿色化等发展，将物联网、大数据、云计算、工业互联网等新兴技术纳入专业群建设与人才培养，用"信息技术+"推进专业群教育教学改革。依据产业群智能化、绿色化发展实际，增设如物联网技术基础、大数据分析与应用、工业互联网技术、绿色能源与可持续发展等相关课程。加强虚拟仿真实训基地、大数据中心、绿色车间等新型实训实践基地建设，推进实训实践更贴近企业真实生产过程。进一步加强信息技术在教学中的应用，采用线上线下混合式教学、翻转课堂等新型教学模式，提高教学效果和学习效率。

(二) 加强课程体系与岗位链匹配度

1. 人才培养目标对接岗位需求

职业岗位需求是指专业群需精准对接企业具体工作岗位，依据岗位工作性质、任务、职责、条件等相关规定明确专业群人才培养的目标职业岗位，进而明确人才培养目标，避免人才培养目标的盲目性与同质化现象，提高专业群课程目标的科学性和可行性。建立多元主体参与人才培养目标的设置及方案的开发机制，协同区域产业园、企业、行业协会共同制定人才培养方案，针对职业领域、岗位需求、核心技术、职业岗位技术等级水平等协同制定人才培养的知识、技能及素养目标。同时应注重依据岗位发展需求及时动态调整人才培养目标，体现人才培养目标的前瞻性和可持续性提升人才培养目标与岗位需求的针对性。

2. 优化专业群课程结构

相较原先单一专业的课程结构，专业群的课程结构更为复杂，为对接产业链，专业群课程结构中应建有专业群平台课、专业模块课、拓展课等课程，科学重构专业群课程结构，旨在以核心技术知识为主要主线贯通和融合专业课程的知识与技能内容。为实现这一目标，首先要根据专业群所面向的工作领域、任务及职业能力来确定各专业需要掌握的核心知识和专业技能，以技术知识为载体确定核心课程。其次要以工作过程为主线，贯穿整个专业群课

程，培养学生的适应能力以应对复杂的工作环境。在原有课程的基础上进行内容的丰富、延伸和适当的修改，同时吸纳企业技术人员的建议，以动态优化专业群平台课的课程结构。

3. 持续动态调整课程内容

产业集群产品、技术及专业知识变革速度快，专业群课程内容必须跟上产业集群发展速度，要重视技术知识和技能的更新与传承，适应现代企业的发展需要。第一，科学构建和系统谋划高职院校专业群课程内容，发挥政府、高职院校、企业行业等各方的合作力量，在充分调研和研究的基础上科学选取专业群课程内容，加强课程内容的内外部关联实时匹配专业群课程与企业需求，避免高职院校专业群课程内容相对于企业实际需求的滞后性。第二，依据"岗位任务—能力需求—课程内容"的逻辑，准确把握专业群课程内容的定位，与合作企业共同开发课程，发挥企业技术骨干作用，为课程内容选择提供有价值的建议，真正实现将职业岗位所需要的工作内容融入专业群课程内容。

(三) 提高教学体系与技术链衔接度

1. 提升教学目标与技术需求的匹配度

专业群应定期进行市场调研，了解当前和未来的产业发展趋势、技术变革及人才需求。通过收集和分析数据，明确产业对人才知识、技能和素质的具体要求。基于市场调研结果，结合职业教育的规律和特点，制定与产业对接的教学目标。教学目标应明确学生需要掌握的核心知识和技能，以及培养的职业素养和综合能力。同时，建立教学评价与反馈机制，定期对教学目标、课程内容和教学效果进行评估。收集学生、教师、企业和社会的反馈意见，及时发现并改进教学中存在的问题，确保教学目标与产业技术持续匹配。密切关注新兴技术和产业发展动态，及时调整和更新教学目标和教学内容。例如，对于人工智能、大数据、新能源等新兴产业和技术领域，应提前布局相关课程和教学资源，确保职业教育能够紧跟产业发展步伐。

2. 项目式教学模式与技术链需求相衔接

项目式教学作为一种以学生为中心的教学方法，与传统的教学模式相比，更加注重学生实践能力和综合素质的培养，特别是在问题解决能力、沟通能力和团队协作能力等方面。专业群的教学组织可以借鉴项目式教学的理念，通过具体的项目来组织教学内容。这种方式能够让学生在实际操作中学习和掌握专业知识和技能，打破传统教学中理论与实践间的壁垒。学生在参与项目的过程中，不仅能够更深入地理解专业知识，还能够通过实际的工作任务来构建完整的知识体系，从而真正掌握相关的专业能力。教师在实施项目式教学时，也应积极利用多媒体设备，结合线上和线下的教学手段，如动画、视频、系统仿真等，激发学生的学习兴趣。项目式教学能够帮助学生更加直观地理解复杂的工作原理和操作流程，提高教学效果。

（四）提高培养体系与人才链吻合度

1. 建立校企资源共享新平台

专业群应积极依托产业集群优势，打造校企资源共享新平台，推进产教融合。高职院校专业群与企业联合培养人才，不仅仅是提供实习岗位，还需要通过实训设备共建、技术力量投入，协同行业协会全方位建立校企联合培养人才共享新平台。一方面，突破校企人员结构的原有框架，沟通校内和校外两种师资系统，着力改变专业群师资来源的单一结构，通过合同聘用等弹性用人机制，将企业能工巧匠、行业大师引入学校师资队伍。另一方面，积极开展校企科技共研，通过共同开发新技术新产品，共同开展科学研究，促进资源的交互共享，在引入企业资源用于人才培养的同时，进一步加强学校对企业科研方面的服务供给，平衡产教融合主体科技成果转化的收益，提高企业投入资源促进人才培养的积极性。

2. 提高校企联合培养人才的质量

产业集群发展对专业群人才培养质量提出更高要求，要求专业群通过深化产教融合，推动人才培养模式的创新，解决当前高素质技术技能人才短缺、配置不当等问题。应以学生为中心，致力于提升校企联合培养的质量，结合企业的教育优势和学校的人才培养方法，提高高职院校专业群与就业市场的契合度。充分利用企业技术骨干的引领作用，在职业适应性和职业发展等方面为高职学生提供指导，帮助他们建立良好的职业发展路径。通过提升专业与岗位的对口率，减少教育与就业市场之间的鸿沟，使高职院校的毕业生能够更快速、更顺利地适应职业生活的要求。同时，企业技术骨干的参与可为

学生提供宝贵的职业指导和经验分享，使他们在学习过程中就能对职业世界有更深入的了解和体验。

第三节

高职教育稳定发展为专业群建设提供可能，同时提出新使命

职业教育一直与国家命运和家庭幸福紧密相连，承担着重要的历史使命，致力于经世利民和实际应用。进入新时代，国家对职业教育给予了高度重视，将其置于服务与支撑经济社会发展的重要位置。职业教育肩负着培养技术技能人才、传承技术技能、促进就业创业、推动经济发展的重任，在国家产业结构升级、提升中国制造和服务水平、保障民生等方面作出了重大贡献。自改革开放以来，我国高等职业教育迅速发展，从无到有、从有到优，取得了前所未有的成就，实现了历史性的突破。

一、高职教育稳定发展为专业群建设提供可能

我国高等职业教育自诞生以来，始终紧紧围绕经济社会发展的需求，创造性地走出了一条独特的改革与创新之路。自 1996 年《中华人民共和国职业教育法》和 1998 年《中华人民共和国高等教育法》的颁布实施，高等职业教育就作为职业教育的重要层次和高等教育的重要部分存在与发展。进入 21 世纪以来，高等职业教育迅速发展壮大，占据了高等教育的半壁江山。同时，在健全办学体制、完善育人机制、建设"双师型"教师队伍、提升内涵质量、增强服务能力等方面取得了显著成果。

一是学校办学条件明显改善。近年来我国逐步确立了职业教育的类型地位，初步建立起从中职到本科层次的现代职业教育体系。据统计，2015—2019 年间，我国新增高职院校 82 所，新增本科层次职业学校 15 所。在国家政策大力扶持下，全国财政用于职业教育的经费总投入逐年增长，生均公共财政预算教育经费支出逐步提高。职业院校办学条件在总量和生均层面均得到很大改善，办学基本条件持续优化，除生均校舍建筑面积等个别指标外，

其他办学指标均已达到国家标准。

二是体制机制改革不断深入。高等职业教育在多年的探索中，不断深化体制机制改革，形成了与普通高等教育不同的特色体制机制。在管理体制方面，高等职业教育逐渐建立起了国家、省、学校三级管理机制，在国家管理框架下，强调省级统筹，多省份设立省级职业教育工作联席会议制度，以统筹协调全省的职业教育工作，高职院校则在国家与省级教育主管部门的管理下运行。在办学机制方面，高等职业教育积极鼓励行业企业及社会力量共同参与高职办学，创新了特色的办学机制。目前，高等职业教育形成了多元化办学机制，例如校企合作办学、行业办学、校企政合作及混合所有制办学等，建立起了政府主导、行业指导、企业参与的管理运行模式。此外，在高职院校内部还建立起了以学校理事会/董事会、教职工代表大会等为代表特色的内部治理体系。在人才培养模式上，实施校企合作、工学结合的办学模式，并对教学和课程进行了深度的职业教育化改革，还探索出订单培养、现代学徒制等适用于技术技能人才培养的特色人才培养模式。

三是专业建设不断适应产业发展需求。随着中国经济的发展，对人力资源的需求不断扩大，包括规模、结构和质量等方面。为适应区域经济发展的需要，满足产业对人力资源日益增长的需求，高等职业教育转变早期学科教育办学模式，明确高等职业教育服务区域经济发展的定位，不断推动教育教学改革创新和内涵式发展。目前，全国高职院校开设了专业700余种、专业点近4万个，覆盖了国民经济的各个主要行业。其中，财经商贸、装备制造、电子信息、医药卫生等专业大类的在校生规模均超过100万人，每个大类的相关专业点数分别达到了5.1个、4.0个、3.8个和1.4个，充分体现了高职教育在新型制造业、信息技术产业、金融贸易和民生等产业的技术技能人才培养中发挥着重要作用。尤其在交通、建筑、通信、制造、轻纺食品、农业、生化药品、艺术设计传媒等领域，高职院校形成了一批与产业发展紧密对接的优秀院校群体和专业集群。这些院校和专业的集聚，为国家重大产业转型升级提供了强大的支持。

四是教育教学改革全面展开。职业教育办学离不开教育教学这一核心环节，它对于提升人才培养质量起着至关重要的作用。近年来，职业院校在育

人模式、专业建设和课程改革等方面不断创新，提升教育教学水平。在育人模式方面，教育部采取了一系列措施推动校企合作双元育人。先后布局了现代学徒制试点、职业技能等级证书试点，产教融合城市建设试点等，不断推进高职院校在人才培养方面深化产教融合。在专业建设方面，职业院校紧密对接产业发展需求，初步形成了专业动态调整机制。以集群发展为抓手，推动专业建设，统计显示，至2019年"双高计划"启动实施时立项的253个专业群覆盖了18个高职专业大类，其中装备制造大类、交通运输大类和电子信息大类排名前三，与国家重大战略和区域支柱产业高度契合。在课程改革方面，职业院校始终积极推动校企合作开发课程与教材，持续推进"思政课程""课程思政""三全育人"建设，加快引入国际课程教学模式，并大力推进教学资源库建设。截至2019年底，国家级资源库共建设了标准化课程6000余门，衍生出个性化课程（3万余门）。同时，高职院校国家级精品课程数量与省市级精品课程数量均稳步增长，2019年国家级精品课程数量比2016年增加了37.87%，省市级精品课程数量比2016年增加了25.50%。可以说，高职院校在教育教学方面取得了一系列显著成果，为提升人才培养质量打下了坚实基础。

五是双师队伍建设持续加强。在师资队伍方面，高职院校也取得了显著成果，生师比得到明显改善，师资队伍的学历水平稳步提升，双师素质教师队伍也在逐渐壮大。在教师数量方面，至2015年，全国高职院校专任教师数量超过45万人，相比2005年高职院校专任教师数增加了近70%，为高等职业教育内涵建设提供了有力保障。在生师比方面，2005年高职院校生师比为26.7∶1，至2015年高职院校生师比达17.8∶1，下降了9个百分点，学生与教师的比例更加合理。在教师学历层次方面，2015年高职（专科）院校教师研究生学位比例已超过40%，高级职称教师比例达29.6%，高职院校教师职称结构逐步优化专业水平逐步提升。在"双师型"教师队伍建设方面，至2019年，高职院校"双师型"教师已达45.56万人，高职阶段"双师型"教师占专任教师的比例近40%，"双师型"教师队伍不断壮大。在政府政策大力支持下，在高职院校不断努力下，高职院校教师队伍建设在数量、质量和结构上都取得了巨大成效，为培养更多高素质人才提供了更好的师资保障。

六是学生发展良好满意度提升。职业教育在培养学生掌握良好技能、提升综合素质、培育工匠精神，以及赛教融合提升人才培养质量方面取得了显著成效。高职院校在教育教学方面的改革使学生们的基础能力素质和综合素质得到提升，得到了学生们的认可。近年来，高职学生在国际技能大赛上的获奖数量明显增多，2019年，我国高职院校学生国（境）外技能大赛获奖数量近1800项，相比2018年年增长率超54%。高职院校毕业生就业率保持稳定，近年来高职毕业生毕业半年就业率均保持在90%左右。毕业半年后平均月薪持续增加，2019年比2018年增加了262元，增幅达7%。近年来，企业对高职毕业生满意度始终保持在93%以上，对毕业生质量评价较高。从创业情况看，毕业生自主创业比例达到2%左右。❶

七是服务经济社会发展成效显著。高职院校作为技术技能人才的重要输出地，为当地及全国的经济发展提供了有力支持。从高职院校毕业来看，有近60%的毕业生留当地就业，超60%毕业生在中小微企业就业，为区域经济发展提供了重要人力支持。此外，高职院校在技术服务方面取得了显著成果。近年来，高职院校技术服务到款额、技术服务产生的经济效益及技术交易到款项均有所提升，2019年，全国横向技术服务到款额超过500万元的高职院校超过200所，其中横向技术服务到款超过1000万元的高职院校超过130所，技术交易到款额超过500万元的高职院校超过80所，此外，高职院校还积极开展多种形式的社会培训。依托专业优势，大力开展企业员工培训、新型职业农民培训、退伍军人培训等，助力脱贫攻坚、乡村振兴、军民融合、"一带一路"倡议等国家重大战略。2019年，全国高职院校面向社会成员的培训到款额超过50亿元，其中170余所院校超过1000万元，60余所院校超过2000万元。此外，开展新型职业农民培训服务的总规模超过300万人日，开展退役军人培训服务的规模超过170万人日。

新中国成立70年来，我国从一穷二白到成为世界第二大经济体，从落后的农业国演进为世界第一制造业大国，从温饱不足的贫穷国家建设成为小康社会，经济社会发生巨大变化。跟随新中国的成长。70年来，高职教育从无

---

❶ 数据来源：《2020中国职业教育质量年度报告》。

到有、从小到大的发展历程，为我国经济社会发展培养了数以千万计的高素质劳动者技术技能人才大国工匠，成为国民教育体系和人力资源开发的重要组成部分。高等职业教育的稳定发展和取得的成就为高水平专业群建设打下了坚实的基础。

（一）教育资源积累

高职教育经过多年的发展，积累了丰富的教育教学资源和经验。优质的教学课程是高职教育的核心资源之一。这些课程经过精心设计和不断更新，既注重理论知识的传授，又强调实践技能的培养，确保学生能够掌握与行业需求紧密相关的专业知识和技能。实践教学基地是培养学生实际操作能力的重要场所。多年来，高职院校通过与行业企业合作，共同建设了一批设施先进、功能齐全的实践教学基地。经过多年的努力，高职教育还研制了一批职业教育教学标准、专业标准、实训室建设标准等，为专业群建设提供了有力指导。此外，高职院校利用信息化手段建成了一批高水平线上课程与教学资源、虚拟仿真实训等数字化教学资源，为学生提供了更加便捷、高效的学习方式，丰富了专业群教育教学资源的内容。高职教育积累的丰富教学资源和经验为专业群建设提供了必要的支撑和保障，有力推动了专业群的内涵式发展和质量提升。

（二）师资队伍保障

高职教育经70多年的稳定发展，已经基本构建了"双师型"教师队伍，教师队伍无论从数量、结构还是水平能力上都为专业群建设提供了有力的支撑和保障，他们凭借深厚的专业素养和实践经验，准确把握行业发展趋势和市场需求，将最新的行业知识和技能融入教学内容，确保专业群的教学质量和水平，通过引导学生参与实际项目、开展实验实训等方式，让学生在实践中掌握真知、增长才干。同时，良好的师资队伍基础也为组建教师创新团队提供了保障，通过跨专业教师间的流动与互动，组建合作紧密的教师团队，进一步推动科研开发与社会服务，提升专业群的教学质量和水平。

（三）产教融合经验

高等职业教育与行业企业之间历经多年的深度互动与协作，已经构筑了坚实的合作桥梁，积累了丰富的产教融合经验。这种合作模式不仅为双方带来了互利共赢的局面，更为专业群建设提供了宝贵的参考和启示。通过与企业的紧密合作，专业群能够准确地研判市场动态和行业趋势，从而及时调整和优化专业群结构与专业设置，确保人才培养的针对性和实效性。同时，企业也为学校提供了丰富的实践资源和真实的职业环境，能够帮助学生更好地将理论知识转化为实践技能，提升他们的就业竞争力。在专业群建设过程中，这些积累的产教融合的经验能够发挥重要作用。可以通过借鉴过去的成功案例，与更多的企业建立良好的合作关系，共同设计和开发课程。这种合作不仅能够确保课程内容与市场需求紧密相连，还能够引入更多的行业标准和职业要求，使人才培养更加符合行业的实际需求。此外，产教融合的经验还有助于构建更加完善的实践教学体系。通过与企业的合作，建设更多的产教融合型实训基地和实验室，为学生提供接近企业真实生产实际的实训实践机会。可以说，高职教育与行业企业建立的紧密合作关系和积累的产教融合经验，为专业群建设提供了宝贵的参考和帮助。

（四）人才培养模式改革

经过多年的改革创新，高等职业教育在人才培养方面取得了显著成果，探索出校企合作、工学结合的技术技能型人才培养模式，实践形成订单培养、现代学徒制等典型人才培养模式。这些特色人才培养模式也为专业群建设提供了有益的借鉴。工学结合将学习与工作紧密结合，学生在学习过程中就能接触实际的工作环境，提升实践能力和职业素养。校企合作通过学校与企业的深度合作，共同制订人才培养方案，确保人才培养与市场需求紧密对接。顶岗实习让学生有了在真实的工作岗位上实践所学的机会，进一步巩固和提升了他们的专业技能。订单培养模式根据企业的实际需求定制人才培养方案，能够实现人才培养与企业需求的无缝对接。现代学徒制是一种融合了传统学徒培训与现代职业教育的新型人才培养模式，强调师傅的言传身教和徒弟的实践操作，有助于培养学生的工匠精神和职业技能。这些特色人才培养模式不仅为高职教育注入了新的活力，也为专业群建设提供了有益的借鉴：专业群建设可以加强与企业、行业的合作，共同设计和开发课程，打造具有特色的专业群，同时可以引入现代学徒制等培养模式，加强实践教学环节，提升

学生的实践能力和职业素养。

二、高职教育高质量发展向专业群建设提出新使命

历经国家示范院校、国家骨干院校和优质院校等项目建设，高等职业教育质量明显提升，服务支撑对经济发展的能力显著增强，极大地推动了我国高等教育大众化的进程。当前，高等职业教育进入高质量发展的新阶段，应以高质量发展为总目标，切实增强高等职业教育适应性，奋力把习近平总书记对职业教育"大有可为"的殷切期盼转化为高等职业教育"大有作为"的生动实践，为促进经济社会发展提供优质人才资源支撑。

（一）破除专业壁垒

面对信息技术与智能化飞速发展的新变化，产业对复合型技术技能人才需求越来越高，为提升高职教育质量，应真正以群建设为目标，积极破除专业之间的内在壁垒，统筹规划、整合群内专业资源，实施专业群建设。一是按照统筹发展的思路破除专业壁垒，围绕专业群培养目标，系统设计与开发专业群人才培养方案，共建共享师资团队、实训基地、教学资源库等群内资源。二是进一步增强对群内专业组合逻辑、人才培养方案制订、实践基地建设，以及教学资源共享等核心环节的研究。打破长期以某一专业为中心进行资源配置、校企合作和教育教学等行动的束缚，进而推进以专业群为核心的全方位资源整合。三是探索基于专业群的招生模式，允许学生在完成专业群基础课程，对群内专业有较为全面系统的了解后，结合自身的职业兴趣与规划，自主选择具体专业并进一步深入学习。

（二）跨专业融合课程

新时代背景下，高等职业教育的高质量发展应从以教师为中心转向以学生为中心的教学，课程学习应从单一的专业课程转向跨专业课程，学习环境应从教室到联动网络学习，教学实践应更趋向团队合作，注重知识学习与社会实践的有效联结。跨专业融合还需要更加强调课程实践与研究的结合。在课程实施过程中，可以借助数字科技手段，加强实践活动的设计与组织，提高学生综合素质。同时，在教育研究方面，也需要关注跨专业、跨领域教育的实践与问题，不断改进与创新教育方法。在课程设计中，应该充分考虑跨专业学习学生的实际情况，定制化课程内容，课程设计中的实践教学环节应该紧密融入专业课程体系，通过实践环节，让学生将理论知识与实践操作结合，达到知行合一的效果。在课程设计中，应该充分考虑跨专业学生的实际情况，定制化课程内容，将专业知识转化为实践操作，通过实践操作提升学生的实际能力。

（三）打造技术技能服务平台

在新时代背景下，高等职业教育高质量发展要求专业群建设应当注重社会服务和科技创新这两项基本内容，并将其作为检验专业群建设成效的重要标准。专业群应充分利用自身优势研究资源，积极搭建开放协同的技术技能创新服务平台。与政府、产业、行业、企业等外部机构保持良好互动合作，瞄准国家战略和地方重点行业、新兴产业发展趋势，从而更好地布局平台建设方向。在具体的建设路径上，应充分整合校内资源，组建一支协同攻关的教师研究团队，避免孤军奋战。同时，应充分发挥校企双方的资源和优势，将专业优势、人才智力资源与企业的市场敏锐度和开拓力相结合。这种合作模式有助于解决行业企业发展的现实问题，并在关键领域的产品研发、技术革新、工艺创新等方面取得突破。这不仅有助于推动产业创新驱动发展、提高企业经济效益，还能使学校的创新理念得以落地并产生实际效果。在建设成果方面，高职高质量发展专业建设应当形成自己的应用科研特色。与以往将课题获批、论文发表作为主要科研成果的做法不同，现在更应注重产出能够体现技术研究的科研成果。这些成果形式多样，包括但不限于参与行业标准制定、专利授权、产品开发与市场转化等。通过这种方式，专业群建设将更加贴近市场需求，并为行业企业提供更有价值的服务。

（四）提升数字化水平

数字化发展是高等职业教育高质量发展的重要方向之一，数字信息化是推动专业群发展由"技术叠加"转向"技术驱动"的变革性力量，在5G、大数据、云计算、区块链、ChatGPT等现代数字信息技术发展日益蓬勃的背景下，增加信息技术在专业群日常办学教学与管理过程中的应用及提高使用效率是下一阶段建设专业群的重要任务。第一，统筹规划专业群数字化平台建设，实现数据资源共享。科学规划智慧专业群基础设施，建设一体化智能化教学、管理与服务智慧综合服务平台，统一接口和数据标准，清除信息孤岛。第二，挖掘数据价值，服务教学决策。健全大数据服务平台，组建数据中心，提供数据智能采集、存储、分析和数据治理工具服务，发挥大数据对专业群教学决策、质量监测等作用。第三，启动专业建设数字化改造。紧跟信息技术变革和产业转型升级的步伐，深入实施专业数字化改造工程，建设虚拟教研室、虚拟实训室、区域性产教融合信息服务平台等数字化专业教学平台，推动建设课程与教学数字化资源，推进数字课堂改革，深度融合专业群与数字技术。

（五）推进国际合作

进入高等职业教育高质量发展新时代，高职院校在承担人才培养、科学研究、社会服务三大职能之外，又被赋予文化传承创新、国际交流合作两项使命，提升国际化办学水平是高职院校高质量发展的题中之义。专业群应进一步加强国际交流与合作，提升国际化办学水平。第一，推进国际先进职业教育标准本土化，引进成熟先进的国际职业教育专业标准、课程培训包以及数字化资源等，挖掘世界技能大赛参赛技术标准，结合我国专业群和产业发展需求，本土化改造国外优质资源，创造性发展本土资源。第二，推进职业教育合作由"外语+职业技能"逐步向"中文+职业技能"转变，充分利用好"鲁班工坊""丝路学院"等海外办学平台，利用技能培训职业教育国际会议、国际技能大赛等形式向共建"一带一路"国家、发展中国家输出优质专业教学标准、课程标准、课程资源和培训项目等提升我国职业教育的国际影响力，争取职业教育国际话语权。

第六章

"双高计划"专业群建设的典型案例

本章将通过对"双高计划"专业群开展调研，展现部分专业大类"双高计划"专业群建设典型案例，展示"双高计划"专业群的实践成果，反映"双高计划"专业群建设绩效，从而分析"双高计划"专业群建设的成功经验和特色做法，以期为高职院校建设高水平专业群提供参考和借鉴。研究案例包括：装备制造大类专业群中具有代表性的 G 职业技术学院的机械制造与自动化专业群、B 职业学院的汽车制造与装配技术专业群和 H 职业技术学院的电梯工程技术专业群；电子与信息大类专业群中具有代表性的 S 职业技术学院的通信技术专业群、电子信息工程技术专业群和 W 职业技术学院的物联网应用技术专业群；轻工纺织大类专业群中具有代表性的 H 职业技术学院的服装设计与工艺专业群、V 职业技术学院的鞋类设计与工艺专业群和 D 职业技术学院的家具设计与制造专业群。

第一节

装备制造大类专业群建设案例

一、G 职业技术学院的机械制造与自动化专业群

G 职业技术学院的机械制造与自动化专业群包括机械制造与自动化、模具设计与制造、工业机器人技术、电气自动化技术、机电一体化技术、工业设计、数字化设计与制造技术七个专科专业，其中，机械制造与自动化专业是国家示范性高职院校中央财政支持重点建设专业、全国职业院校装备制造类示范专业点、省优势专业、省特色专业，模具设计与制造专业是国家级骨干专业。

（一）组群逻辑

1. 专业群对接先进制造产业的技术链，符合产业升级趋势

"云""网""端"是智能化精密制造的三大技术领域，三者融合是先进制造业发展的方向。机械制造与自动化专业群以制造终端技术链为纽带，融合"云""网"相关技术，聚焦产品设计、工艺装备、制造检测和数据管理等环节，面向精密模具设计、多轴数控加工、系统集成和生产过程数据分析

等岗位群，培养应用层面的技术技能人才，为制造业转型升级提供人才支撑。

2. 专业群适应区域特色产业人才需求，契合地方经济发展

面向汽车关键零部件、智能农机装备、现代五金等产业需求，机械制造与自动化专业设置电动工具、工艺装备及智能农机方向，培养特色化人才；模具设计与制造专业培养精密模具设计与特种加工等技术技能人才；机电一体化技术专业开设多轴数控加工、机电设备装调维护等专业方向，培养紧缺的精密制造人才；电气自动化技术专业开设工控系统设计、信号检测方向，培养紧缺的智能控制人才。专业群培养定位符合区域产业发展及人才需求，能够为区域经济发展和社会进步提供必要的人才支持。

3. 专业群内各专业就业岗位相关度高，教学资源共享性好

专业群面向智能化精密制造岗位群，构建科学稳定的技术技能培养链式结构。机械制造与自动化专业重在产品与元器件设计及工艺保证；模具设计与制造专业重在模具设计与特种加工；机电一体化技术专业重在精密加工与设备装调维护；电气自动化技术专业重在自动化控制和系统集成。专业群围绕产业典型岗位的技术技能要求构建课程体系，共享专业群平台课，互选专业方向课，拓展产业模块课，满足学生学习需求。专业群内共享课程资源、师资团队、实训资源等，形成专业群建设合力。

4. 专业群符合学校专业集群发展战略，资源保障充分有力

学校对接省八大万亿和市五大千亿产业战略布局，打造区域服务型高职专业体系。其中，对接区域战略性新兴产业的机械制造与自动化专业群是学校专业群布局中的重中之重，也是学校重点建设的两个高水平专业群之一。专业群组成结构稳定，学校资源重点投入，保障了专业群整体实力的持续提升。

（二）建设举措

1. 建设智能化精密制造产教综合体，打造"产学研训创"融合的示范平台

智能化精密制造产教综合体包含智能化精密制造实训中心、智能化精密制造技术研发中心、科技成果产业化中心和中小微企业技术服务中心。学校以设备、场地和智力资源入股，吸引企业、风投资本，探索实体化运行、"产学研训创"一体化发展的产教融合体制机制。

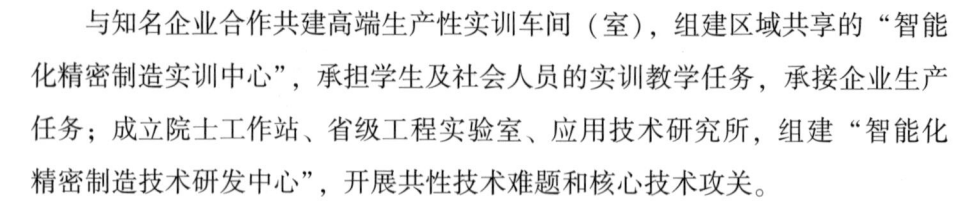

与知名企业合作共建高端生产性实训车间（室），组建区域共享的"智能化精密制造实训中心"，承担学生及社会人员的实训教学任务，承接企业生产任务；成立院士工作站、省级工程实验室、应用技术研究所，组建"智能化精密制造技术研发中心"，开展共性技术难题和核心技术攻关。

引入社会资本共建研发型企业，成立"科技成果产业化中心"，实现创新成果产业化，提供实习岗位、生产案例和教学资源；面向区域特色产业，建立"中小微企业技术服务中心"，为企业解决技术难题，开展技术服务、职业技能培训与职业资格鉴定，服务区域中小微企业转型升级。

2. 开展"1+X"证书制度试点，打造"标准、课程、证书"一体化资源中心

开发《产教融合实训基地标准》等智能化精密制造领域人才培养与教育教学系列标准，涵盖从培养目标、培养过程到培养质量监控等环节。构建"底层共享、中层融合、顶层互选"的"1+X"专业群课程体系，通过平台课程、模块化专业课程、分方向课程群和贯穿多学期的"学期项目"，强化对学生综合应用能力的培养。

基于技术发展与企业应用，以工程与生产项目、竞赛项目等为载体，开发一批新技术领域的模块化课程群；开展智能化精密制造领域的"X"证书考证，将"1+X"证书标准融入课程教学，实施以证代考，探索基于辅修专业的"1+X"学业指导与修习模式，实现"1"与"X"的融合贯通。

开发以"虚拟工厂"为核心的智能化精密制造数字化资源，建设由"机械零件设计"等课程组成的在线开放课程群。编写新型活页式、工作手册式的新形态教材，实施"互联网+教学"，探索"教、学、做、研"一体化教学，深化教师、教材、教法的"三教"改革。

3. 实施"项目串接、学研互动、德技并修"人才培养策略，培养"中国工匠"

实施项目贯穿的人才培养策略，以"工程案例"为载体，构建模块式项目化课程，开展模块化教学。将竞赛项目、创新项目、科研项目、企业服务项目等设计成学期项目，以"项目导师制"的形式开展教学，实现"课程项目+学期项目"的能力递进培养。

将学期项目实施与学生创新创业结合，实施"五个一"双创项目培养计

划，实现从创新到创业的"全链式"创新创业教育。单独组建"工程创新班"，面向自动化系统集成等技术复合度高的岗位群，实施全程导师的现代学徒制，探索长学制的拔尖型技术技能人才培养。

以核心素养培育为主线，开设贯穿六个学期的"劳作素养"课程，实施多模块量化管理考核；培育职业精神与职业技能相融合的"德技融合、精益求精"专业文化，编写出版适用于制造类专业的《"工匠精神"培养操作手册》。

4. 实施"国际融合、校企互通"教师发展工程，打造国家级教学创新团队

面向国际引入技术领军人才，组建液压装备、机电控制等技术创新团队，提升团队国际影响力；依托章跃洪省级技能大师工作室，组建技能创新团队，加强精密制造技术服务，培育国家级技能大师，以此为引领推动一批青年教师成长为"首席技师"；实施"双优"培养计划，培育一批技术技能与教育教学创新融合的领军人才。

统筹专业群师资，建立"一课多师"的模块化教学组织，形成分类组合、层级结构、优势互补的教学团队。实施青年教师助讲培养制度，落实学校"千师入企"计划，支持教师"下、访、挂"，通过科技服务提升专业水平与教学能力。完善兼职教师聘用、校企人员相互流动的管理与激励制度，培育高水平、结构化的国家级教师教学创新团队。

5. 引进国际先进标准、输出职教中国方案，探索制造类专业国际化发展新路

引进德国制造类IHK职业资格标准、瑞士ABB工业机器人职业资格认证标准、新西兰NZQA标准和核心课程资源，融入专业群人才培养和社会人员培训认证。

分批次派遣教师和技术人员援建卢旺达穆桑泽职业技术学院制造类专业，建设卢旺达"鲁班工坊"，输出教学标准及培训课程，为当地培养技术技能人才及职教师资。开发数控操作等一批"走出去"企业员工职业培训课程，开展中资企业员工及外籍雇员培训。联合制定国际认可、能作为"合同标准"的企业产品标准，通过共建项目、技术支持和人员培训，推动"走出去"企业产品及标准输出到非洲及东南亚等国家。

6. 专业群可持续发展保障机制

建立产业技术信息收集机制、企业人才需求调查及毕业生职业发展调查机制，完善专业群重要建设事项认证制度。建立教学质量保证体系与诊改机制，推进人才培养改革。学校成立建设领导小组，专业群成立项目建设团队，建立项目管理与绩效评价制度，实行分级管理。对经费实行专账管理、专款专用，实行项目资金预算年报和预算执行预警机制。

（三）建设成果

1. 创新"项目串接、学研互动、德技融合"的人才培养模式

以课程项目、学期项目和跨界项目为主线，架构"三阶段、四融入"职业素养养成体系，组建赛教融合班、工程创新班，推行项目导师制、"一对多"现代学徒制。学生获省级以上竞赛奖项超200项，获授权专利超过250件。

2. 推进"标准、课程、证书"一体化的课程教学资源库建设

参与开发"X"证书5个、职业教育国家专业教学标准15个；建设产教融合的"园区课程"，开发新技术课程15门，认定国家在线开放课程1门、省级2门，入选省课程思政示范课2门，联合主持国家专业教学资源库；建设"两模块、八车间"的"虚拟工厂"，入选省部共建国家虚拟仿真实训基地课程与教学资源项目2项，成为全国虚拟仿真实训基地培育建设单位。

3. 深化"项目驱动、线上线下、虚实结合"的教材教法改革

出版新形态教材25部，入选职业教育"十三五"规划教材5部、省新形态教材3部，获全国优秀教材奖一等奖一项；采用"交错式"项目教学，推进"互联网+""虚实结合"教学改革，获省"互联网+教学"优秀案例特等奖、省级职业院校教师教学能力大赛奖项4项，承担省教学改革项目5项。

4. 打造以全国高校黄大年式教师团队为引领的优秀教师教学创新团队

重点探索校企人员双向流动机制，组织"工匠沙龙"，建成省级以上技能大师工作室5个，获批全国高校黄大年式教师团队、省教师教学创新团队，入选全国党建工作样板支部，入选国家教学名师、教育部技能大师各1人，全国技术能手2人，获省级以上荣誉、人才项目31人次，建成1个双师型教师培养培训基地。

5. 建成实体化、一体化"产教园"形态的实践教学基地

建成国家发改委产教融合发展工程项目"智能化精密制造产教园",组建3家股份制的实体化公司,搭建3大实训与研发中心,形成"产学研训创"一体化运行的"3+3"产教综合体,实现产值超亿元,并入选教育部—GF瑞士乔治费歇尔智能制造创新实践基地培育项目、省级产教融合示范基地、省中小学生劳动实践教育基地,相关成果获省教学成果奖特等奖。

6. 聚力"卡脖子"技术攻关打造高能级的技术技能平台

聚焦高压柱塞泵等"卡脖子"关键核心技术,成立液压动力研究所等科研平台,建成省内高职院校唯一的省级重点实验室,建成省级工程实验室和技术应用协同创新中心。获批省级以上项目22项,其中国家自然科学基金3项,发表SCI/EI论文30余篇,授权国家专利300余项,其中发明专利45项。

7. 形成支撑区域制造业转型发展的社会服务"金名片"

搭建中小微企业服务中心,形成"一师一企"的服务模式,开设"回炉班",推行项目制培训,建成1家企业学院,协助建成省级以上创新平台企业12家,服务中小微企业300余家,承接技术服务项目140项,职业培训近6.5万人日,服务到款2200余万元。

8. 深化中外合作办学、职教援外并重的国际交流合作

开展中新合作办学,承担卢旺达海外分校的职教援外工作,获卢旺达国家认证专业标准1个,输出课程7门,建成电气自动化技术"鲁班工坊";服务"走出去"企业12家,培训450人次,制定企业产品标准8个;承办国际性学术研讨会和论坛3次。

9. 建立制度保障、诊断改进的专业群可持续发展机制

成立"双高计划"建设领导小组,设立专业群带头人,落实"五张表"推进工作机制,形成"五个一"会商机制;制定《项目建设及业绩点实施管理办法》《教师教学与科研业绩考核实施细则》等相关制度,建立常态化的内部质量保证体系诊断与改进工作机制。

二、B职业学院的汽车制造与装配技术专业群

B职业学院汽车制造与装配技术专业群有40多年的历史,底蕴深厚,发

展动力强劲，2019年入选国家特色高水平专业群建设计划，位居国内同类院校前列。专业群现有汽车制造与装配技术、汽车检测与维修技术、机电一体化技术、机械制造与自动化等专业。

（一）组群逻辑

B职业学院认为，职业教育逻辑起点是职业，培养人的专业群对应着使用人的职业群。职业结构而非学科或技术结构决定着专业群结构，依据职业群中的职业分类确定专业群中专业的组合关系。因此，B职业学院的组群步骤是：第一，确定专业群对接本市高精尖经济体系中高端汽车产业链相关整车制造企业群；第二，通过对奔驰等5家企业的职业岗位进行统计分析，确定4类岗位群（智能生产控制、智能生产线运行、智能质量控制、智能设备维护）作为高职生的职业发展路径；第三，通过职业与专业对照分析，并辅以人工智能系统验证，汽车制造与装配技术、汽车检测与维修技术、机电一体化技术、机械制造与自动化4个专业的人才培养规格与4种职业发展路径对职业技能和素质的要求高度匹配，确定为组群专业；第四，在此基础上建立职业发展导向的职业培养路径，不同专业组合对应不同的职业培养路径，形成4种"牵头专业+协同专业"的专业组合关系。

组合一：汽车制造与装配技术专业作为牵头专业，汽车检测与维修技术、机电一体化技术、机械制造与自动化专业作为协同专业。对应智能生产控制岗位群，针对冲压/焊装/总装工业机器人柔性应用、生产过程数字孪生技术应用、工艺工装数字化应用等岗位，培养创新实践型技术技能人才。

组合二：机电一体化技术专业作为牵头专业，汽车制造与装配技术、汽车检测与维修技术、机械制造与自动化专业作为协同专业。对应智能生产线运行岗位群，针对工业场景建造、现场数据建模、生产过程图像识别与分析等岗位，培养创新实践型技术技能人才。

组合三：汽车检测与维修技术专业作为牵头专业，汽车制造与装配技术、机电一体化技术、机械制造与自动化专业作为协同专业。对应智能质量控制岗位群，针对整车试装性能检测、试装车故障诊断维修、白车身防腐质量控制、汽车产品质量检验分析等岗位，培养复合型技术技能人才。

组合四：机械制造与自动化专业作为牵头专业，汽车制造与装配技术、汽车检测与维修技术、机电一体化技术专业作为协同专业。对应智能设备维护岗位群，针对现场柔性装夹设备运维、机床刀具检测优化、生产线现场运行维护、现场智能装备管理等岗位，培养复合型技术技能人才。

(二) 建设举措

1. 深化职教分级制改革，创新专业群人才培养模式

根据汽车智能制造岗位群对技术技能人才的需求，依托北京奔驰汽车制造工程师学院，深化职业教育分级制度改革，并推广经验，建立专业群相关专业与汽车智能制造岗位"谱系图"，完善职业教育分级制度框架；依据学校"SCI"人才培养体系，联合企业共同制定专业群人才培养标准，确立专业复合型（C型）和创新实践型（I型）两类技术技能人才培养目标；针对C型和I型人才开发8种职业培养路径，分别采取校企双元育人和产教研合作育人教学模式；优化实践教学基地结构，提升建设水平，建立产教融合育人载体，为专业群创新发展提供保障。

2. 建设结构化课程体系，开发国家标准专业群教学资源库

按照"课程标准国际化、教学资源数字化、课程建设精品化"的思路，以职业培养路径为主线，结合"1+X"证书制度，系统设计专业群结构化课程体系；联合国际知名企业，合作开发新型模块化课程，在职业技术技能、复合型及创新型模块课程内容中，嵌入职业技能等级证书（X），融入数字孪生技术、工业大数据等新技术、新工艺、新规范；引入人工智能、大数据等新一代信息技术，打造"智能硬件+多功能软件平台+海量数字资源"的一体化智慧教学环境，建设并推广达到国家标准的专业群教学资源库。

3. 对接产业开发新教材，深化教学方法和评价方法改革

对接汽车制造产业升级，融入新技术、新工艺、新规范，开发新型活页式、工作手册式等特色教材；以学生为中心，深化职业教育教学方法改革，将企业真实工作内容融入模块化课程；打造有用、有趣、有效的"三有"课堂，促进学生自主学习、个性化学习、泛在学习，实现课堂教学革命；构建基于大数据的智能评价环境，开发专业群教学评价数据软件，完善点线面体评价系统，提高人才培养质量。

4. 实施"四四三二"工程，打造国际结构化师资创新团队

将争做"四有好老师"，当好"四个引路人"，拥有"爱岗敬业的职业精

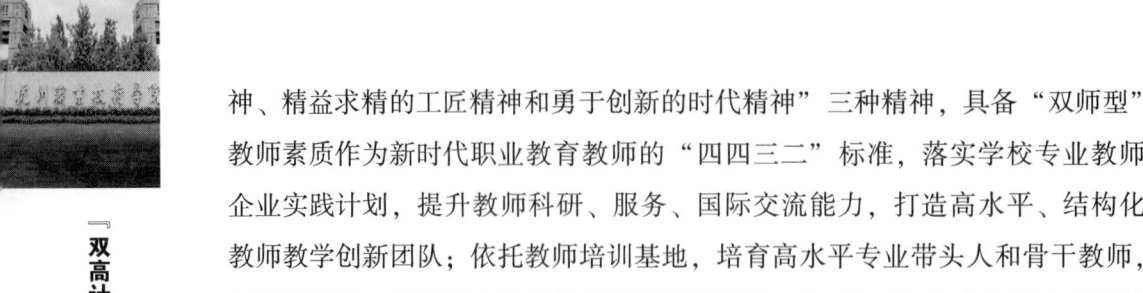

神、精益求精的工匠精神和勇于创新的时代精神"三种精神，具备"双师型"教师素质作为新时代职业教育教师的"四四三二"标准，落实学校专业教师企业实践计划，提升教师科研、服务、国际交流能力，打造高水平、结构化教师教学创新团队；依托教师培训基地，培育高水平专业带头人和骨干教师，打造国家级、市级职业教育教师教学创新团队，为"SCI"技术技能人才培养提供有力支撑；建设教师培训基地，打造高水平的国际领军师资团队。

5. 建设产教融合基地，创新汽车智能制造生产教育载体

校企合作共建四级能力递进的实践体系，融入奔驰等企业现代管理理念，培养学生职业能力与素养；校企共建专业群，共享基础实训基地、工业机器人技术实训基地、汽车制造精密检测实训基地、汽车零部件制造实训基地、奔驰汽车制造数字化实训基地、大学生创新创业基地等7个实践基地，在奔驰、西门子、施耐德等企业建立5个现代学徒制教育基地，设立高级学徒岗和研习岗；搭建赛车应用技术等大学生汽车创新创业基地，作为培育赛车研发、工业机器人技术创新应用等双创平台，提升学生创新能力。

6. 搭建技术技能平台，助力区域汽车制造产业转型升级

精准对接开发区汽车制造产业，建立孙逢春院士工作站，大国工匠赵郁、徐洪海和张洪超大师工作室，开展重大科研项目研究并为企业解决技术难题，培育创新师资团队；与奔驰共建复杂和异形件智能制造研发中试基地，服务中小微企业技术升级；与国家智能网联汽车创新中心等共建智能网联汽车技术研究中心、增减材复合制造技术中心、新能源汽车技术研究中心、汽车模具智能制造国家检测中心，组建团队开展科技攻关和成果转化。

7. 完善社会培训体系，创建全方位多层次服务区域品牌

深度服务开发区高端汽车产业，建立开放灵活的汽车职业教育和培训体系，面向高端汽车制造产业，开展智能制造领域技能培训；承接开发区高端培训项目，形成品牌特色；校企合作开发通用性、专业性技能等级证书，完善课程体系，灵活运用模块化证书课程，对社会人员开展针对性培训；面向京津冀企业职工、中小学生等开展继续职业教育和职业启蒙教育，提升专业群社会服务能力。

8. 拓展国际交流合作，打造汽车智能制造职教中国名片

以国家"一带一路"倡议为契机，实现教学标准、社会服务和人才培养

国际化；与西门子等跨国企业合作开发汽车智能制造相关专业教学标准和国际职业资格认证，并在其他国家推广；扩大中泰留学生合作培养规模和范围，招收留学生80人；与北汽集团等名企合作，在海外建设"汽车智造鲁班工坊"，服务"走出去"的中资企业，开发海外高端培训项目4个，完成培训500人日；世界技能大赛和"一带一路"暨金砖国家技能发展与技术创新大赛获三等奖以上。

9. 完善运行保障机制，促进专业群全面可持续发展

在学校党委领导下，加强专业群基层党建，落实党政第一责任，培育"双带头人"；探索"院群结合"管理模式，成立由多部门领导组建的专业群工作组，完善专业群建管用机制，加强绩效管理；制定专业群内各专业协调发展机制，根据产业需求，动态调整专业群结构，加强专业群建设评价，促进专业群各要素持续改进，提升专业群内涵建设水平。

（三）建设成果

1. 拓展校企合作载体，深化现代学徒育人模式

深化校企协同育人，与奔驰、北汽新能源共建现代学徒中心2个，设置企业高级学徒岗位25个，现代学徒制专业覆盖率80%。"二四三"校企协同育人模式入选教育部典型案例，获得市教学成果奖一等奖2项。学生获国家级奖4项、省部级一等奖66项、国际大赛获奖2项。

2. 紧密对接岗位标准，校企共同开发课程体系

课程思政与思政课程同向而行，建立共享型汽车专业群课程思政资源库，获评教育部课程思政示范课程1门；开发专业群数字化课程100门，专业课程数字化比例超过40%，获评国家精品在线开放课程2门；建设汽车智能制造虚拟工厂和智慧教室，获批高端装备智能制造与维护国家级虚拟仿真基地。

3. 深化教材教法改革，提升线上线下教学效果

对接汽车制造产业升级，融入新技术、新工艺、新规范，开发新形态教材20部，其中4本教材获批国家规划教材；专业群全部课程开展线上线下混合式教学，实践德国胡格教学模式、IMI（英国汽车工业协会）评价模式，《多元反馈式线上教学设计与实施》获批市教育信息化优秀案例。

4. 引培结合多措并举，打造高水平结构化团队

自"双高计划"建设以来，引进博士5人、企业工程师12人，35位教师

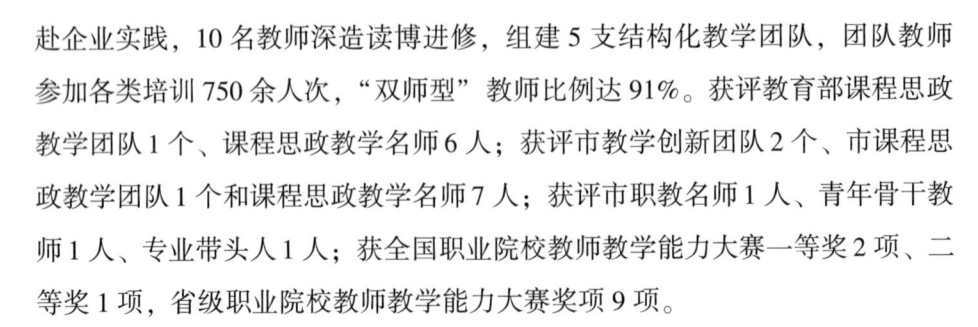

赴企业实践，10名教师深造读博进修，组建5支结构化教学团队，团队教师参加各类培训750余人次，"双师型"教师比例达91%。获评教育部课程思政教学团队1个、课程思政教学名师6人；获评市教学创新团队2个、市课程思政教学团队1个和课程思政教学名师7人；获评市职教名师1人、青年骨干教师1人、专业带头人1人；获全国职业院校教师教学能力大赛一等奖2项、二等奖1项，省级职业院校教师教学能力大赛奖项9项。

5. 政校企行共建平台，构建四级实践育人体系

健全四级能力递进的实践教学体系；校企共建北京奔驰汽车制造工程师学院、北汽新能源ARCFOX学院、百度智能网联汽车产业学院。建设汽车制造与装配等7个实训中心和1个汽车零部件智能制造企业工业4.0示范基地。获批国家级虚拟仿真基地1个、市工程师学院1个。

6. 打造创新实践载体，技术服务助力产业发展

融入区域汽车科创生态圈，建设经济技术开发区中试基地1个，联合奔驰、北汽新能源建设企业首席技师工作室2个，建成新能源汽车分布式驱动等技术研发中心3个；获批中国科学技术协会"汽车创新工坊学风传承"示范基地。服务中小微企业40余家，授权专利120余项，发表核心论文70余篇，立项省部级课题4项，联合企业制定行业标准10项，横向到账经费近600万元。

7. 汇集多方优质资源，聚焦企业技术技能培训

汇聚政校企行多方资源，打造多功能服务平台，获批工信部工业机器人技术技能人才培训基地1个、市职业院校"双师"教师培训基地2个、市高精尖产业技能提升培训项目资质2个、经开区汽车智能制造科普教育基地1个。校企合作开发职业技能等级标准5项、市级高端培训项目5项。面向企业开展技术培训和职业技能鉴定4000余人次，其中20余人取得高级技师职业资格证书、300余人取得技师职业资格证书；开展社会培训8000人次、职业启蒙培训350人次，培训收入976万元。开发24门在线学习课程，服务奔驰公司员工培训。

8. 输出专业课程标准，国际赛事学生崭露头角

引进德国胡格、英国IMI等国际标准并进行本土化实践；1项专业标准和

4项课程标准被应用于泰国民武里技术学院。学生获得世界巴哈汽车大赛耐久赛第三名、"一带一路"暨金砖国家技能发展与技术创新大赛二等奖。与戴姆勒、康明斯等企业合作培养国际化双语教师10人，8名学生考取德国杜伊斯堡-埃森大学本科，接受突尼斯留学生28人。

9. 发挥战斗堡垒作用，保障专业群高质量建设

基层党建与教育教学深度融合，推动专业群高质量发展，获评全国高校"双带头人"教师党支部书记工作室、全国党建工作样板支部、高校先进党组织各1个。党总支挂帅成立专业群建设工作专班，党支部成立攻坚小组，定期召开工作推进会和专题研讨会，把握建设进度，及时解决难题，确保按时、保质达成目标。

三、H职业技术学院的电梯工程技术专业群

H职业技术学院的电梯工程技术专业群是"中国特色高水平建设专业群"，是H职业技术学院集聚浙江省特种设备科学研究院、全球各大知名电梯企业的资源优势，基于目前电梯行业技术技能人才的巨大缺口而重点打造的。专业群内设置电梯工程技术、机械设计与制造、机电一体化技术、工业机器人技术四个专业。

（一）组群逻辑

1. 以链建群，专业群精准对接电梯产业链

一是分析产业链，找准岗位群。调研电梯产业链主流企业，分析电梯产业链全生命周期上下游环节，从电梯设计、电梯零部件生产到电梯装调、电梯维修保养、电梯检验再到电梯升级改造、电梯物联网设备装调维护、电梯大数据智慧监管等环节，选取对应高职层次技术技能人才的岗位群。

二是组建专业群，重构课程体系。围绕电梯生产制造、售后服务、智能物联电梯产业三个重点领域，以"岗位描述、任务分析、能力定位、课程固化"为依据，组建以电梯工程技术专业为核心，以机电一体化技术、机械设计与制造、工业机器人技术专业为骨干的电梯专业群；围绕电梯产业厘清专业之间的逻辑关系，重构专业群课程体系，实现专业群人才培养供给侧和电梯产业需求侧相匹配。

2. 精准定位，专业群人才培养高度融合电梯产业需求

围绕服务电梯产业转型升级和保障电梯公共安全，聚焦电梯三大领域，培养电梯产业发展急需的复合型技术技能人才。一是围绕电梯生产制造领域，重点建设机械设计与制造、工业机器人技术专业，培养掌握电梯零部件制造技术、具备自动生产线维护能力的技术技能人才，提升电梯整机、零部件生产制造能力；二是围绕电梯售后服务领域，重点建设电梯工程技术专业，培养掌握电梯安装、维保、改造等岗位要求的复合型电梯技术技能人才，保障电梯使用公共安全；三是围绕电梯智能物联领域，重点建设机电一体化技术专业，深化传感器应用、物联网设备装调与应用，实现电梯智慧监管、故障预判，助力电梯产业转型升级。

3. 逻辑合理，群内专业相互依存度高、典型特征突出

聚焦电梯产业，提高4个专业间相互依存度，具有"职业岗位相继，技术领域相近，专业基础相通，教学资源相融"的典型特征。一是围绕电梯上下游产业发展，并以电梯为教学载体，提取各专业对应的目标岗位和技术要求；二是重构"底层通用、中层共享、高阶分立、模块互选"的电梯专业群课程体系，建设电梯专业群教学资源库，使各专业均能共享课程与教学资源；三是围绕电梯产业整合教学资源，共建共享生产性实训基地、双师队伍，协同开展科技创新与社会服务。

（二）建设举措

1. 以"重复合、强供给"为目标，推进人才培养模式改革

强化类型教育思维，将思政教育、劳动教育、特种设备安全教育、工匠精神融入课程体系，以强化复合型人才配套供给能力为宗旨，精准对接产业，实现电梯专业群人才培养定位和专业群结构"双调整、同优化"；推进基于"1+X"证书制度的电梯工程技术专业群复合型人才培养模式改革，强化高素质技术技能人才供给侧结构性改革；多线程并行推进具有岗位特色的人才培养模式改革和教学方法改革，完善现代学徒制人才培养模式改革，提升学徒培养质量；构建拔尖人才培养机制，提升学生创新能力；联合知名电梯企业及电梯专业院校共建全国电梯人才培养联盟，推进电梯人才培养与产业需求动态匹配。

2. 以"开放、共享"为重点,强化课程教学资源建设

以电梯专业国家教学资源库建设为契机,建设适应电梯产业转型升级需求和学习型社会需求的专业群教学资源库,全力打造两大特色教学资源中心(电梯安全风险教学资源中心、国际教学资源中心)。建立行企校课程教学资源协同共建机制、课程教学资源共享机制与教学资源库动态管理机制,确保电梯教学素材取之于行业企业,用之于人才培养。

3. 以"课堂革命"为导向,推进教材与教法改革

重组教学内容,联合电梯产业主流企业,紧贴国家标准,突出高安全性特征,开发满足育训结合的新型活页式、手册式教材。重塑实施路径,积极采用项目教学法等方法,推进基于小班化的多形态教法改革。改革教学时空,实现"井道就是教室、教室就是井道",推动课堂革命。

4. 以"双师型、结构化"为旨归,打造高水平教师队伍

以"四有"标准为基石,定期开展师德师风专项学习。依托学校教师专业发展中心、工程教学中心、大师工作室三类平台,提升专业教师"善教学、会实操、能研究"的复合能力;实施专项培育工程,打造专业带头人、骨干教师、企业兼职教师三支精干队伍;建立校企共建共培共管机制,提升行企校协同育人水平。培养省级以上专业(群)带头人3名、全国有影响力专家型教学能手2名、骨干教师30名。从企业聘请4名绝技绝艺的技术能手作为兼职专业带头人,聘请2名境外专家指导专业国际化建设。建设期内,达到国家认可或国家水平。

5. 以"融产教、通育训"为抓手,打造高水平实践教学基地

围绕电梯产业链,重点打造两大实训平台(专业群共享型实训平台和产教融合型实训平台),构建两大机制(基于育训结合的实践教学模块构建机制和基于"供需协调、共建共享"的资源融通机制),强化对接能力证书的技能实训实践,夯实学生实践能力。

6. 以"建载体、创机制"为举措,打造技术技能创新平台

聚焦电梯产业转型升级和公共安全需求,以加强应用研究、集成创新和成果转化为抓手,建设"四中心一平台"(国家电梯中心、电梯评估与改造技术研发中心、电梯故障大数据处理中心、电梯零部件智能制造中心、电梯安

全认证平台），打造电梯工程技术专业群技术技能创新载体。建立行企校创新资源协同供给机制，构建多层次、多渠道、高水平的创新资源集聚模式；以技能大师工作站为引领，重点建设大师工作室和学生创新中心，提升师生技术技能创新能力。

7. 以"提能力、保安全"为支点，提升服务发展水平

联合省特种设备科学研究院，紧贴市场需求开展技能培训，提升行业技能水平。面向城市公共安全，开展安全教育，普及安全知识，增强公众风险防范意识和应急处置能力。服务国家战略，扩大精准扶贫电梯人才培养联盟范围，完善扶贫资金等资源集聚机制。

8. 以"促交流、转产能"为契机，打造电梯职业教育国际化品牌

成立包括行企校在内的共建"一带一路"国家电梯职业教育合作联盟。制定电梯国际化培训标准，打造援外培训品牌。依托中非职业教育合作联盟，培训境外留学生。筹建"多语种电梯工程技术专业群资源库"，搭建国际电梯学习和交流线上平台，助力企业"海外布局"。加大"走出去、请进来"力度，通过教师出国研修、学生访学、国际交流等项目，提升师生国际化视野。

9. 以"建保障、可持续"为重点，构建专业群良性循环发展机制

加强组织保障，构建多方协同管理机制，适时推进以群建院。强化资源整合，构建资源共建共享机制，推动协同单位为专业群建设提供符合的优质教学资源。强化自我造血功能，通过技术技能服务、社会服务等途径，构建社会资源反哺专业群建设机制。强化诊改建设，完善质控机制，构建质量保障体系。

（三）建设成果

（1）"一体两院"人才培养模式改革获省级教学成果特等奖、一等奖各1项，入选国家级、省级课程思政示范课程各1门，学生获全国青年岗位能手称号1名、国家级（行业）竞赛奖70人次。联合省特种设备科学研究院和全球电梯头部企业，共建行企校共同体、电梯产业学院和电梯产业研究院的"一体两院"育人生态，构建全国特有的行业引领、多元主体协同的电梯技术技能人才培养模式。对接"1+X"证书制度，将劳动教育及特种设备安全、工匠精神融入课程，重构"底层通用、中层共享、高阶分立、模块互选"的

专业群课程体系。联合西子航空、西奥电梯等企业深化中国特色学徒制改革，创新学徒选拔模式，实现招生即招工；组建机电工程实践创新班、机器人竞赛创新班等，实现拔尖人才个性化培养。

（2）建成1个国家教学资源库，新增颗粒化资源超2.2万件，使用量超170万人次。整合行企校资源，建成电梯国家教学资源库，建成结构化、模块化课程55门，形成开放型共享共用资源库平台。作为组长单位牵头完成教育部电梯专业职教本专科国家教学标准研制，主持完成人力资源和社会保障部电梯安装维修工国家职业技能等级标准研制。建成电梯安全风险教学资源中心、国际教学资源中心，汇集事故案例68个，开展安全教育300场，惠及3.6万余人。

（3）依托国家级特种设备虚拟仿真实训基地、电梯虚拟工厂、AR教学资源中心，推动"井道即教室"的现场教学。主编出版国家级规划教材6本，完成电梯核心技能教材7本和职业技能鉴定国家题库1套（5个等级）。实施"一线贯穿、三师协同、四步教学"的小班制教学改革，已在全国多所职业院校推广应用。整合联想集团等企业资源，运用全息投影等技术，建设国内领先的教科研产服一体化平台，实现"井道即教室，教室即井道"现场教学，线上线下混合式教学课程比例达80%。

（4）实施"三大工程"（名专业带头人培养工程、名师培育工程、兼职教师提升工程），获评全国五一劳动奖章1人、全国技术能手1人，培育国家级教学团队2个。培育国家级教师教学创新团队1个，国家级课程思政教学团队1个，省级高校黄大年式教师团队1个；浙江工匠1名，省劳动模范1名，省高校优秀共产党员1名；教师获全国职业院校教师教学能力大赛二等奖1项，省级职业院校教师教学能力大赛一等奖、二等奖各1项。

（5）行企校共建"融通共享型"实践基地，建成国家级实训基地3个，新增设备3760万元。紧密对接电梯产业链发展要求，构建"融产教、通育训"的共建共享型实训平台全国范式，建成教育部工业机器人开放式公共实训基地、省级电梯评估与改造应用技术协同创新中心各1个，建设国家级特种设备虚拟仿真实训基地、电梯装调与维修实训基地各1个，新建共享实训室12个；整合行企资源创建"股份制"产教融合型实训平台3个；承担260名研究生、本科生实训教学任务。

（6）打造"四中心一平台"技术技能创新体系，服务中小微企业150余家，技术服务和科研到款1388万元。联合省特种装备科学研究院、西奥电梯建成涵盖国家电梯中心、省级电梯协同创新中心、电梯大数据中心、电梯零部件智造中心和电梯安全认证平台的"四中心一平台"，建成3个工程教学中心，主持和参与制定行业标准12项。联合钱塘区、联想集团共建"联想工业互联网研究院"。完成企业技改项目189项，完成电梯评估500台，改造和加装电梯200台。建成3个市级技能大师工作室，累计训练学生1260人次，建成5个学生创新中心。获授权专利236件，其中发明专利20件。

（7）牵头建成全国首家特种设备安全科普教育基地，完成培训及技能鉴定12.3万余人次，实施"星火计划"，荣获中华职教社温暖工程优秀组织管理奖。联合西奥电梯等企业组建全国电梯从业人员技能培训联盟，建立电梯行业人才培训机制和认证制度，打造国内一流电梯行业人力资源库。实施电梯维修工免费培训"星火计划"，面向中西部贫困地区开设"宏志班"共11期，撬动各方投入资金400余万元，累计培训省内外贫困学员200名。

（8）研发技能培训标准5项，培训海外学员276人；成立国际电梯职业教育合作联盟，助力12家企业海外布局。依托"丝路学院"服务共建"一带一路"国家企业员工技能提升，建成多语种电梯专业群资源库及国际电梯学习交流线上平台各1个。持续为企业培训、输送能服务国际订单的高素质技术技能人才。通过中非职业教育合作联盟实施留学生培养，80%毕业生成功入职中资南非企业，获南非工业和制造培训署及教育界官员高度评价。

（9）创新政行企校协同共建共享和社会资源反哺专业群建设机制，确保高质高效发展。完善校企工作委员会机制，形成了政行企校多方协同管理、优化资源整合的组织保障体系。增强自我造血能力，形成了"开放共享、循环运行"的社会资源反哺专业群建设良好生态。建立行企校电梯专业群建设质量诊改工作小组，专业群建设质量全面提升。

第二节

电子与信息大类专业群建设案例

一、S职业技术学院的通信技术专业群

S职业技术学院的通信技术专业群为"双高计划"高水平专业群，由通信技术、云计算技术与应用、计算机网络技术、物联网应用技术与信息安全与管理五大专业构成。

（一）组群逻辑

1. 专业群与产业链的对应性

信息和通信技术（ICT）产业规模大、涉及面广，结构错综复杂。目前，业内普遍认可华为提出的"云、管、端"产业架构，并依此进行产业布局，形成了较为完备的产业链。通信技术专业群围绕ICT产业"云、管、端"三大领域，按照"专业基础相通、技术领域相近、工作岗位相关、教学资源共享"原则组建。云计算技术与应用专业主要对应云计算产业（云），通信技术专业主要对应通信产业（管），计算机网络技术专业主要对应网络产业（管），物联网应用技术专业主要对应物联网产业（端），信息安全与管理专业主要对应信息安全产业，服务于三大领域的安全保障。

2. 专业群人才培养定位

专业群针对ICT产业电信运营商、设备制造商、终端制造商、服务提供商、系统集成商的高端技术技能人才需求，主要培养具有系统方案设计能力、通信网络运维能力、应用开发能力、信息安全保障能力、创新能力的高素质复合式创新型技术技能人才。

3. 群内专业逻辑

群内专业协同发展，各有侧重，对应"云""管""端"三大领域，整体服务ICT产业链。通信技术专业是专业群龙头专业，主要培养通信系统特别是5G移动通信系统中IP RAN接入网、核心网、密集波分复用（DWDM）传送网、窄带物联网（NB-loT）、远距离无线电网（LoRa）的规划设计、建设

和运维人才。

云计算技术与应用、计算机网络技术、物联网应用技术专业是专业群骨干专业。云计算技术与应用专业主要培养云计算系统、大数据系统、数据中心、存储系统的部署和运维人才；计算机网络技术专业主要培养IPv4/IPv6企业网、软件定义网络（SDN）、Wi-Fi 6的规划设计、建设和运维人才；物联网应用技术专业主要培养可穿戴应用开发、边缘计算技术应用、智慧城市系统、工业物联网系统的部署和运维人才。

信息安全与管理专业是专业群支持专业，面向ICT产业"云""管""端"三大领域安全需求，主要培养网络渗透与防护、通信网络安全、云计算安全、大数据安全、工业物联网安全方案的规划设计、实施和管理人才。

（二）建设举措

1. 坚持德技并修，深化复合型人才培养模式改革

用习近平新时代中国特色社会主义思想铸魂育人：依托崇理书院，推进"三全育人"；开展"寻匠悟道"等活动和劳动教育，培养工匠精神；建设一批集思政、哲学和技能训练于一体的项目化教学模块，推进课程思政。坚持和完善"课证共生共长"模式：依据华为最新认证标准，开发5G移动通信等方向认证课程；跟踪市场需求，动态调整认证方向、认证内容和培养规模；建立证书学分认定机制，支持在校学生考取多个认证证书，培养复合型人才。赛教融合创新人才培养：将技能竞赛所涉及技能点、新技术融入课程标准；建强学生社团，开设"华为云赛道"等社团选修课，提升专业技能；依托智能生活创客服务平台培育创客项目。

2. 紧跟前沿技术，建设丰富优质的课程教学资源

构建模块化课程体系：与华为等企业合作开发专业核心课程，构建"模块化、厚基础、多方向"的课程体系。扩容通信技术国家资源库：从4G、IPv4等现有技术向5G、IPv6等未来技术升级，从单一专业资源库向专业群资源库升级，从单语种向多语种升级，建成专业群资源库。校企联合开发认证课程：联合华为等更新或开发设置5G通信等认证课程，学生可根据需要考取合适的认证证书。

3. 加快提质升级，实施教材与教法改革攻坚行动

开发一批新形态教材：依托华为ICT学院，开发新技术领域教材；组建

信息安全联盟，开发信息安全类教材；服务"一带一路"，开发双语教材；依托国家资源库，建设新形态一体化教材、国家规划教材。深化教学手段及方法改革：利用人工智能开展学情分析，提高教学针对性和有效性；运用VR等信息技术，建设智慧教室，探索"理实虚"一体化教学；基于在线课程资源，开展线上线下混合式教学；实施"五步教学法"，推进模块化课程、项目式教学改革。

4. 多措并举发力，培育高水平教师教学创新团队

建设技艺精湛的双师队伍：引培2~3名专业带头人；实施"一师N证"计划，培养25名骨干教师；建设4~6个名师工作室，培育8~10名技术技能大师；聘请"产业教授"；打造双师梯队。推动校企人员双向流动：聘用ICT领先企业工程师为兼职教师，开展兼职教师教育教学培训；实施"一师一企"计划，专任教师每5年有1年企业实践经历。组建结构化教学创新团队：依托"智慧城市"综合项目，按照"云、管、端"分别组建结构化教学创新团队，开展模块化课程、项目化教学。

5. 集聚校企资源，共建五位一体的实践教学基地

与华为等企业合作，建设云计算等5个校内实践教学基地和4个校外基地，集实践教学、社会培训、企业生产、技术服务和创新创业"五位一体"。建立健全校企共建共享机制，开发一批生产性实践项目。

6. 强化应用研发，打造高水准技术技能创新平台

成立新一代通信网络研究院，围绕软件定义网络、5G等开展技术研发。与研发公司共建物联网研究院，开展工业物联网创新服务。打造超宽带移动通信公共技术服务平台，开展移动网络及无线通信产品测试。力争实现1~2项核心技术产业化，服务中小微企业30~40家。

7. 发挥集群优势，提升专业群社会服务能力和水平

开展多层次、高端技能培训：面向国内ICT从业人员开展5G、未来网络等前沿技术培训；依托资源库在线课程，面向退役军人等群体开展技能培训，共培训了40000人次。开展职业院校师资培训：发挥专业群在课程开发、资源建设等方面的集群优势，服务全国100所高职院校，培训师资4000人日；加强对口支援与示范辐射；以师资培训、课程共享、项目共研等多种形式，

对口支援吉安职业技术学院、西藏职业技术学院等中西部地区院校。

8. 推动开放合作，携手ICT领先企业"走出去"

做好"走出去"全球化布局：伴随ICT领先企业"走出去"步伐，在欧洲（德国、保加利亚）、美洲（加拿大）、亚洲（新加坡、马来西亚）、非洲（阿尔及利亚）建立职教培训中心。推动课程标准"走出去"：与华为等企业共同建设覆盖ICT产业"云、管、端"三大领域的国际化课程标准和国际化培训项目库；建立激励机制，推广课程标准。推动师资"走出去"：通过国际培训、项目、会议等多种形式，提升教师国际视野和交流能力。推动学生国际交流：与国外高校打造学生交流品牌项目，推动学生"走出去"；建立ICT国际人才培训基地，吸引留学生来校学习。

9. 着眼自我完善，建立健全可持续发展保障机制

建立健全校企合作长效机制：与知名企业共建特色产业学院，实行理事会领导下的院长负责制，企业一线兼职教师专业实践课授课占比大于50%，进一步探索混合所有制。建立健全专业群与产业同步发展机制：绘制专业群对接产业的映射图，研究开发专业群产业契合度模型，建立动态评估与及时调整机制。建立建仓教学诊断、改进与激励机制：成立质量保证小组，完善相关标准，建立毕业生就业质量跟踪机制，健全教师考核聘用激励机制，推动专业群可持续发展。

（三）建设成果

1. 复合型人才培养模式改革成果显著

与联通、深信服等企业开展校企联合党建，建成联通5G示范实训基地和5G思政教学课程模块。课证共生共长模式成效显著，2000余人通过华为各等级认证，300余名在校生通过华为、红帽等顶级认证，数量居全国之首。以赛促教、以赛促学，学生获国家一等奖6项，省级以上奖项9项；获中国"互联网+"大学生创新创业大赛银奖1项、省金奖1项；华为ICT大赛全球特等奖、一等奖各1项。

2. 建设了丰富优质的课程教学资源

构建模块化多方向的课程体系，设置"路由交换"等课程模块，联合华为等企业设置更新19门认证课程，合作开发40门专业核心课程。建成省级

精品资源开放课程1门。建成具有国际影响力的通信技术专业群资源库，智慧职教课程51门，职教云课程560门，英文在线课程5门，用户覆盖全国200多个地区及部分国外地区，累计在线学习人次超过1000万。

3. 建成特色产业学院和一批教材与教法改革项目

建成华为ICT特色产业学院、15门金课、2门数字课程。开发《传感器应用技术》《网络互联技术》《宽带接入技术》等5部国家规划教材和"1+X"认证教材，7部活页式、工作手册式教材，2本ICT技术英文讲义，立项工信部规划教材3部。

4. 全面建成一支高水平教师团队

建成一支由高层次专业带头人、骨干教师、"产业教授"和"工匠之师"组成的双师队伍，组建结构化教学创新团队，开展模块化课程、项目化教学。荣获全国职业院校教师教学能力大赛二等奖，省级职业院校教师教学能力大赛一等奖3项、二等奖2项。获得世界职教联盟校企合作卓越奖1项，省科技进步二等奖1项。培养国家领军人才3人，省级教学名师1人，省级名教师工作室1个。建成"1+X"省级师资培训基地2个。主持国家通信类专业目录修订和通信软件专业标准制定。

5. 建成五位一体的实践教学基地

构建新型网络架构下的教学环境和ICT产业教学空间，打造集实践教学、社会培训、企业生产、技术服务和创新创业功能的"五位一体"实践教学基地。建成国家首批虚拟仿真示范基地1个，建成覆盖"云""管""端"三个领域的产教融合实训基地7个，与华为公司共建"华为5G+人才数字化产教融合基地"，与中国信息通信研究院共建ICT先进技术校内实训平台"5G终端入网测试平台"。新建10间实训教室、15个实训单元的智慧空间，新增工位120个。

6. 打造一批高水准技术技能创新平台

建设工业物联网省级技术创新平台2个，获批国家自然科学基金4项，承担省级以上课题10项，获得国家发明专利30项，荣获广东省科技进步二等奖。与行业领军企业共建高水平技术创新中心2个，累计完成技术研发或服务项目100项，到账经费1600余万元。

7. 全面提升社会服务水平

依托5G移动通信公共技术服务等平台，为中小企业开展技术服务200余次，面向中小微企业员工、技术爱好者等社会群体开展技术技能培训，累计培训30000余人次。开展"基于5G+人才培养方案与课程体系建设"领军人才师资培训项目，培养高水平专业领军人才30人，被遴选为国家职教师资培训基地。线上线下多渠道多形式对口支援中西部院校和学生，开发在线课程和实训项目单元，推广至20余所院校。招收云南等贫困地区学生数160人。

8. 携手ICT领先企业实现"走出去"

依托海外职业教育培训中心，面向共建"一带一路"国家开展对外授课、师生交流合作，累计开展国际培训和交流30余场。开发4门ICT新技术国际化课程，累计培训国际学员800余人，获得国际技能大赛奖项4个。国际课程覆盖30多个国家，获得世界职教联盟校企合作卓越奖。

二、S职业技术学院的电子信息工程技术专业群

S职业技术学院的电子信息工程技术专业群为"双高计划"高水平专业群，由电子信息工程技术专业、汽车电子专业、移动互联应用技术专业三个专业构成。

（一）组群逻辑

1. 专业群与产业链的对应性

电子信息专业群对应电子信息智能硬件产业链的三个核心环节，包括研发设计、硬件生产、内容与服务供应。电子信息专业、汽车电子专业主要对应研发设计和硬件生产两个环节，移动互联专业对应内容与服务供应环节。群内专业在内涵上有一定共性，也各有侧重，电子信息专业主要面向通用和消费类智能硬件，汽车电子专业主要面向汽车专用智能硬件，而移动互联专业主要面向智能硬件的互联与软件开发。

2. 专业群人才培养定位

智能硬件产业逐渐向高端领域发展，本专业群培养服务新一代人工智能产业化应用的复合式创新型技术技能人才。电子信息专业面向嵌入式人工智能领域，培养集成电路及智能硬件设计、测试、制造、应用、系统集成等技

术技能人才。汽车电子专业面向自动驾驶领域，培养汽车智能终端设计、制造、检测及自动驾驶验证、测试等技术技能人才。移动互联专业面向人工智能物联网（AIoT）领域，培养数据采集、智能硬件互联、移动应用软件、软件测试等技术技能人才。

3. 群内专业逻辑

本专业群以智能硬件为核心，基于从集成电路到嵌入式系统、从通用到专用、从单机到互联的逻辑而构建，实现人才链与产业链有机衔接。从产业来看，智能硬件向具体应用场景演变，衍生出新一代汽车电子产品，形成了巨大的汽车电子市场；另外，智能硬件实现彼此连接，催生出智能硬件的从属产业——移动互联。从专业来看，电子信息专业是龙头专业，汽车电子专业纳入本群是基于智能硬件从通用到专用的逻辑，移动互联专业纳入本群是基于智能硬件本身需要拓展互联功能，实现从单机到互联。从未来趋势来看，本专业群将向新一代人工智能技术领域发展，其中电子信息专业向嵌入式人工智能方向发展，汽车电子专业向自动驾驶方向发展，移动互联专业向万物智联方向发展。转型升级后，嵌入式人工智能是自动驾驶、智能互联的支撑技术，专业群仍然是相互依存、高度融合的整体。

（二）建设举措

1. 创新人才培养模式：三全、双元、分层

建设现代大学书院，推进"三全育人"：依托崇理书院，开展主题教育活动；举办电子创客等活动，培养工匠精神；开设"深职幸福课""科技之美"等课程与讲座，结合专业课推进"课程思政"。推进校企"双元"育人：成立 ARM 智能硬件学院，将智能硬件课程与 ARM 技术标准和"嵌入式系统应用能力证书"对接，实现课程学习和认证相统一，推动书证融通；成立比亚迪应用技术学院，深化现代学徒制，校企联合招生、联合培养。毕业考核合格即被比亚迪录用。实施卓越人才培养计划，开展分层培养：面向电子信息高端领域，设置精英班，人才培养方案单列，使学生教育选择更多样；开展四年制人才培养，使学生成长道路更宽广。

2. 丰富课程教学资源：共建、共享、开放

专业群共建模块化课程体系：根据三个专业在内涵上的共性和各自的侧

重，设置专业群课程模块，模块全部或部分共享。校企共建一批优质核心课程：建设专业核心课程，将嵌入式人工智能等新技术、深亚微米集成电路加工等新工艺、高级驾驶辅助系统（ADAS）标准等新规范纳入教学内容，开展行动导向项目化课程改革。建设国家级专业（群）教学资源库：设计模块对应核心课程和培训宝，设计课程"知识技能树"，根据知识技能点开发资源，根据需要在网上组课，满足专业教学和社会学习者的需要。

3. 深化教材教法改革：新形态、新模式

实施教材开发计划，突出职教特色：结合项目式教学，开发《传感器技术》等国家规划教材，《集成电路版图设计》等新型活页式、工作手册式教材。实施教法改革工程，推动"课堂革命"：依托专业资源库开展混合式教学，依托名师工作室，结合企业生产和技能大赛开展项目教学、情境教学、工作过程导向教学。

4. 培育教师教学创新团队：协同、互通、高水平

目标导向，组建教学创新团队：以 ARM EAIDK 平台应用、自动驾驶小车开发为目标，组建嵌入式人工智能、自动驾驶教学创新团队，协同开展模块化教学。专兼结合，校企双向流动：落实"一新一师""一师一企"计划，教师每 5 年有 1 年在企业；选派教师参与 Open AI Lab 技术开发，依托 ARM 智能硬件学院开展教师的技能证书培训。自主聘任兼职教师：引培结合，建设高水平双师队伍，引培 2~3 名有国际影响的专业带头人；实施教师能力提升工程、"工匠之师"培养计划、"产业教授"选聘计划，培养 20 名骨干教师、8~10 名技术技能大师，聘请 2~3 名有重大成就的企业专家，建成 5~8 个名师工作室。

5. 建设实践教学基地：产教融合、五位一体

对应课程模块，建设技术先进、设施一流的 3 大校内实训基地，实现实践教学、企业生产、社会培训、技术服务和创新创业"五位一体"；建设产教融合型校外实训基地；健全共建共管制度，优化基地运行机制，开发一批结合企业生产实际的实训项目。

6. 打造技术技能平台：积累、创新、服务

建设技术技能服务平台，跟踪新技术，持续更新教学内容和创新产品研

发，实现技术技能积累，服务中小微企业。与 ARM 共建智能硬件创新服务中心。建立技术团队，完成研发项目 50 项。与比亚迪共建汽车电子应用研究中心。校企共同投入，开展新能源汽车关键电子部件、自动驾驶技术等领域应用研究与人才培养。打造汽车电子产品检测与鉴定服务中心。在现有市级平台基础上，增加智能汽车关键零部件性能检测设备，整体提升为相关产业服务的能力。

7. 做实做优社会服务：发挥优势、广泛覆盖

企业员工培训。利用资源库组建一批个性化、定制化在线课程。开展高质量退役军人、农民工等专业特色培训年均 3000 人日。开展职业院校师资培训和对口支援中西部学校。开展劳动教育、生涯咨询服务和中小学生职业启蒙教育。

8. 扩大交流与合作：标准共享、学分互认

在共建"一带一路"国家推广北斗技术，探索开展北斗技术国际合作项目。探索与境外机构学分互认。以 ARM 技能证书认证为基础，开展中英"3+1"人才培养，与春港职业训练局开发智能传感器课程群，探索学分互认。开展师生国际化交流与培训。

9. 构建可持续发展保障机制：动态调整、自我完善

与知名企业成立特色产业学院，企业骨干讲授专业课程不少于 40%，适时推动学院成为混合所有制实体。建立专业群与产业同步发展机制，与产业合作，绘制专业对接产业映射图，促进专业群与产业同步发展。成立产学研用指导委员会，指导人才培养和专业建设。成立质量保证小组，完善相关标准，开展相关研究，建立反馈和激励机制，实现自我完善和可持续发展。

10. 实施专创融合行动，提升学生"双创"能力

将启发性、流程性、综合性知识与案例融入课程：开设"创新思维"课程，创新项目进专业课程，开发"电子产品创新设计"等综合性、流程型课程。搭平台，培育和孵化项目：建设项目培育基地；整合资源，建设"创客空间"；利用校创业园孵化项目。

(三) 建设成果

1. 创新人才培养模式成效显著

毕业生在行业龙头企业就业占比达到 25%，获得国家级竞赛一等奖 7 项。

完成专业群产业发展及人才需求分析报告 1 项及专业发展规划 2 项。开发"1+X"证书 3 项，实施鉴定试点 3 项。招收现代学徒制班 1 个，毕业生就业率达到 98.64%，雇主满意度达 97.06%。累计获得省级以上教学成果奖 2 项。

2. 建成国家级资源库及丰富的教学资源

完成国家职业教育专业教学资源库建设，建设国家资源库在线开放课程 4 门，校企合作开发课程 13 门；建设校级精品在线开放课程 31 门，开发全英文在线课程 2 门，线上线下混合式教学课程 30 门。与 ARM、谷歌、比亚迪、华为等行业领先企业合作，建成近 2 万条优质核心课程资源，直接服务 318 所院校约 21 万人次的日常教学活动。依托国家资源库平台资源建设项目，推动线上线下混合式教学改革，建成示范课程 30 门，辐射近千所国内各类院校。

3. 教材教法改革取得重大突破

开发新形态一体化教材 5 部，获评国家规划教材 4 部，获得国家优秀教材特等奖 1 项。校企联合编写新型活页式教材 6 本。建设名师工作室 5 个，依托名师工作室和学生社团等，广泛开展项目教学、情景教学、案例教学、工作过程导向等教学改革。专业教师获得省级职业院校教师教学能力大赛一等奖 5 人次、二等奖 4 人次。在中国大学 MOOC、学堂在线平台建设 2 门慕课，学习人数近 4 万人。

4. 培育建成教师教学创新团队

培育教师教学创新团队 2 个，获评国家级教师教学创新团队 1 个。推动优秀师资的校企双向流动，校企协作共同体内院校数量达 5 个，"双师型"教师比例达 100%。培育达到地方认定的国家级领军人才标准的教师 2 人、省技术能手 3 人、市技能精英 1 人、专业带头人 4 人、骨干教师 22 人。

5. 实践教学基地建设全面提升层次

与比亚迪等企业共建产教融合实训基地 2 个，建设"集成电路工艺"虚拟仿真实训中心 1 个，教学、科研仪器设备值总值约 1.36 亿元。与楷登电子、比亚迪、华为、ARM 等知名企业共建联合实验室 7 个，与 ARM、龙芯、越疆等企业建立了高水平校外实训基地 12 家。建成 15 间智慧教室、实训室，受益学生达到 84420 人日，受益比例达 77%。全面建成 ARM 智能硬件特色产业学院，设计智能硬件模块化课程体系，开发专业标准与课程标准，将证书内容融入教学。

6. 打造一批高水准技术技能平台

建成高水平技术技能平台2个、技术技能大师工作室2个。由骨干教师领衔、师生共同组成的技术团队5个，完成技术研发和技术服务项目85项，纵向到账经费580万元，横向到账经费超1900万元，获得PCT国际专利、国家发明专利18项，SCI、EI索引及中文核心期刊论文25篇，承担省级以上科研项目7项，科研成果转化率达到34.9%。

7. 社会服务做实做优，推动国家重要文件出台

为职业院校进行师资培训达4000人日；招收贫困地区学生数100人。建成"1+X"证书试点省级培训基地，学生在高端产业和产业高端企业就业比率达到65.3%；为中小企业开展技术服务307次；为企业员工培训达2900人日，面向社会开展职业启蒙教育2320人日，为农民工、退役军人等群体提供的培训达3000人日。建成汽车电子产品及新能源汽车检测实验室，获得中国合格评定国家认可委员会认证。

8. 国际交流与合作进一步扩大

派出教师12人赴国（境）外访学或研修培训。结合学校"飞翔计划"等政策，推进实施学生国（境）外访学及实习计划，派出14人赴国（境）外访学或实习。深化与香港职业训练局合作，共同开发双语专业标准和课程体系，共同建设"传感器综合实训""电子线路板设计"两门专业课程，并已开展探索合作专业学分互通互认。

9. 构建了动态调整、自我完善的可持续发展保障机制

建立了校企合作长效机制，深入推进依托特色产业学院的双主体协同育人，高水平行业精英和企业骨干讲授的专业核心课程不少于40%。建立了专业群与产业发展同步调整机制，动态调整专业设置。健全教学工作诊断、改进与激励机制，成立质量保证小组，建立和完善课程教学标准、实践教学标准、师资准入标准等标准体系。建立毕业生就业质量跟踪机制，定期开展毕业生就业情况调研，建立反馈机制。

10. 专创融合人才培养模式取得一系列教学成果

高职电子类专业"专创融合"的探索与实践获2020年广东省教学成果奖

二等奖。建成了立体化的双创基地，构建了学生科技社团、精英班、教师工作室、应用研究中心等平台，每年吸纳30多位学生进驻。获中国"互联网+"大学生创新创业大赛省赛2金1铜。学生获得各级创客资助项目共30项，创办公司12家。

三、W职业技术学院的物联网应用技术专业群

W职业技术学院的物联网应用技术专业群为"双高计划"高水平专业群，由电气自动化技术专业、智能控制技术专业、计算机网络技术专业、物联网应用技术专业与软件技术专业五大专业构成。

（一）组群逻辑

1. 专业群与产业的对应性

专业群面向战略性新兴产业之新一代信息技术，服务离散型制造产业高端领域，着力于新一代信息技术赋能制造业的服务型制造业人才需求。主攻物联网、云计算、大数据等技术在智能工厂数字化车间的应用，聚焦工业物联网在数字化车间设备智能互联、人机协作、数据融合、数据智能等关键环节的技术创新和人才培养。

2. 专业群人才培养定位

精准对接长三角以物联网为龙头的新一代信息技术赋能制造业转型升级的人才需求，培养德技并修，满足自动化生产线运维、精益生产管控、物联网工程实施、微应用开发等工作岗位要求的高素质复合型技术技能人才。专业群共同岗位包括设备安装调试员、设备维护技术和系统管理员等，新兴岗位包括智能工厂急需的人工智能技术员、5G网络技术员、大数据技术员等。

3. 群内专业逻辑

新一代信息技术发展与应用不断催生新岗位。为快速适应新技术发展对人才的需求，以物联网技术在离散型制造企业的应用为主线，面向数字化车间设备智联、数字管控、数据融合等环节的核心技术与岗位构建专业群。群内各专业协同服务于"互联网+"模式下的智能制造产业，推动岗位细化和新兴岗位衍生进行系统优化。电气自动化技术专业聚焦智能设备、控制系统集成方向；智能控制技术专业聚焦MES（制造执行系统）数字化管控、智能设

备信息融合方向；计算机网络技术专业聚焦工业网络安全及云平台搭建方向；物联网应用技术专业聚焦物联网平台、工业数据采集及大数据分析方向；软件技术专业聚焦定制化开发、数据智能分析等技术方向。

依据共建共享、优势互补、协同发展、对接产业需求的原则，将专业群通用知识与能力打造成共享平台课，将交叉融合性新技术新技能打造为互选课，开发 AI+微证书课程和创新创业课程，结合"X"证书标准，按照从单项、专项、综合训练到创新的四阶递进的专业能力发展规律，构建专业群课程体系。

（二）建设举措

1. 创新"双主体两融合多通道"人才培养模式，深化产教协同育人

双主体协同培养：企业投入共建阿里云、新大陆、华为等 3 个产业学院。德技并修、专创融合：依托全国首批"能工巧匠"邓建军创新工坊和开源创新学院，培养具有"六个一"特征的拔尖创新人才；依托"学分银行"制度改革、AI 微证书制试点、创新创业活动等，构建创新项目、竞赛项目、第二课堂、AI 微证书等途径，拓展多元学习和成长通道。

2. 优化课程体系，开发优质资源

打造群平台课程：优化专业群课程体系，重点建设共享平台课程；群内互选课程。物联网应用技术等专业参与"X"证书开发，全部专业开展"1+X"证书制度试点；将技术开发与服务成果转换成与课程配套的"金资源"，建设智造中国系列课程，建设国家精品在线开放课程。应用市场机制升级国家物联网应用技术专业教学资源库：将产业新技术、新规范纳入资源库，年均更新资源超过 15%，使用率逐年提高。

3. 开展成果导向教学改革，开发引领性教材

实施"金课堂"工程：以课堂教学为根基，开展教法改革，打造"金课"。关注教学目标达成度，依托学习通、自主开发的 Gitor 软件平台，开展学习过程"白箱化"探索，实现教学过程可视可追溯，进行靶向性指导。校企合作开发教材：将新技术、新规范等工作知识纳入教材内容，开发"新形态一体化"引领性教材 20 部，建设国家规划教材 10 部以上。

4. 开展"金种子"工程，打造国家级教师教学创新团队

培养专业领军人物和国家级教学创新团队。依托教师发展学院、研究所、

企业实践基地，建设院士工作室和技能大师创新工坊，培育2名行业知名专业带头人，1名省级以上教学名师，建设国家级教师教学创新团队1个。主持开发本专业群在机械工业领域的系列职业教育教学标准。打造"双师四能"型师资队伍，开展专业群平台课教师跨专业教学能力培训，提升平台课教学的针对性。建设双师型名师工作室，实现双师比达100%。超40%教师通过国外访学、国际交流等，提升教师国际化视野和双语教学能力。构建企业兼职教师库，与本地区智能制造相关企业合作，聘请产业教授和杰出技能大师。

5. 拓展功能，打造共享型产教融合实践教学平台

建设校内实训基地：与8家以上企业实质性双赢合作，企业投入2000万元以上，通过共研实训设备、软件系统，建设彰显企业真实生产环境和民族工商创业精髓的5个专业实训中心，协同打造产教融合工业物联网实践基地。建设校外实习与就业基地：与华为、阿里云、施耐德等国际国内知名企业的生态圈共建校外实习就业基地，积极推进校外实习就业基地示范工程项目建设。提升基地服务能力：与锐捷、新华三等企业合作，打造全国职业技能大赛训练基地，积极争取承办全国职业院校技能大赛项目，建设思科全国物联网教师培训基地、物联网与人工智能技术科普服务基地。

6. 打造技术技能创新平台，建设方向聚焦、积淀厚实的科技创新团队

建设工业物联网技术研究所：依托姚建铨院士领衔指导的工作室，与阿里云、702研究所等企业深度校企合作，聚焦数据采集、设备智联等工业物联网核心技术，升级工业物联网技术研究所。提升科技创新团队水平：通过建设科研型实验室等途径，支持教师主持和参与制定国家、行业技术标准，师生申报专利，发表高水平学术论文，提升物联网信息融合关键技术等3个省科技创新团队技术水平。建立科研反哺教学机制，实现资源转化。

7. 联建国家标准验证平台，提升社会服务能力

联建国家标准验证平台与推广培训中心：建设个性化定制工业物联网示范生产线，集聚工业大脑、物联网关键技术的典型案例，研制智能制造相关国家标准，并开展贯标培训。开展高质量社会服务：服务区域制造业中小微企业的数字化技改，对接技术升级、产品开发等需求，促进科研成果转化；依托江苏省国际服务外包基地、互联网产业人才培训基地，创建施耐德工业

软件职业技能认证中心等，培训区域紧缺技术技能人才。

8. 引进、创生、输出，提升国际交流合作水平和层次

与新加坡 AEM 公司、华为合作建设 5G 通信网络测试认证中心，为 5G 线缆生产企业提供 5G 标准的高性能传输介质的测试与验证。依托"中国—东盟教师培训发展中心"，开发师资培训、基地建设等系列标准。依托"中国—南非教育"等国际合作项目，服务中资企业"走出去"，培养留学生达 500 人以上。

9. 构建可持续发展保障机制，提升专业群管理水平

项目绩效管理机制：建立项目资金使用、管理和绩效制度，统筹推进建设任务的实施。专业群可持续发展机制：依托学校首批诊改试点成果与质量保证 V3.0 体系，促进教师跨专业合作，专业协同发展，建立动态调整长效机制。专业群质量保证机制：建立高水平专业群建设质量保证体系，建设专业群质量保证标准和内部管理制度。

（三）建设成果

1. 人才培养模式创新

依托物联网高地地域优势，聚焦大数据、设备智联、工业软件等关键技术，与知名企业共建产业学院 2 个，累计吸引国内外行业企业投入近 2500 万元，实践校企双主体协同育人途径；校企合作实施 3 个专业"4+0"职业本科专业改革试点；构建创新项目、竞赛项目、AI 微证书等项目（课程）群，拓展学生多元学习通道，开发"AI 微证书"配套微课程 10 门。学生学科、技能大赛获国家级奖项 45 项，其中国家级一等奖 13 项，省级以上奖项 45 项，优秀毕业设计一等奖或团队奖 6 项，申获专利 190 件。

2. 课程教学资源建设

面向数字化车间职业岗关键技术，优化专业群课程体系，重构专业群核心课程 25 门；推进书证融通，参与 11 项"X"证书标准开发，建成"X"证书考核点 5 个，形成专业群与"X"群对接典型案例；推进"金资源"工程，升级国家物联网应用技术专业资源库为专业群资源库，资源更新和扩展率年均 20% 以上，资源库推广使用 1700 万人次，新增教学案例 120 个，建成国家骨干专业 3 个。

3. 教材与教法改革

与行业领军企业深度合作开发一批行业引领型教材，出版"新形态一体化"教材13部，其中国家规划教材5部。以"金课堂"工程为抓手，推动课堂革命，提升课堂教学质量，获省级以上教学能力、微课大赛12个奖项。

4. 教师教学创新团队

聚焦创新能力，着力培养专业领军人物；建设校企人才互聘库，实现人才双向流动；实施"金种子"工程，打造高水平"双师四能"型教学团队，新增国家教师教学创新团队2个，申获国家级教师教学类课题4项，获国家级荣誉10项；申获省级以上人才工程7项、省级团队2个、省教学成果奖2项，发明专利125项；引培高层次人才20人、技能大师2人，新增省级产业教授5名。

5. 实践教学基地

校企协同打造集工匠培育、技术开发与服务、实训于一体的工业物联网产教融合基地，申获"十四五"教育强国工程项目、教育部创新行动计划生产性实训基地，建成2个全国师资培训基地。

6. 技术技能平台

聚焦工业物联网技术领域，以技术应用研究为抓手，校企合作建设高水平研究所，提升技术创新和服务能力，技术服务到账近900万元。主持和参与国家标准3项，2个省级以上科技创新团队完成验收，申获省级以上或行业科技进步奖3项。专利技术转让累计50项，实现100项资源转化。

7. 社会服务

校企合作建设全国物联网技术领域教师培训基地，开发智能制造类专业职业标准和相关培训资源4套；对接技术升级、助力区域人才升级，建成省级以上培训基地3个、市级职业体验中心和科普基地、示范职教集团，年社会培训25000人日。

8. 国际合作与交流

服务"一带一路"倡议，与新加坡AEM等合作建设5G国际认证测试平台，打造工业网络方向国际化授课师资团队共建智能制造领域中外合作共享科研平台。开展面向东盟国家职业教育师资培训合计200人日，累计培养留学生 80 人。

9. 可持续发展保障机制

探索专业群管理体系优化、制度创新，落实主体责任，强化标准要求，出台运行制度 8 项。以学校质保体系和内控体系为基础，确保项目建设决策科学、操作规范、目标导向，促进专业群可持续发展。

第三节

轻工纺织大类专业群建设案例

一、H 职业技术学院的服装设计与工艺专业群

H 职业技术学院的服装设计与工艺专业群为"双高计划"高水平专业群，由服装设计与工艺专业、针织技术与针织服装专业、艺术设计专业与时装零售与管理专业四大专业构成。

（一）组群逻辑

1. 以链建群，专业群精准对接女装产业链

一是分析产业链，找准岗位群。调研时尚女装产业链典型企业，分析女装产业从面料开发、服饰品开发、高级女装定制、时尚女装产品制造、时尚女装销售等全生命周期上下游环节，择取对准高职层次人才岗位群。二是组建专业群，重构课程体系。针对面料开发、女装产品研发与制造、女装销售等女装产业重点领域，按照"岗位描述、任务分析、能力定位、课程固化"的思路，组建以服装设计与工艺专业为核心，以艺术设计（纺织装饰）、针织技术与针织服装、服装设计与工艺（时装零售与管理）三个专业和方向为骨干的服装设计与工艺专业群，并厘清专业之间的逻辑关系，重构专业群课程体系，推进专业群人才培养供给侧和女装产业需求侧动态匹配。

2. 精准定位，专业群人才培养高度融合女装产业需求

一是围绕面料开发领域，重点建设艺术设计（纺织装饰）专业，培养能根据流行趋势和设计要求进行印花、绣花、提花花型设计和服饰品设计的创新型技术技能人才；二是围绕女装产品研发与制造领域，重点建设服装设计

与工艺专业和针织技术与针织服装专业，培养具有时尚意识、能熟练运用现代技术手段进行产品研发的创新型技术技能人才；三是围绕女装销售领域，重点建设时装零售与管理专业，培养具有时装店铺管理、营销企划能力以及能运用线上直播等先进销售手段的复合型技术技能人才。

（二）建设举措

1. 以"精技能、重复合"为目标，推进人才培养模式改革

携手达利国际深化校企命运共同体建设，校企共同明晰专业群人才培养定位，构建基于女装产业链的专业群建设发展机制。依据"基础共享、专技进阶、研学交融"，强化"美育"融入，重构时尚特征突显的专业群课程体系，试点基于"1+X"的人才培养模式改革，多途径培养女装技术技能拔尖人才，使专业群建设始终与产业发展同步，人才培养和产业需求全方位融合。

2. 以"开放、共享"为重点，强化课程教学资源建设

对接女装产业技术转型升级，联合浙江省服装行业协会、达利国际和联建院校等，在原有服装国家级教学资源库基础上建设专业群教学资源库，建成"一库一中心"（课程教学资源库和特色资源中心），实现课程目标对接岗位要求、教学内容对接工作任务、评价标准对接岗位能力。

3. 以"课堂革命"为突破，深化教材与教法改革

依托华东师大国家职业教育教材建设研究基地，成立"服装职业教育教材研究分中心"，开发新形态教材和新型活页式、工作手册式教材。采用虚拟仿真、虚拟现实、增强现实等信息技术手段，推进智慧课堂和虚拟工厂建设，推进导生制、真实项目教学、模块化教学等教学方法改革，提高课堂活力与质量。

4. 以"双师型、结构化"为导向，打造高水平教师教学创新团队

校企共建"双师培育基地"，建立校企"双向兼职、双方培养、双重身份、双重保障"的双师培养机制，实施教师能力提升"四大工程"（专业带头人登峰工程、骨干教师名师工程、青年教师青蓝工程、兼职教师名匠工程），构建教师队伍分层分类培养体系，提升专业群教师的教学、科研与技术服务能力，建立一支善教学、精技能、能研发的专兼结合的双师结构教学团队。

5. 以"融产教、通育训"为路径，打造高水平实践教学基地

围绕时尚女装产业链，构建符合服装设计与工艺专业群人才培养定位的实习实训基地。以"厚基础、精技能、营造真实生产环境"为建设思路，重构"共享基础实训室""岗位技能实训室"，推动"产教融合实训基地"建设，强化岗位技能实训，建成高水平实训基地8个。

6. 以"建载体、创机制"为举措，打造技术技能创新平台

聚焦时尚女装产业"时尚、科技、绿色"转型升级需求，以提升自主创新能力为核心，以加强时尚女装产业技术研发和成果转化为抓手，构建多层次、宽领域、高水平的科技创新、产教融合平台体系，发挥带动时尚女装产业结构调整和经济增长方式转变的引擎作用，推进企业科技进步，带动时尚女装产业整体升级，建设期内培育5个以上技术服务团队，技术服务到款额800万元，技术服务转化企业收益2000万元。

7. 以"建平台、创品牌"为抓手，提升社会服务水平

在总结"达利现象"成功经验的基础上，试水"混合共建、委托共管、发展共赢"的混合所有制办学。依托杭州市公共实训基地，整合在杭品牌女装企业资源，打造"全国女装高技能人才培训中心"，面向区域、产业和服务"女装产业国际化"，开展技术技能培训。服务精准扶贫、军民融合等国家战略，打造一批社会服务品牌项目。

8. 以"建标准、促交流"为主线，提升国际交流与合作水平

依托国家级服装专业教学资源库，联合香港理工大学、意大利欧洲设计学院、达利国际等院校、企业资源，开发女装职业教育教学国际标准。服务"一带一路"建设和国际产能合作，建成柬埔寨"鲁班工坊"和尼日利亚"西泠学堂"。联合杭州女装办，筹建"国际丝绸女装文化交流中心"，加强国际双向互动交流，开阔师生国际视野。

9. 以"强协同、融资源"为旨归，健全可持续发展保障机制

一是强化组织保障，完善多方协同管理机制。二是强化自我造血，构建社会资源反哺专业群建设机制。三是强化质量管理，健全专业群动态监控机制。

(三) 建设成果

1. 推进人才培养模式改革

创新实践基于"双线双融"（"岗位基本能力"和"岗位拓展能力"实现

双线并进，"X"证书标准与专业课程内容实现课证融通）的"小工坊大秀场"工匠型人才培养模式改革，获省教学成果特等奖 1 项，入选国家级课程思政示范课程 1 门，学生获全国技能大赛一等奖 12 项（含行业），全国技术能手称号 2 项。携手达利集团深化校企共同体迭代升级，成功申报省级产教融合型企业；对接"1+X"证书制度重构"岗课赛证创"五位一体课程体系，入选省级课程思政示范课程 2 门、省精品在线开放课程 3 门；深化中国特色学徒制改革，创新"小工坊大秀场"工匠型人才培养模式，获中国纺织工业联合会纺织高等教育教学成果一等奖 2 项。

2. 强化课程教学资源建设

高标准建成国家级教学资源库 2 个，颗粒化素材总量超 2.5 万件，主持和参与制定国家（行业）标准 4 项。行企校合作建成国家级服装专业教学资源库和国家级传统手工艺（非遗）技艺传习传承与创新资源库，新增高质量素材、案例、企业培训包等 4000 余件，年更新率 10%以上；融合一线成衣、3D 数字展示、三维试衣等新技术新工艺，建成实物展示、新技术体验和研讨三位一体服装特色资源中心。作为组长单位牵头完成针织专业国家教学标准研制，参与制定服装制版师职业技能标准，全面彰显"双高专业群"的引领示范效应。

3. 深化教材与教法改革

依托服装虚拟仿真实训室、虚拟工厂教学资源中心，融入企业真实工作任务实施"教室即版房"的现场教学，立项国规教材 3 本，开发国家级"1+X"证书培训教材 2 套。推进岗位标准引领、行业新技术融入、国家教学资源支撑的教材建设，开发 30 余本新形态数字化校本教材。推行"创客理念、项目载体"的教法改革，受《中国教育报》等 10 余家媒体广泛报道，辐射阿克苏职业技术学院等 15 所职业院校。携手达利集团等高标准建成基于 VR、AR 技术的虚拟仿真实训室、虚拟工厂等国内一流信息化教学资源平台。

4. 打造高水平教师教学创新团队

实施"四大工程"，培育国家"万人计划"教学名师 1 名，全国优秀教师 1 名，国家级课程思政教学名师 5 名，立项省级教学创新团队 1 个。分层分类、"双岗双责"推进"善教学、精技能、会研发"的双师团队建设，强力打造了一支"名师名匠"引领、整体优化的高水平师资队伍。建成国家级双师培育基地 1 个，教师企业工作站 3 个，2 名教师获全国职业院校技能大赛优秀指导教师奖，12 人次获省级高职院校教学能力比赛奖项。

5. 打造高水平实践教学基地

政行企校协同建成国家级生产性实训基地，企业捐赠设备 200 余万元。参与制定全国服装专业实训室建设标准。对接女装产业链数字化发展和专业群数智转型，建成国家级女装工业工程生产性实训基地、"全成型电脑横机研发中心"等 4 个产教融合型数智实训中心。联合龙头企业、产业聚集区、地方政府共建"厂中校"校外实习基地，健全完善"开放共享"的运行管理机制。

6. 打造技术技能创新平台

建成"一院六中心"技术技能创新服务平台，服务中小微企业 150 家，完成技术研发任务 2250 项，科研和技术服务到款额近 500 万元。其中，联合达利集团等共建"浙江省高品质丝绸研究院"，协同开展技术攻关；建设女装创意设计协同发展中心，服务中小微企业完成技改项目 53 项，设计款式 13500 余款；建设女装制版技术教育创新中心，培养高级制版师 550 人；共建时尚女装产业大数据研究中心，创建版型数据 6800 余条。建成工程教学中心 4 个、大师技术服务中心 6 个和学生创新中心 5 个，孵化学生创业项目 43 个。

7. 提升社会服务水平

校地共建混合所有制产业学院，牵头成立时尚女装产业联盟，成立中国毛针织人才培训基地和中国针织面料研发平台，完成培训 3.1 万余人次。校地合作共建龙渡湖国际时尚产业学院，创新"混合共建、委托共管、发展共赢"的混合所有制办学模式。连续两年在中国国际服装服饰博览会面向全国发布针织面料流行趋势报告；行企校成立省时尚女装产业联盟，依托两大平台开展服装制版师技能培训及鉴定，制定多项国家级技能标准及题库，与中小微女装企业签署技术服务项目 33 项，开展技术技能培训项目 50 项；为中小学生开展职业体验教育 1800 人次，对口帮扶中西部院校 6 所。

8. 提升国际交流与合作水平

开展中意合作办学项目，发起成立"一带一路"纺织服装职业教育联盟，

携手达利集团共建海外丝路学院。服务杭州打造时尚 e 都的战略，融合意大利时尚设计教育的创新理念和优质教学资源，本土优化 14 门国际化课程标准，联合培养具有国际视野的时尚女装设计人才，350 余套学生作品参加了上海国际时装周专场秀展演。建设丝路学院，助力中小微企业海外布局，为 33 名菲律宾丝路学院学员开展技术培训。

9. 健全可持续发展保障机制

创新校地合作混合所有制办学新机制，建立技术研发成果转化激励机制，创新多元投入、优势互补的专业群可持续发展机制。充分利用和吸纳政行企校资源，构建专业群建设经费的自我投入机制，强化专业群自我造血功能，社会服务到款实现逐年提升；建立技术研发成果转化激励机制，技术服务收入年增加 12%。建立信息化教学管理及诊断反馈机制，赋能专业群高质量发展。

二、V 职业技术学院的鞋类设计与工艺专业群

V 职业技术学院的鞋类设计与工艺专业群为"双高计划"高水平专业群，由鞋类设计与工艺专业、服装与服饰设计专业和产品艺术设计专业等专业构成。

（一）组群逻辑

1. 专业群与产业的对应性

随着制鞋企业的转型升级，企业对高素质、高学历、高技术人才需求会越来越大。专业群充分发挥设计资源的溢出效应，嵌入区域产业布局，聚焦产教融合，突出时尚化、数字化、国际化，立足于文化创意、时尚设计领域，培养具有文化底蕴，掌握专业设计、智造和展示技能，适应新发展需求的高素质技术技能人才。

2. 专业群人才培养定位

以"资源整合"为前提，以"集成创新"为手段，以"设计输出"为路径，向时尚设计产业输出设计人才、设计前瞻思维及设计专业技术，旨在为区域的时尚设计产业培养高素质人才，推动产业的发展和转型，为区域打造时尚之都提供有力的技术支撑。

3. 群内专业逻辑

群内各专业相互依存度高，专业之间的认同度和包容度高，在兼顾职业教育与艺术设计教育内在规律的同时，也能够有效地对接区域产业发展需求，将专业集群效应发挥到最大化，多角度协同助力区域鞋服等轻工时尚产业提质升级。鞋类设计与工艺专业为核心专业，培养鞋类行业（领域）具有良好职业道德且适应鞋革行业迫切需要的，从事鞋类样板设计、鞋类造型设计、鞋类生产管理，以及鞋类技术营销（电商）、鞋类科技管理、鞋类技术创新等高素质技术技能型专门人才。服装与服饰设计专业培养理想信念坚定，能熟练应用智能设计开发新兴技术，独立完成服装造型设计、结构设计、工艺制作全流程开发，具有时尚潮流预判力的服装设计师、服装样板师、服装营销技师等复合型高素质技术技能和创意创业人才。产品艺术设计专业对接传统制造产业及互联网产业，面向家具电器、文创礼品、教玩具、洁具卫浴等行业培养产品艺术设计开发人才。

（二）建设举措

1. 人才共育，打造人才培养新范式

"固巢养凤"培养高素质技术技能人才。专业群依据产业链分工对人才类型、层次、结构的新要求，创新采用"2+1"产教融合育人模式。学生大一、大二年级在总校学习基础知识和技能；大三年级进入设计学院，根据自身兴趣、能力，双向选择进入不同方向的大师工作室。在教师和企业技术骨干团队带领下开展企业真实项目研发，通过开放学习场域、师资结构、教学内容，实施"双元六共"，实现学习即实践、成果能转化，确保人才链与区域时尚产业链精准对接，为企业发展提供技术技能人才支撑。

2. 行业共赢，打造校行融合新样板

专业群与中国服装协会、中国纺织服装教育学会等行业协会深度合作，落地中国纺织服装教育学会人才培训基地和省级鞋类设计师技能人才评价专家培养基地，针对全国设计人才开展"产品时尚化""技术多维化""品牌高端化"等精英化培训服务，满足新时代企业培养智能定制技术技能复合型人才需求，助推产业升级。

（三）建设成果

1. 创新人才培养，"设计工匠+"人才结硕果

构建时尚产品设计智造复合型人才培养模式，采用"产业面定基础、技能线定方向、岗位点定深度"课程体系，培养"具备创新创造能力、掌握智能新技术、适应个性化定制和数据化信息化网络化时代发展"的"设计工匠+"人才。依托此模式，建有专升本职业教育本科试点专业2个；获批"1+X"证书项目3个，完成界面设计、服装陈列设计等认证1400人；提技能促发展，学生获竞赛奖项110项，其中国家、国际奖项10项。

2. 更新教育资源，国家资源库引领数字教学

按国家级资源库建设要求，与行业、企业共建专业课程数字化资源，完成引领时尚产品研发的系列网络在线开放课程55门，其中国家级、省级等立项30门。整合时尚产业数字资源建设虚拟设计学院，建有时尚产品虚拟"一院四馆一库"，综合利用虚拟仿真设计技术、分布式云渲染技术与VR技术等多项先进设计技术，为线上教学与成果展示提出了新的思路与发展方向，加速推动时尚产业的数字化进程。

3. 创新教学实践，教材、教法深化课堂革命

围绕培养"设计工匠+"，聚焦行业革新岗位，以企业研发项目为主线，校企联合编著时尚产品设计智造类多元特色系列教材25本。高标准建设智慧教室和综合实训室，落实融合富媒体全感知循环教学法应用，促进学生内驱意识，提质培优。总结沉淀优秀教学经验，完成教改课题56项，其中国家级、省级18项；实现课程思政大满贯，国家、省级课程思政项目立项8项、省级课程思政教学改革系列活动获奖6项。

4. 提升双师素养，国家级团队引领专业发展

牢记立德树人初心，紧密衔接时尚产业发展，成功获批国家级教师教学创新团队1支、首批国家级课程思政教学团队1支、国家级课程思政教学名师5人，入选全国第七届黄炎培职业教育奖"杰出教师奖"1人。联合国家高新企业、协会商会、智造企业，建设"双师型"教师培训培养基地7个，"双师型"教师比例达91.23%。建有一支师德高尚、业务精湛的专业化教师队伍，斩获全国职业院校技能大赛教学能力比赛一等奖1项，省级奖项3项，

在全国同类专业中具有典型示范引领作用。

5. 深化产教融合，国家级基地赋能校企合作

依托国家级众创空间、省市级研发平台、设计大师平台，联合行业龙头、骨干和高新技术企业，持续按照国家、省级实训基地标准，改造升级各专业实训室。已建成产教融合实训基地 8 个，其中省级以上实训基地 6 个，市级公共实训基地 3 个。以先进智造技术为导向，进一步完善国家级鞋类专业生产性实训基地，新增实训基地总面积 765 平方米，新增工位数 190 个，教学科研仪器设备值 720 万元。

6. 搭建技能平台，助推时尚产业高水平研发升级

聚焦区域时尚产业转型升级短板，依托国人形体数据采集、数字化设计等技术，建成行业首家国家万人领军人才工作室 1 个、校企研究院或研发中心 31 家。与医学领域院校、科研机构跨界合作，组建中国足踝健康装备研究院和中国足踝健康装备工程中心，建成中国青年脚型数据库；获批鞋类等科技创新团队 3 支。开展国家级、省市级科研项目 30 项；研发完成省级新产品 48 项，获发明等专利 124 项，技术转让额 300 万元，成为助推区域时尚产业转型升级的核心力量。

7. 组建产教联盟，国家级联盟服务效益显著

依托行指委、专指委主任单位，牵头建立了全国鞋服饰品产教融合联盟，助推验收 2 家省级产教融合型企业。对接浙江时尚产业，服务企业 4349 家；开展社会培训 15465 人日，职业鉴定 1800 人次，"1+X" 人才培养 1508 人次；开展各类技术服务，到款额达 1070 万元，助推产业增加产值累计 13 亿元，充分发挥了培养培训、科技研发、集成创新的协同作用。

8. 促进国际交流，多平台模式助推合作显效

引进国际优质职教资源，与意大利米兰 ACME 美术学院合作举办服装与服饰设计专业高等专科教育项目。建有海外实习基地 1 个，开展中意双语交流研习坊、中意时尚设计技术交流等系列活动，完成线上培训和交流 143 人次；建设世界时尚潮流创新高地，开展国际时尚设计高峰论坛活动，分享中外理念，培训境外员工 120 人，提高国际竞争力。鼓励师生参与国际竞赛，荣获国际时尚产品设计类大赛奖项 26 项。

9. 优化保障机制，可持续发展保障双高建设

形成"多方参与、持续改进"的专业群动态建设机制，组建鞋类设计与工艺专业群建设指导委员会，建立专业群人才培养、产教融合、经费管理、团队建设等"四个特区"。给予设计学院工作室开展产教融合项目专项支持；予以"双高"专业建设经费60万元支持，增强专业负责人调控权；开展各类社会服务并自主支配收益。

三、D职业技术学院的家具设计与制造专业群

D职业技术学院的家具设计与制造专业群为"双高计划"高水平专业群建设专业，由家具设计与制造专业、家具艺术设计专业、环境艺术设计专业、工业设计专业、工业机器人专业与机电一体化专业六大专业构成。

（一）组群逻辑

1. 坚持基于区域产业的特色化办学

D职业技术学院设计学院家具设计与制造专业群聚焦服务区域泛家居万亿产业集群，融合区域特色产业，构建专业群，形成与区域优势特色产业同生共长的机制。实现了专业群与区域特色产业经济的协同融合发展，充分利用区域产业优势资源，推进专业群特色化发展。坚持基于区域产业特色化办学与人才培养，不断提升人才培养优势和核心竞争力，不断提高对区域特色产业经济发展的人力资源支撑。

2. 专业群人才培养定位

依据我国家居产业转型升级的需求，对接设计、制造、营销的家具行业产业链，以设计与制造所需人才培养为重点，组建以家具设计与制造专业为核心，以家具艺术设计、机电一体化技术（家具制造及装备）、工业机器人技术（家具生产）、环境艺术设计专业为支撑的专业群，推进创新设计与智造技术优势互补、资源共享、相互支撑，共同培养复合型、创新型人才。

3. 群内专业逻辑

家居产业包括家具、家电、家装、建材、饰品、智控等类别的产品和产品间的资源整合服务，我国的家具、家电、家品设计、环艺等产业均需要大量的家居产业人才，专业涵盖从过去的单一设计发展到今天的家具设计、家

电设计、家装设计、家品设计、智控设计等全方位、多范围的设计领域。因此，家具设计与制造国家高水平专业群只有通过整合家具设计与制造专业、家具艺术设计专业、工业设计专业、环境艺术设计专业，以及工业机器人、机电一体化等多个专业，才能更有效地匹配家具、家电、家装、智能控制等家居领域的综合设计专业人才的需求。

（二）建设举措

1. 打造家具人才培养高地

聚焦"家具设计+智能制造"复合型、创新型人才培养。通过引进和培养、校企双向流动，吸引行业权威、具有国际影响的家具设计大师、家具制造名匠进校任教。打造覆盖家具设计前沿理念的课程与教学内容，引入国际教学资源，打造家具人才培养高地。

2. 打造家具技术技能创新平台

打造专业群高水平共享型技术技能创新平台，联合企业打造家具数字化制造示范工厂，支撑师生设计与作品创新及市场转化。建设市场化运营的"家居设计研究院有限公司"，成为家具设计创新中心与制造技术支持基地。

3. 打造中式家具文化的研究基地

依托"家具文化博物馆""新中式家具研发中心"等平台，加强产品研发，与家具企业一同开展"新中式"家具产品研发，推动有东方文化内涵的家具家居文化发展，为国际家具设计流派增添中国色彩。

4. 深化中国特色世界水平的专业群职业教育模式

校企共同研制具有中国特色、世界水平的家具专业教学标准，对接国际标准，力争成为中国家具专业群职业教育标准的制定者，成为推动中国家具行业职教标准走向海外主要推动者，助力中国家具企业走出去。

（三）建设成果

1. 制定国家专业教学标准，示范引领同专业数字化转型

牵头制定 2 项国家专业教学标准，引领国内同类专业数字化转型。家具设计与制造专业群针对传统家具行业数字化人才匮乏的痛点，通过牵头制定国家级家具设计与制造专业和家具艺术设计专业教学标准，明确高职家具专业数字化升级方向，带动和引领全国 10 余所高职院校家具专业实现专业群数

字化转型。

讲述中国设计故事，进一步扩大在国际设计界的影响。斩获"iF设计奖"，专业群负责人代表中国参加第32届世界设计大会并作主旨发言，传播中国职教经验。专业教师连续三届作为世界技能大赛家具制作项目中国专家组组长，并担任世界技能大赛评委，成为国家职业教育权威。年接待港澳台和国内各类企事业单位1000余人次的来访和学习。

2. 构建大平台，产科教融合推动家具产业转型升级

设立"家具数字化制造中心"，分设板式家具和实木家具数字化制造平台，建成家具工程与装备数字化技术协同创新发展中心、家具数字化设计与制造产教融合创新平台等5个省级平台立项，以产学研项目为导向，推动家具数字化人才培养模式创新，服务家具行业转型升级。2019—2021年，新增立项设计和研发类横向课题项目100项，横向到账金额1000万元；新增纵向课题40项，到账金额250万元；新增发明专利授权31项，成果转让18项；技术服务推动行业产业发展增值近7000万元。通过合作共建、企业捐赠等形式，与德国豪迈、德国海蒂诗、南兴装备、宏马数控、酷家乐等头部企业共建家具数字化制造示范工厂、共建家具数字化核心课程，创新家具数字化人才培养模式，获省教学成果一等奖，毕业生入职高端企业和高端岗位的比例达37%。

3. 行业标准推动，教学资源库支撑，实现产教良性互动

参与制定行业标准，引领和规范国内家具产业发展。设计与制造专业群拥有全国标准化技术委员会委员2名，2019—2021年，新增制定国家标准6项、行业标准13项。通过参与制定国家/行业标准，树立专业群行业权威，汇聚头部企业资源，将产业新技术、新规范、新工艺不断纳入专业教学标准和课程标准中，推动专业群教学改革。持续建设教学资源库，育训并举支持产业升级。主持建设国家级家具设计与制造专业教学资源库，建成线上课程52门，资源总数23783条，总用户数22735人，其中学生用户数10185人，企业用户数12894人。在辐射带动全国高职院校同类专业人才培养质量提升的同时，支持企业员工培训，服务产业升级。

第七章

"双高计划"专业群建设的特色与经验

"双高计划"专业群建设在提升职业教育的质量和效益方面发挥着至关重要的作用。它不仅是深化专业群内涵建设的关键手段,更是展现职业教育外在影响力的核心途径。"双高计划"专业群的建设遵循"九大建设任务"的建设思路,围绕人才培养质量、创新服务、合作交流、保障机制等四个核心维度展开。从中期绩效自评结果来看,"双高计划"专业群在推动职业教育改革与人力培养方面发挥了引领作用,为国家战略和地方经济社会的发展提供了有力支撑,以及形成推动职教高质量发展等方面都取得了一定成效,在九大建设任务中都取得了一些建设经验,并形成了一定的特色。

第一节
"双高计划"专业群建设经验分析

在分析国家 A 档"双高计划"院校各专业群建设的中期绩效目标时,发现各 A 档"双高计划"院校分别在三大领域(即产出情况、贡献度情况与社会认可度情况)实现了期望已久的目标。该种跃升在一定程度上促进了专业群在未来发展建设道路上的可持续性,特别是在处于同一领域内的专业群体中,扮演着龙头角色,充分展现了独特的引领能力和自我竞争优势。

一、产出情况:创新驱动专业内涵建设,促进专业群可持续发展

2015 年,教育部印发了《高等职业教育创新发展行动计划(2015—2018年)》,文件强调,以提高质量为核心,深化专业内涵建设,面向企业的创新需求与国家重点发展产业,依托重点专业(群),校企共建研发机构,提高专业的技术协同创新能力使可持续发展机制更加完善。从产出情况维度出发,国家 A 档"双高计划"学校专业群建设首先展现出来的是强大的固本能力,进而是在专业内涵改革上的不断深化与完善,以及在专业群未来的发展模式与发展道路上呈现长期稳定的可持续性等其他方面:

(1)北京电子科技职业学院组建了工程师学院理事会,成立了专业指导委员会,制定了管理制度,形成了多方协同机制,为专业群可持续发展提供了组织保障和制度保障。

（2）深圳职业技术学院健全了教学工作诊断、改进与激励机制，成立了质量保证小组，在多项内容上进行了建设和完善，首先将课程教学标准、实践教学标准、师资建设规划和师资准入标准作为首要任务，进而针对毕业生就业的相关情况开展工作，通过跟踪机制掌握就业质量、就业动态，并且针对毕业生的岗位适应性进行全方位的把握，并通过反馈机制进一步掌握大量相关数据。

（3）黄河水利职业技术学院成立了"双高"专业群建设领导小组以及专业群建设指导委员会等，对政行企校等多元育人治理机制进行了优化与完善，并落实了多方参与的绩效动态管理与评价机制。

（4）江苏农林职业技术学院成立了由行业、企业以及学校等多元构成的专业群建设指导委员会，并建立了专业群建设质量评价和动态调整机制，从而形成了可持续发展保障机制。

（5）无锡职业技术学院组建了专业群建设工作小组，定期对专业群内各专业的人才培养质量、毕业生就业情况、社会服务业绩进行评价；探索了专业群管理体系优化、制度创新，落实了主体责任，强化了标准要求，出台了运行制度8项。以学校质保体系和内控体系为基础，确保了项目建设决策科学、操作规范、目标导向，促进专业群可持续发展。

（6）山东商业职业技术学院联合行业企业领军人物、高层管理者、业务骨干、职业教育专家，定期召开专业建设研讨会，研讨现代商务服务业发展趋势、专业群人才培养问题。以学校诊改为契机，实施了专业、课程层面"8字循环"诊改，实现了专业群建设质量螺旋上升。

（7）陕西工业职业技术学院按照"瞄准问题、深化改革、鼓励激励、服务发展"的思路，从专业群动态调整、诊断改进、师资管理、产教融合四个方向出发，建成了涵盖教师培养与激励机制、多主体质量保障机制、专业群动态调整机制、产教融合协同育人机制等多项机制的专业群可持续发展保障机制。

（8）天津职业大学基于行校企三方联动，成立了由亚太地区视光师协会主席、国际眼科学科学院院士等组成专业群建设指导委员会，定期召开专业建设指导委员会研讨会议，研判专业未来发展方向，引入第三方评价，完善专业群建设。

（9）金华职业技术学院建立了常态化的内部质量保证体系，并实施了诊断与改进工作机制。坚持"量质并重"与"多方协同"，完善了专业群可持续发展机制；聘请了专家，组建了高水平专业群建设智囊团；聘任了专业群带头人，组建了工作专班；制定并实施了"高水平专业群建设绩效管理办法"，充分调动全员协同参与，保障了专业群建设任务按时、保质完成。

（10）浙江机电职业技术学院以专业群建设项目运行体系为入手点，对于体系内部的多种制度进行了完善，其中包括不同专业之间的协调机制、在教学管理工作中所涉及的制度标准等内容，针对导师的聘用机制及相应的考核标准也进行了补充与完善；完善了专业群运行与诊改制度，为专业群建设提供了制度保障；建立完善了专业群动态发展机制，充分把握与专业所衔接的产业需求，确保了专业群与产业发展动态对接，适时对传统专业进行改造，新增新兴专业，并对专业结构进行调整。

综合分析这10所极具代表性的A档"双高计划"院校，其专业群建设基本遵循多方统筹协作、质量与效率并重的原则，对无法顺应市场发展方向的专业进行及时调整与淘汰，对就业率低的专业进行动态预警与实时跟进，对符合社会需求的新兴专业进行增设，及时发现并解决专业群建设问题，明确专业的具体发展方向。同时，协同地方政府、行业企业、科研院所等多方主体，共同承担专业群建设共同体的具体任务，以共同利益为出发点，进一步带动专业群朝着更高质量的方向发展。

国家级A档"双高计划"院校的专业群建设通常形成专班机制，凝聚合力，实现全校工作高校统一。首先，充分发挥院校中核心力量科学研判专业的发展态势，同时，专业带头人扮演着专班领头人的角色，进一步制定出符合学校发展规律以及实际情况的专业群总体建设方案，进一步详细到分期建设任务点以及具体建设行动计划两大层面，严谨落实每一个项目的负责人。提前规划并制定明确的时间节点，以确保任务能够高质量且如期完成。建设进行中，专家以及组织来访检查是重要环节，可以直接针对其中存在的问题进行指正，优化细节。内部形成合力，外部协同升效，通过多重力量共同推动专业群建设的可持续发展以及高质量发展。

二、贡献度情况：形成专业建设经验样本，引领高职院校同类专业发展

全国 A 档"双高计划"院校的专业群建设所形成的示范性经验，主要可通过三种方式为其他高职院校同类专业的建设发展过程实现引领作用，即由点及面，以面带全、点面结合，可对同类专业群建设产生有益影响，共同发展与进步。

（1）北京电子科技职业学院凭借其《产城教融合人才培养模式创新实践——以北京电子科技职业学院药品生物技术专业为例》的案例，成功入选了教育部产教融合校企合作的典型案例名单，在全国校联会和教育部"双高计划"推进会做典型发言，较好地发挥了示范引领作用。

（2）深圳职业技术学院的通信技术专业群实施的"课证共生共长"人才培养模式，在职业教育改革发展和人才培养方面起到了引领作用；电子信息工程技术专业群形成了可复制、可推广的校企"双元"、分层培养为特色的人才培养模式，推广院校达 12 所。

（3）黄河水利职业技术学院形成了智慧资源"水利样本"，引领了示范同类专业发展；制订了"四优"资源标准，旨在规范提升了教学资源建设质量；制订了"反映内容优、表现形式优、应用效果优、建设效益优"的建设标准，全方位、全过程、多维度地规范教学资源的建设。

（4）江苏农林职业技术学院创新实施了"岗课训赛"融通园林工匠人才培养模式，构建了"名师工作室+企业工作室+大师工作室"的教学团队建设新模式，高质量推进了高职园林类专业的教材建设。

（5）无锡职业技术学院积极推进职业教育教学标准体系建设，参与开发了国家级专业教学标准 3 项，研制开发了系列职业教育教学标准 4 项。

（6）山东商业职业技术学院起草了多项职业教育商科专业教学标准、实训教学条件建设标准，参与了多项职业技能等级标准、团体标准以及国际标准的研制工作；通过标准建设，推动了职业教育商科专业升级和数字化改造，为全国高职院校做出了商科专业建设示范和模板。

（7）陕西工业职业技术学院制定了全国行业技术标准6个，为地方、区域产业、企业提供专项咨询60次，解决中小微企业关键技术难题32个，为20个省市62所高职院校推广建设经验。

（8）天津职业大学主持或参与了11项国家专业教学标准制定；牵头负责职业院校眼视光技术专业目录的修（制）订工作，成功在《职业教育专业目录（2021年）》医药卫生大类下独立增设了眼视光专业类别，并获批成为眼视光技术本科层次职业教育试点专业；坚持德技并修，注重人人出彩，打造课程体系新样本。

（9）金华职业技术学院形成了职业教育新技术课程群建设的模式引领；成为高职教育立德树人、思政教育的典型示范；有效推动了国家层面一批支撑职业教育高质量发展的政策、制度以及标准等的形成；以标准建设为引领，全面开展"标准、标志、标杆"的"三标"建设助力职业教育标准建设。

（10）浙江机电职业技术学院牵头承担了《智能控制技术》国家专业教学标准制定工作；参与制定了《工业自动化仪表》《机电一体化技术》等多个国家专业教学标准；成功研制了一批有效支撑职业教育高质量发展的国家专业教学标准，并建立了国际认可、具有中国特色的高职教育"本土化"专业标准、课程标准以及教学资源等，引领了职业教育专业建设。

通过深入剖析国家级A档"双高计划"院校的贡献度情况，可以发现，在习近平新时代中国特色社会主义思想的指导下，在科教兴国战略、"一带一路"倡议等的引领下，为服务建设现代化经济体系对高素质技术技能人才的需要，实施就业优先战略，A档"双高计划"院校在专业群建设方面确实积累了可复制、可借鉴的经验和模式，并成功形成一批有效支撑职业教育高质量发展的政策、制度和标准等，以引领业内同行、同类专业群发展，探寻一条符合中国国情的高职院校专业群特色化建设道路，进一步推动新时代职业教育实现高质量发展。

这些学校以职业教育是类型教育为重要抓手，紧盯产业变革与科技创新，其力量主体包括多种，例如地方政府、相关企业以及各大院校和主要科研机构等。在这些强大合力的推动下，共同开发专业教学标准、职业技能等级标准甚至国际行业标准等系列与专业群相关的核心标准，不断凝练专业标准的特色,提升专业群建设的内涵。同时,A档"双高计划"院校将产教融合和科教融汇作为项目建设的落脚点与发力点,共建具备高度专业性以及开放性的产教融合型实习实训基地,推动协同创新合作交流平台的不断扩大与更新,实现多层次、跨领域发展,进而培养大批高质量技术技能人才,同时也为其他高职院校专业群的建设以及发展模式提供了范例,发挥引领作用。

三、社会认可度情况:提升专业核心竞争力,健全多元办学格局

与其他专业相比,专业群核心竞争力为显著优势,同时也为其独家优势,并涵盖了品牌性以及特色性两大主要特征。作为国家级A档"双高计划"院校,其专业群建设在社会认可度上的实际成果主要体现在学生、毕业生、教职工、用人单位以及学生家长这五大方面。此外,这些专业群项目还受到了业内、行业以及国际影响力因素的积极影响,进一步提升了其在社会上的认可度和声誉。

(1) 北京电子科技职业学院服务首都航空产业线,助力区域发展共同体建设;2个专业群入选了国家双高专业群,5个专业群获批了北京市特高专业群;汽车制造与装配技术专业群以及药品生物技术专业群均呈现出学生满意度高、企业认可度高以及业内影响力大的良好发展局面。

(2) 深圳职业技术学院建成了一批具有国际竞争力的高水平专业群;通信技术专业群在学生家长认可度、行业企业认可度、业内影响力以及国际影响力等方面取得了显著的良好成效;电子信息工程技术专业群在用人单位认可度、毕业生认可度、行业企业认可度均在90%以上。

(3) 黄河水利职业技术学院在校生认可师德师风、教学教法和信息化;毕业生对人才培养质量给予高度评价专业对口率较高;教职工认可资源建设、社会服务和团队建设;学生综合能力强,深受企业青睐,用人满意度高;家长认可对学生的培养和就业质量高。

(4) 江苏农林职业技术学院的现代农业技术专业群中的核心专业在全国同类专业排名中位居前三。其中,农业类专业位列分专业类竞争力排行榜的首位;此外,该校两个专业群在近三年服务对象满意度调查中,无论是在校

生、毕业生、教职工、用人单位还是家长方面,满意度均达到了95%及以上。

(5) 无锡职业技术学院的数控技术专业群、物联网应用技术专业群2个专业群核心专业竞争力均位列全国第一;在校生、毕业生、教职工、用人单位以及家长等各方面的满意度均处于高位水平。

(6) 山东商业职业技术学院的云计算技术与应用专业群高度重视个人充分发展,在校生满意度和毕业生满意度均较高;该专业群在同类专业中处于引领地位,深受同行业认可。招聘市场上供不应求,用人单位满意度高;录取分数持续攀升,家长认可度高;主流媒体报道,社会影响持续增强。

(7) 陕西工业职业技术学院的机械制造及自动化专业群在全国981个开设此专业大类的高职院校中处于领先位置。调研结果显示,在校生满意度达98%,毕业生满意度达96%,教职工满意度达98%,用人单位满意度达99%,家长满意度达95%。

(8) 天津职业大学的眼视光技术专业群将学生的全面可持续发展作为首要目标,不断更新培养方案、针对实训条件进行改善与提升、充分开发多种学习资源,服务于眼视光技术专业群的建设,学生总体满意度98%;搭建岗位实习平台,开展就业指导服务,建立跟踪评价机制,毕业生总体满意度99%;创新教师聘用管理的体制机制让教职工感受专业群发展潜力,提升教师职业情怀,教职工总体满意度达100%;用人单位对毕业生的能力素质给予了高度认可,对毕业生各项工作能力的总体满意度达100%;学生家长认为其子女通过在学校的学习和生活,综合素养方面均有较大提升,家长对专业群教师满意度达100%。

(9) 金华职业技术学院立足"高原上再树高峰"打造了机制、学前、护理3个"卓越"级专业群,综合实力居全国前列;在校生、毕业生、用人单位、学生家长以及教职员工对学前教育专业群建设的满意度均超过99%。

(10) 浙江机电职业技术学院的专业群工业设计专业位列高职院校分专业竞争力排行榜第一,机械制造及自动化专业在排行榜上位列第二;智能制造专业群人才培养质量显著,学生、企业、社会、家长的家长满意度均超过90%。

通过对A档"双高计划"院校在社会认可度情况方面的深入分析,可发现:一是面向在校生,注重提升学生专业水平、职业技能、综合素质和个人可持续发展，通过不断完善实训环境与条件，充分发挥人才培养模式的多元化，深入发展以工匠精神为引领的文化育人，深化校企合作、产教融合，切实提升学生作为高质量创新型技术技能人才的核心竞争力。二是面向毕业生，不仅注重毕业生的就业问题，还兼顾创业环境与发展态势，为毕业生提供高质量的实习交流平台，进一步拓宽毕业生的就业渠道。三是面向教职工群体，将人才强校这一战略作为入手点，通过完善薪酬分配等多方面激励举措，激发教职工的工作潜力与积极性，切实提升教职工的认同感、幸福感与获得感。四是面向用人单位，专业群充分考虑产业培养的严格需求，立足于企业实际需要，并且以毕业生职业素养、职业技能、可持续发展能力作为主要考虑层面，尽可能为企业提供优质人才。五是面向学生家长，专业群持续构建家校双向合作育人新环境，以生活实践条件以及教学条件两大层面作为立足点，充分提高学生的实践技能以及学习能力，并在家长群体中获得了可观的信任度。除此之外，国家级 A 类"双高计划"院校专业群在业内影响力、行业认可度、国际知名度等核心竞争力方面均有所提升。

第二节

"双高计划"专业群建设特色做法

"双高计划"专业群建设涵盖了 18 个专业大类，针对不同领域的特色经验与做法，旨在推动学校和专业群高质量发展，紧盯"引领"、强化"支撑"、凸显"高"、彰显"强"、体现"特"。通过分析"双高计划"建设单位公示的中期绩效自评报告与目标情况，可以发现"双高计划"专业群在引领职业教育改革发展与人才培养方面，和支撑国家战略与地方经济社会发展等方面，以及在形成一批有效支撑职业教育高质量发展的国家层面政策、制度和标准等方面，展现出了不同形式的特色。

一、金华职业技术学院：坚持产教融合，以"实体化、一体化"产教综合体建设模式实现校企合作体制机制新突破

金华职业技术学院聚焦职业教育产教融合痛点，从实体化运作和产学研

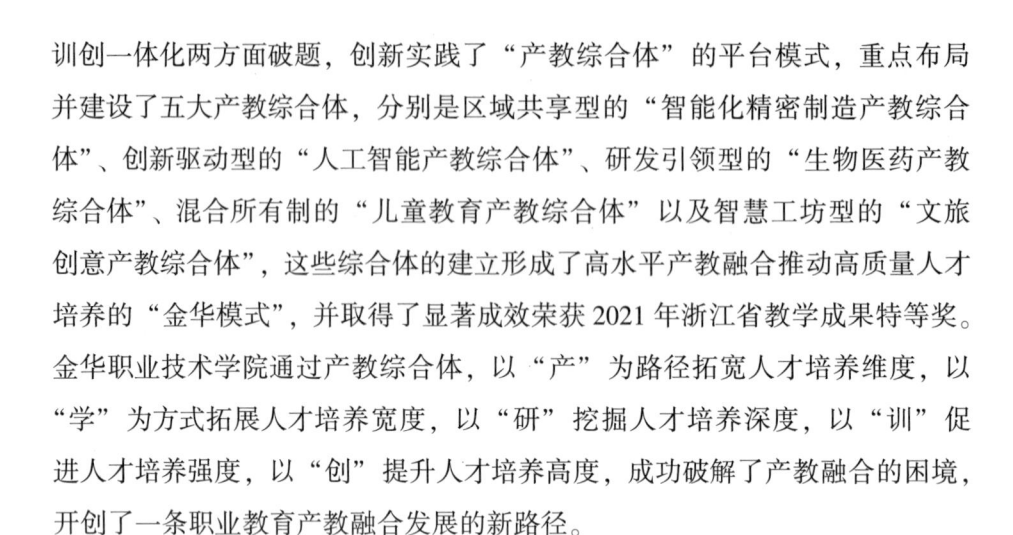

训创一体化两方面破题，创新实践了"产教综合体"的平台模式，重点布局并建设了五大产教综合体，分别是区域共享型的"智能化精密制造产教综合体"、创新驱动型的"人工智能产教综合体"、研发引领型的"生物医药产教综合体"、混合所有制的"儿童教育产教综合体"以及智慧工坊型的"文旅创意产教综合体"，这些综合体的建立形成了高水平产教融合推动高质量人才培养的"金华模式"，并取得了显著成效荣获2021年浙江省教学成果特等奖。金华职业技术学院通过产教综合体，以"产"为路径拓宽人才培养维度，以"学"为方式拓展人才培养宽度，以"研"挖掘人才培养深度，以"训"促进人才培养强度，以"创"提升人才培养高度，成功破解了产教融合的困境，开创了一条职业教育产教融合发展的新路径。

二、无锡职业技术学院：助力产业升级，创新智能制造专业集群建设模式

无锡职业技术学院系统构建"双标同步、三集统筹"智能制造专业集群。针对智能制造系统和产业链的智能设备、智能工厂、智能使能等关键技术领域，系统性地构建了由数控技术、物联网应用技术等7个专业群组成的智能制造专业集群，实现了专业集群的整合、资源的集成以及管理的集约。

三、山东商业职业技术学院：构建"专业群建设逻辑体系"，增强专业（群）适应性

山东商业职业技术学院以"对接产业链、增强适应性"为目标，围绕高等职业院校的类型教育特征和办学规律，学校"高水平"专业群形成可复制推广的"专业群建设逻辑体系"。在诉求、策略、导向等方面充分理解职业院校育人方向，解决"为何建"的问题；在优化专业结构、共建共享资源、重构治理体系以及凝聚办学特色等方面，精心布局建设路径，旨在解决"如何建"的核心问题；在科学组群、课程重构、因材施教以及产学研融合等方面，积极探索并实施具体举措，以解决"怎么建"的实际问题；从产业契合度、校企协同度、发展贡献度、学生成才度等方面对建设成效展开评价，解决"科学评"的问题。

四、北京工业职业技术学院：服务首都高质量发展，创新"四路并进、产教闭环驱动"专业群智能化转型升级路径

北京工业职业技术学院的机电一体化技术专业群致力于服务首都智慧城市的运行，依托国家、北京市和行业教研课题研究成果，通过系统创新实践，形成了顶层有设计、底层统筹实施的专业群智能化升级范式，在理论和实践上均取得创新，引领了职业教育专业升级和数字化改造，破解了"专业群智能化转型升级缺乏整体体系设计"难题。聚焦首都经济发展和产业技术革命新需求，秉持深化城教融合、校企合作育人理念，依托施耐德、京东工程师学院等创新实践平台，系统综合技术、体系、模式、条件升级要求，服务城市运行保障行业数字化赋能改造，形成"四路并进、产教闭环驱动"专业群智能转型升级路径。

五、河北工业职业技术学院：架构"一体两翼"平台，打造钢铁冶金行业特色技术技能创新体系

河北工业职业技术学院面向钢铁、装备制造、节能环保等河北重点行业产业，分层次、有重点加大对科研平台和基地的建设力度，校企共建金属材料深冷制备技术与科学重点实验室等省级技术创新中心6个，利用"教授+博士+技能大师"创新团队智力优势，重点开展硅钢带材、切削材料涂层、冶金工业过程数字化等领域应用技术研究，显著提高学校的总体研发实力与企业的综合竞争力。同时，坚持将企业真实的技术要素等融入人才培养过程中，将最新的科研成果转化为教学案例与资源，从而形成了科研项目反哺教学的校企互动机制，逐步实现"科研—开发—产品—市场"的良性循环。

六、辽宁省交通高等专科学院：秉承"理实一体、三个融合"的教育理念，持续深化"三教"改革

辽宁省交通高等专科学院形成了"理实一体、三个融合"的"三教"改革特色，即"师资培养——学校培训与企业实践相融合、教材开发——教学

标准与企业标准相融合、教学模式——教学过程与生产过程相融合"。注重"师德铸魂、惠师强师",助力教师队伍高质量发展,汽车专业群创新了"六位一体、五维五段、双元互动"的教学团队建设模式,并成功获评首批国家教师创新团队。着力高水平教材建设,探索与实践了基于产教融合的"四位一体、一核两翼"高质量教材建设模式。

七、常州信息职业技术学院：以工业互联网为引领,深耕软件技术专业群建设,打造特色"常信模式"

紧密围绕工业互联网产业的发展趋势、技术应用的实际需求以及学生的认知与成长规律,融入劳模精神、劳动精神、工匠精神,以工业互联网岗位工作标准为主线,以"简单项目、模拟项目、真实项目、企业项目"为载体,深化了"项目载体、能力递进"的教学体系,创新了"线上线下结合、理论实践融通、教师学生互动"的课程学习方式,并成功创建了"职业情境、项目育人"的软件技术专业群人才培养新模式。组建"政行校企"多元主体专业群课程开发团队,对接工业互联网产业职业标准,更新完善软件技术国家专业教学资源库,建立系统科学的资源认证标准和共建共享的使用机制,打造智慧学习平台,形成了软件技术专业群平台、课程、教学资源校企共建开放共享的新生态。

八、杭州职业技术学院：一体两院、同生共长：电梯类技术技能人才培养生态构建与实践

杭州职业技术学院电梯工程技术专业群基于生态系统理论,依托行业撬动企业资源,共建行校企共同体,构建行业引领、多元主体协作的育人新格局；共建电梯产业学院,构建三链对接、育训合一的育人新体系；共建电梯产业研究院,构建了多维一体、科技引领的育人新平台；形成"一体两院、同生共长"的电梯人才培养新生态。

九、浙江金融职业学院：发挥国家级数字化资源的积蓄优势,构建财经商贸大类专业数字化教学新范式

浙江金融职业学院精准应用"大智移云物区"等新技术,建成智能化教

学数据中台，实现教与学双向数据的采集、清洗、储存、挖掘、分析，制订个性化、智能化方案，构建能够无缝衔接、智能教学、自然交互、实时评价、全程记录的教学新场景，打造数字化教学新基建。基于动态产业需求与新技术影响重构课程，研发数字化教材；变革教学模式与方法，推动个性化学习，基于问题推进自驱动学习、体验式学习，提供跨专业、学科学习指导与支持，建立以人为本的智慧教育生态系统。

十、长沙民政职业技术学院：创新驱动，构建智慧民政人才供给的O2O（线上线下）模式

长沙民政职业技术学院通过场景熏陶、项目实施和志愿者活动，将"爱心、热心、耐心、细心、恒心"等民政匠心和"精益求精、不懈追求、开拓创新"等IT工匠精神相融合，为智慧民政人才筑牢德育根基。从智慧养老、智慧家政、智慧殡葬等民生领域选取典型民政信息化工作项目，通过项目的解构与重构，在学习场域中再现民政信息化场景。着眼于提升民政行业从业人员的智慧化信息化素养，加强教学和培训资源建设，对标智慧民政人才供应链，开发O2O（线上线下）人才培养资源。

第三节

"双高计划"专业群建设共性经验

一、以市场为主体，面向经济社会培养专业人才

在推进专业群建设的过程中，高校必须紧密围绕经济社会发展的实际需求，确立以人才培养为核心、服务经济社会发展为导向的理念。这意味着高校不仅要关注学术研究和知识传授，更要注重培养学生的实践能力和社会责任感，确保他们毕业后能够迅速融入社会，为经济发展做出贡献。为实现这一目标，高校在构建高水平专业群时，纷纷结合自身的办学特色和优势资源，形成了各具特色的专业群建设模式。这些专业群不仅涵盖了传统的学科领域，还积极引入新兴产业和交叉学科的内容，确保专业设置与时代发展的步伐同

步。同时，高校还主动将人才培养目标与本地区的经济发展方向相对接，甚至放眼全国乃至全球的经济趋势，力求培养出能够满足市场需求的高素质技术技能人才。这些人才不仅具备扎实的专业知识，还拥有良好的实践操作能力、创新思维和团队协作能力，能够迅速适应并推动经济社会的发展。通过这样的专业群建设，高校不仅提升了自身的办学水平和竞争力，还为经济社会发展提供了持续稳定的人才支持。这种紧密结合使高校成为推动经济社会发展的重要力量，也为学生的成长和发展提供了更加广阔的舞台。

（一）立足于市场发展完善专业

当前，我国工业化、城镇化、现代化的进程不断加快，应用型人才的缺乏是一个显著的问题。然而，这一问题的存在同时也为职业教育的发展带来了前所未有的机遇和挑战。职业教育发展是提供应用型人才的重要渠道，以高职院校为主体，首要目标为培养技能型实用人才，来弥补当前的人才缺口，并为产业的发展提供高质量的人力资源支持。"双高计划"院校在高水平专业群的专业设置上投入了更高的教育成本，这一举措旨在进一步发挥出专业的核心优势与竞争力，从而提升学生的实践能力和就业竞争力。

（二）立足于岗位需求优化课程

立足于教学过程这一整体，课程作为其中的重要元素，同时也是基本元素，不仅实现教与学的连接，同时也是人才培养的重要依据。因此，合理的课程体系设置与课程教学内容安排对于学生知识的获取以及职业技能的实用性发挥着重要作用。一方面，"双高计划"专业群建设突破传统，合理有效地缩短了理论教学时长，进一步增加了学生学习实用技能并投入实践的时间，并丰富实习内容，促使学生提前了解当前社会、企业以及市场的就业信息与发展情况。另一方面，在课程安排上重点发挥出课程的实用性以及拓展性和针对性等特点，将所学内容与实际岗位需要密切连接，注重学生综合职业能力培养，将培养目标具体化。此外，在学校中逐渐树立职业人这一角色的概念，并且从该角色出发，回到实践当中，不断提升自我职业素质与能力。

（三）立足于实践推动教改

注重职业技能培训并强调实际操作，是高水平专业教学的最显著特征。

部分"双高计划"学校在其核心专业建设过程中实施了新型人才培养模式，即"2+1"人才培养模式。这意味着三年制学生的教育和管理分为两个主要阶段，其中数字"2"代表在前两年中，学生在学校期间，需要接受职业岗位所必备的专业知识、基础理论以及职业基本技能的学习，并进行综合职业素质的培养。而数字"1"则代表在最后一年，学生将前往专业对口的相关企业进行为期一年的顶岗实习。在实习过程中，学生可以得到职业培训，对于综合素质以及职业技能均具有一定的提升。这种极具创新精神和前瞻性的办学理念与人才培养，是从理念到实践的全方位革新，将职业教育与社会的需求、行业的技巧和岗位的知识紧密结合，拓宽了学生理论储备与技能标准的渠道，确保学生能够与行业、岗位和社会实现"零距离"的互动。这一培养模式不仅对职业岗位有很强的针对性，有助于专业的精细化、特色化和品牌化建设，同时也促使学生在企业实习期间获取更丰富的职业经验、专业技能应用能力以及社会实践能力，从而提升学生的就业竞争力。

二、以品牌为驱动，推动课程的集群化与品牌化

学校的核心使命无疑是教学，它是知识的传递地，也是学生成长成才的摇篮。而在这个宏大的教学体系中，专业扮演着基础且至关重要的角色，它是教学内容的划分依据，是学生选择学习方向的指南。专业的设置和建设对于学校的教学质量和社会影响力具有直接的影响。

在追求高水平专业群建设的道路上，创建高质量精品课程成为一项至关重要的任务。精品课程不仅代表着学校的教学水平和专业特色，更是吸引学生、提升教学质量的关键因素。一门精品课程，往往能够汇聚优秀的师资力量，整合丰富的教学资源，创新教学方法和手段，从而为学生提供更加优质、高效的学习体验。

高质量精品课程的创建，需要学校投入大量的精力和资源。从课程内容的策划和设计到教学团队的组建和培训，再到教学资源的整合和优化，每一个环节都需要精心打磨和不断完善。只有这样，才能确保课程的质量和水平达到预期目标，才能真正发挥出精品课程在专业群建设中的引领和示范作用。

通过创建高质量精品课程，学校可以进一步提升自身的教学水平和品牌

影响力，吸引更多优秀的师生加盟。同时，精品课程的建设也有助于推动学校与社会的紧密联系，促进产教融合和校企合作，从而为学校的可持续发展注入新的活力和动力。

（一）树立品牌意识

独具院校特色的教育品牌不仅是高校教学实力和教育特色的象征，更是衡量其特色专业设置是否科学、合理的重要标尺。一个成功的教育品牌能够凸显专业设置的独特性，赋予其强大的生命力和市场竞争力。在此背景下，"双高计划"专业群课程的构建显得尤为关键和重要。"双高计划"专业群课程以品牌理念为核心，致力于形成自身独特的竞争优势。在"双高计划"专业群课程的建设过程中，注重将品牌观念融入教学的各个环节。从课程设计到教学实施，再到学生评价，都始终以提升专业品牌价值和市场竞争力为导向。通过提供高质量、富有特色的课程内容，不仅强化了专业的独特性，更在激烈的教育市场中脱颖而出，形成了具有品牌特色的专业课程体系。这种品牌化的专业课程不仅提升了学生的学习体验，还有效地促进了特色专业群的可持续发展，也为高校特色专业的发展注入了新的活力。

（二）注重实践教学

通过对部分高校近年的毕业生就业率情况与就业率统计数据进行分析，可以发现，大部分就业率高的专业都构建了结合院校特色的精品课程，进一步推动了专业群整体课程体系的优化，从而彰显出精品课程的职业导向、应用导向、技能导向、合理性、实用性、特色性等多种特点，共同推动精品课程的品牌化。"双高计划"专业群建设将学生的实践能力培养置于教学的核心位置。为实现这一目标，首先，打造优质的实训基地，这些基地不仅配备了先进的设备，还模拟了真实的职业环境，旨在让学生在接近实际的工作场景中锻炼并提升实践技能。其次，紧密结合了实际产业链的发展动态，通过深入了解产业链的最新趋势和需求，实训基地的教学元素和功能得以持续丰富和更新，确保了学生所学技能与行业的实际需求保持同步。在资源整合方面，"双高计划"专业群有机整合包括校内外的各种教学资源，涵盖了企业、行业等多方面的资源。通过这种整合，学生能够在更广阔的平台上获得更全面、更深入的实践训练。此外，"双高计划"专业群还紧密结合了当前社会的人才需求标准。在深入分析社会需求的基础上，对职业技能培训模式进行系统化的创新改革，有效提升了学生的实践能力。

（三）共享课程资源

打通优质教学资源在专业之间的流通渠道，实现专业间的协同集聚效应，打破传统教学模式中教学资源的垄断、专业间信息不流通等局面，是由专业建设走向专业群建设的首要目的与重要意义。专业群可以被描述为一种具有聚集性的组织结构，更具体地说，它是一个跨越多个系部或专业的教学和管理机构，专业群产生集聚效应的关键在于资源的共享程度，共享性越高，融合度就越高，发展效果也就越好，在"双高计划"院校高水平专业群的建设中，都遵循资源共享这一基本原则。专业群内的基础课程可以在不同专业间共通，旨在培养学生的基础知识、技巧和思维，这不仅节约了资源，也促进了不同专业之间更好地融合。

三、以重点和特色专业建设为主线，优化专业结构

强化重点专业群建设，意味着高校需要集中优势资源，对某一或某几个具有战略意义的专业群进行重点投入和建设。这些重点专业群往往与学校的办学定位、学科特色和地域需求紧密相连，是学校的核心竞争力和社会声誉的重要体现。通过加强师资队伍建设、完善教学条件、深化教学改革等一系列举措，高校能够提升这些重点专业群的教学质量和研究水平，从而使其在国内外同类专业中脱颖而出。

优先推动高水平专业群发展，是高校在品牌建设过程中的又一重要策略。高水平专业群通常具备一流的师资队伍、先进的教学设施、丰富的科研成果和广泛的社会影响力。高校应通过政策倾斜、经费支持、国际合作等多种方式，为这些高水平专业群提供有力保障和持续发展的动力。这样不仅能够提升学校的整体办学水平和社会影响力，还能够吸引更多的优秀学生和研究者加入，从而形成良性循环的发展态势。

（一）以重点优势专业发展为核心

在教育资源、师资力量和办学环境相对受限的情况下，重点优势专业作

为专业生态系统的"关键少数",对于专业群生态系统的建设发展具有举足轻重的作用,重点优势专业是每一所高职院校的强校之基、立校之本,同时也是专业生态系统发展演化的最重要"引擎"之一。重点优势专业的个体生长构成了专业群生态系统最基础和最重要的内部动力。"双高计划"院校统筹资源,将重点专业群放在发展的首要位置,通过着力打造重点优势专业,合理规划重点优势专业个体发展,配置资源,突出自身发展优势,促进其发展进化,从而发挥重点优势专业的辐射效应,以带动学校其他专业的整体协同发展。

(二)科学规划专业布局

"双高计划"院校集中大量人力、物力、财力来打造具有典型特色的高水平专业群,通过立足区域产业特点,强化顶层设计,合理规划专业群中的核心专业、龙头专业,调整专业群中各个特色专业的组合,优化专业群总体布局,探索并形成了多种专业群发展模式,包括优势特色专业群驱动模式、应用类专业群引领模式以及多专业协同发展模式等。❶ 这种多样化的专业布局为培养多类型、多规格的技术技能型人才奠定了坚实的专业基础。学校根据不同专业的特点和要求,制定了更具针对性的培养方案和教学计划。同时,科学的专业布局还为学校开展跨学科的教学和研究提供了可能。不同专业之间的交叉融合,可以催生新的学科增长点和创新点,进而推动学校整体的学科建设和科研水平的提升。这对于培养具有创新精神和实践能力的高素质人才具有深远的意义。

(三)立足市场导向增设特色专业

国家"双高计划"院校紧密关注经济社会的实际发展情况,特别是新兴主导和支柱产业的动态变化,以此为基础不断调整和优化专业设置,确保教育与市场需求的紧密对接,进而以市场需求为导向,调整专业设置和人才培养方案。同时,"双高计划"院校还特别注重结合地方特有资源和产业优势,打造具有区域性特色的专业群。这样不仅能够充分利用地方的有效资源,推动产教深度融合,还能够为区域经济和社会的发展提供有力的人才支撑和智力支持。在增设新专业时,"双高计划"院校也充分考虑了新专业的发展前景

---

❶ 宋亚峰,潘海生,王世斌."双高计划"建设院校的专业布局与生成机理[J].江苏高教,2021,(2):112-118.

和市场需求。通过增设具有广阔发展前景的专业，学校可以为学生提供更多的就业机会和发展空间，同时也能够推动相关产业的发展，实现教育与经济的良性互动。

四、以对接外部产业为建设前提，更新建设路径

职业教育作为与社会经济紧密相连的教育，承担着培养适应产业发展需求的高素质技术技能人才的重要使命。随着知识生产方式的深刻变革，传统的知识传授以及技能学习方式已难以满足快速变化的产业需求。因此，高职院校的专业群建设必须主动对接外部产业的发展趋势和技术创新要求等，以问题导向为实践路线。专业群的构建，不仅要着眼于教育教学的内在规律，更要将目标聚焦于满足产业结构的调整与升级，以及服务区域经济的持续健康发展。这意味着专业群的建设不再局限于校园内部的教育教学资源，而是要基于更广阔的外部环境，包括产业链上下游企业、行业协会、科研机构等多方力量，共同构建开放、动态、适应性强的专业群体系。大部分"双高计划"专业群的建设都是以对接外部需求为出发点，通过分析可以看出，专业群主要通过"产业链""岗位群"以及"新技术"等介质与外界建立一定的建设联系。

（一）对接产业链

产业链这一概念可以理解为"厂商内部和厂商之间在生产最终交易的产品和服务过程中，所经历的从原材料到最终消费品的所有阶段"。因此，产业链是一个涵盖了从生产到最终消费多个环节的概念。"双高计划"院校在专业群建设时，通过紧密对接产业链的发展，选择适合的专业与产业链中的相关环节进行对应，推进人才链与产业链对接，通过对产业链进行深入的分析和研究，了解产业链的结构、发展趋势以及各环节的技能要求。然后，根据这些分析结果，选择与之对应的专业进行建设，确保专业设置与产业链需求的高度契合。积极开展校企合作、产教融合等实践活动是高职院校的重要策略。通过与企业合作开展实训、实习等项目，学生能够在真实的工作环境中学习和锻炼，从而更好地掌握实际操作技能和解决问题的综合能力。同时，通过对接产业链，高职院校能够更加精准地培养出符合产业需求的高素质技术技能人才。

（二）对接岗位群

岗位群被视为由工作要素知识相同或者相近的岗位所组成的集合。随着产业的转型升级和技术的不断进步，职业种类经历了持续的变迁，新兴职业不断涌现，同时工作方式也不断随之发生变化，这使得当前的职业岗位群与过去相比呈现出很大差异。"双高计划"专业群致力于精准对接区域岗位群，其核心在于聚焦实际工作岗位来培养人才，这意味着要根据企业实际工作岗位需求，来设定人才培养的目标、标准及方案，根据不同岗位的需求调整专业群的课程结构与内容，开展人才培养。在对接岗位群过程中，除了需要紧密对接企业岗位外，专业群还需与企业岗位的管理、技术升级、生产等各方面保持紧密的联系。

（三）对接技术发展

技术发展在产业转型升级中扮演着至关重要的角色，新技术的涌现促进新业态的出现，而新业态又进一步推动了新经济的发展，这已经成为一种"新常态"，尤其是在人工智能时代到来的背景下，各行各业都面临着机遇与挑战并存的局面。在"双高计划"建设的背景下，专业群对接技术发展能整合多学科知识，发挥不同学科间知识技术融合互通的功能，在知识与技术交叉间实现融合与创新。

（四）对接区域经济发展

我国整体经济发展已经迈入高质量发展阶段，产业发展正经历着从"中国制造"向"中国质造"的深刻转变，而区域经济的健康持续发展则成为推动总体发展的强大动力。在未来的经济发展过程中，区域粗放型的传统产业必然会面临淘汰的局面，同时产业布局会出现相应的调整，逐渐向集聚型并拢。高职院校专业群的建设需要在专业选择、课程教授以及校企合作等方面与区域产业发展的步伐保持契合。"双高计划"专业群通过加强校地合作，立足地方，强化区域人才培养，深化校政企协同发展，不断提升服务发展的能力，通过推进"产学研用"，建设产业学院、乡村振兴学院等不断加强对接区域经济发展。

五、以师资队伍建设为契机，打造一支优良的教学团队

专业群建设以师资队伍建设为契机，致力于打造一支优良的教学团队。首先，专业群建设明确师资队伍建设的核心地位。教师是专业群建设的主体和关键力量，他们的教学水平、科研能力和实践经验直接影响着专业群的建设质量和学生的培养效果。其次，要注重"双师型"师资队伍的组建和优化工作。在高职院校专业群建设的过程中，组建一支结构合理、素质优良的双师型师资队伍是至关重要的。这个团队应该包括学科带头人、骨干教师、行业企业专家等多个层面的成员，他们各自发挥自身的优势，共同协作，形成教学合力。同时，还要注重教学团队的梯队建设，培养年轻教师，为团队注入新鲜血液和活力。最后，强化教学团队的培训和提升。通过定期的教学研讨、学术交流、企业实践等活动，提升教学团队的教学水平和科研能力。此外，还可以鼓励教师参加国内外相关的学术会议和研修班，拓宽视野，了解最新的学术动态和行业发展趋势。最后，需要建立健全激励机制和评价体系。通过设立教学奖励、科研成果奖励等激励措施，激发教师的教学热情和科研积极性。同时，建立科学的教学评价体系，对教师的教学质量进行客观公正的评价，为教学团队的持续发展提供坚实的制度保障。

（一）坚持人才强校战略

教师是教育事业中不可或缺的重要力量，他们承担着教书育人、传承知识、传授技能的重要任务。高校教育教学的核心目标在于培养出能够得到社会认可和欢迎的学生，以及能够适应当前竞争日益激烈的社会的优秀人才。"双高计划"院校坚定不移地推行人才强校战略，从更高的层面、更广的范围、更宽的视野出发，对师资队伍建设进行系统的顶层设计和战略思考，深入研究并制定了科学合理的师资队伍管理制度和激励机制，通过提高待遇、优化环境、搭建平台等方式，大力吸引国内外优秀人才来校工作，引好并用好人才，为学校发展注入新的活力和动力，致力于打造一支数量充足、专兼结合、结构合理、素质精良的高水平教师队伍。

（二）建立高水平"双师型"教师队伍

目前，高校教师队伍呈现出年轻化的趋势，因此"双高计划"院校以青

年骨干教师群体作为重点培养对象，充分挖掘青年骨干教师的潜力，着力提高其教学能力与科研能力。同时，不仅引进了教学能力过硬、科研经验丰富的专业领头人与双师型教师，同时也聘请了国内外的著名学者、专家担任客座教授。在建设专业群"双师型"教师队伍的过程中，坚持引培并举，按照"分类施策、专兼职教师两手抓"的建设思路，以专业群建设为起点，重构跨专业教学团队，以校企共同体为依托，构建双师队伍培养体系，完善优绩优酬的分配制度与激励机制，激发教师活力，全面推进高水平双师队伍建设。

（三）强化师资队伍的培训和提升

"双高计划"将建设教师发展中心视为提升教师教学和科研能力、促进教师职业发展的一个重要举措，明确提出要"建立健全教师职前培养、入职培训和在职研修体系"，并着手搭建教师发展中心，通过产教融合、校企合作的方式共同建立教师发展体系，以期推动教师教学能力、实践能力、科研能力的全面提升。❶ 双高专业群依托学校教师发展中心，建设"双师型"教师培训基地、企业实践基地等平台，这些平台的建立，为教师提供了深入企业、了解行业前沿技术和市场需求的机会。同时，还精心设计了教师培训体系，针对不同教师进行有针对性的培训，旨在打造一支既拥有扎实理论功底，又具备丰富实践经验的"双师型"教师队伍。

（四）建立健全激励机制和评价体系

"双高计划"明确提出要"创新教师评价机制，旨在建立以业绩贡献和能力水平为导向、以目标管理和目标考核为重点的绩效工资动态调整机制，实现多劳多得、优绩优酬"，明确了教师评价和绩效分配制度要以教师业绩为出发点，充分调动教师创新的积极性。"双高计划"专业群创新了教师评价机制，改革了绩效工资动态调整机制，通过体制机制改革推进建立健全激励机制和评价体系，激励教师专业发展。

六、以多元主体为合力，实现多方联动治理局面

治理现代化是高水平专业群建设的必由之路。高水平专业群作为教育实

---

❶ 罗希，刘松林．"双高计划"院校师资队伍建设的成效、问题与建议——基于"双高计划"中期绩效自评报告的分析［J］．教育与职业，2023（12）：92-100．

体组织，承担着高等职业教育的职能，其治理现代化是专业群建设的必要条件。从实践上看，专业群的治理已成为影响专业群建设水平的核心变量。而人才培养则需要政府、行业企业、学校等多方利益主体共同参与，实现多元共治。作为相关专业集合体的专业群，高水平专业群的建设同样是多元利益主体共同作用的结果。突破多维主体间的"孤岛"状态，打通交流渠道，聚合"政、行、企、校"优质资源，搭建上下贯通、产教融合的服务载体，激发不同主体的积极性与主观能动性，促使专业群建设朝着高效化、积极化、多元化的方向发展。

（一）以政府为主导

政府在推动专业群建设提质增效的过程中，发挥了至关重要的作用。作为多个行动主体中的主导力量，政府在政策文件的制定和资源配置方面发挥了重要的宏观调控功能。通过制定和实施一系列针对专业群发展的政策文件，政府为专业群的建设提供了有力的政策支持和资源保障。这些政策文件不仅涵盖了财政、税收、金融等多个领域，还注重引导社会资本、人才等要素向专业群集聚，从而有效推动专业群的快速发展。政府还积极协调多方合作的关系，为专业群提质增效发挥了关键的引导作用。通过搭建合作平台、促进信息交流、推动产学研合作等多种方式，政府有效整合了各方资源，形成了推动专业群发展的强大合力。这种多方合作的模式不仅有助于提升专业群的整体实力，也为相关产业的发展注入了新的活力。

（二）以行业企业为依托

"双高计划"院校围绕产业链、创新链、人才链、教育链融合，综合实现人才培养、技术创新和产业发展等功能，建成多个与区域主导产业主流企业深度合作的特色产业学院。首先，完善多元治理结构。通过引入行业企业等主体参与理事会，进一步完善理事会领导下的院长负责制，从而形成了人才共育、过程共管、成果共享合作的新局面。其次，积极构建产学研协同发展机制。通过构建产业链、创新链、人才链、教育链的关键环节有机衔接机制，促进了设备、人才、技术、管理、资本等优势资源的互补与共享利用，实现了人才培养、技术创新和产业升级的协同发展。

(三)以高校为主体

高职院校作为构建高水平专业群的关键主体,在推动职业教育高质量发展和产业转型升级中发挥着不可替代的作用。它们不仅是技术技能型人才培养的重要基地,更是产教融合、校企合作的桥头堡,对接市场需求与教育资源,引领专业建设和课程改革。高职院校紧密关注行业动态和技术发展趋势,根据市场需求灵活调整专业设置和人才培养方案,以确保所培养的学生不仅具备扎实的专业知识,还掌握熟练的操作技能,并具备良好的职业素养,能够适应产业发展和岗位需求。另外,高职院校积极与企业合作,共同开展技术研发、人才培养和社会服务等活动,推动教育教学与产业需求的紧密对接。"双高计划"专业群不断探索和创新教育教学模式,积极推动信息技术与教育教学的深度融合,致力于打造具有特色的高水平专业群。同时,还注重与国际接轨,积极引进国际先进的教育理念和教学资源,提升专业建设的国际化水平。

七、以创新技术技能服务为路径,提升科研服务水平

科研工作应当紧密围绕专业特色教学,致力于提升特色专业的质量,并积极服务于地方经济社会的发展。在进行"双高计划"专业群建设过程中,良好的学术氛围发挥着举足轻重的作用。"双高计划"院校围绕产教融合、科教融汇,聚焦平台搭建和成果转化,积极构筑高质量技术服务体系,成为服务国家发展战略、区域产业升级转型和中小企业发展的中坚力量。在技术技能创新服务方面,"双高计划"专业群经过探索实践,成效显著,成功聚焦和培育了科技创新团队、科研团队以及技能大师工作室等一系列技术技能服务队伍,形成了符合自身实际发展的运行管理制度,全面助推区域经济社会发展和产业转型升级。

(一)聚集平台建设

"双高计划"专业群服务国家发展战略、产业转型升级和科技创新,以"在核心技术开发中发挥重要作用,在支柱产业发展中发挥支撑作用,在中小微企业成长中发挥引领作用"为愿景,不断强化技术技能创新载体建设,与

地方政府、高科技园区、重点行业和主流企业深度合作，打造一流的产教融合平台、技术创新平台以及人才培养平台，开展标准制定、政策咨询、职教改革、共性技术攻关、技术服务、核心技术产业化、产品研发等研究和服务。

（二）推进成果转化

专业群注重推进成果转化，加强内涵建设，重视顶层设计，充分发挥区域高职院校的优势与作用，与地方政府、高科技园区、主流企业深度合作，积极搭建平台，将已有的技术转化服务机构进行整合，统一纳入管理体系，并采用多元化的融资模式，以支持技术创新成果向企业和社会实现有效转化，打通了科技成果转化的"最后一公里"。

（三）强化科研管理

"双高计划"院校贯彻落实教育部"有组织科研"相关精神，深入科研一线，倾听学校教师的实际科研需求，制订了专项科研能力提升培训计划，有针对、有重点、分学科，组织课题申报经验交流、材料撰写培训等活动，为广大科研教师提供了丰富的学习和交流机会，共同提高了科研能力和水平。同时，提升科研系统线上办事比例、简化与规范各项审批流程，不断提升科研管理和服务水平。围绕科研业绩计算、科技成果转化、科研经费使用等核心问题，制定完善了科研管理办法与考核激励机制，将科研技术服务能力和成果作为职称聘任的重要依据，极大地调动了教职工的科研创新热情。

八、以数字技术为优势，推动专业群数智化建设

在高速发展的数字化时代，新兴数字化技术为高职院校高水平专业群的建设与发展提供了强有力的技术保障。特别目前中国数字经济飞速发展，促使产业发展不断呈现出新态势，同时也驱使着高校充分掌握数字化技术，推动专业群的数字化建设。智能化时代为高职院校专业群发展提供了方向指引，"双高计划"院校着力将"信息技术+"理念融入了人才培养全过程，在协同发展中不断探索着"信息技术+专业群"的实践路径。

（一）共建共享数字化资源

"双高计划"专业群不断建设与完善专业群教学资源库，加强了顶层设

计，提高了建设标准，加强企业、行业等多方专业人员的参与，优化资源结构、完善已有资源、补充新鲜资源、丰富资源类型，依托线上学习平台，积极推动教学模式的创新与发展，整合课程、名师、图书、网络等各类教学资源，推进在线开放课程、教学名师资源、数字资源的共建共享应用信息技术改造传统教学，推动了一场以学习者为中心的"泛在、移动、个性化"的学习方式变革。加大资源共享力度，本着"以学习者为中心"的理念，形成以专业群教师、学生为教学资源库的直接使用者，以社会学习者为潜在用户群，面向社会为众多社会用户提供数字学习资源，满足他们对相关培训及终身学习的需求。

（二）构建智慧教学新形态

"双高计划"院校积极建设智慧课堂，切实将互联网技术应用于课堂，以先进智慧化教学设备、海量在线教学资源等为工具，打造智慧课堂，实现课堂组织高效有序、教学效果反馈及时、教育评价有据可依。以教学资源库等数字资源为内容，以智慧教室和虚拟实训室为载体，改变教师的授课方式和方法，融入师生互动与教学评价，结合远程互动和教学场景的数字化手段，倒逼线上、线下融合的混合式教学模式改革，打造新型教学生态系统，实现资源推送、合作探究、即时评价、情绪识别、智能追踪等功能要素，最终达成了教学决策数据化、评价反馈即时化、交流互动立体化以及资源推送智能化的目标效果。

（三）提升师生信息素养水平

"双高计划"院校在推动专业群建设时，还强调师生的信息素质能力提升。通过制定教师信息技术应用能力标准，实施校内信息化水平分级测评或认证，将教师信息技术应用能力纳入教师培训必修学时（学分）。此外，通过开展信息化教学培训，实现为教师赋能，发展了教师数字胜任力，同时，有针对性地开展以深度融合信息技术为特点的课例和教学法的培训，增强了教师利用信息技术创新改革教育教学的能力，培养了教师利用信息技术开展学情分析与教学评价的能力，使信息化教学成为教师教学活动的常态，从而充分发挥"智慧教师"的力量。教师引领学生合理运用信息化工具，通过云教材、云课堂等现代信息技术手段开阔学生视野，激发学生学习兴趣。

第八章

高职院校高水平专业群建设的行动路径

专业群建设实施路径，即专业群建设实践中的具体操作方法。具体来说，是高职院校专业群在"双高计划"背景下，要推动专业群高层次建设，主要有以下几个方面。一是树立融合理念，树立跨界、跨专业的融合理念，打破传统专业之间的壁垒，促进知识、技能和资源的共享与整合。要将这一理念贯穿于专业群建设的始终，成为促进专业群发展的内在动力。二是构建可持续治理体系，建立科学、规范、高效的治理体系，确保专业群建设的稳定性和持续性。这包括制定明确的发展规划、完善的管理制度、有效的激励机制和公正的评估体系，以推动专业群的健康发展。三是系统优化专业布局，按照区域经济发展、产业转型升级和市场需求进行专业优化布局。通过撤销、合并和增设等方式，调整专业结构，形成优势互补、协同发展的专业体系。四是打造一支高水平的教学队伍，引进培养一批业务水平高、教学水平高的学科带头人和骨干教师。加强教师之间的交流与合作，形成一支跨学科、跨专业的教师队伍，共同承担教学任务和科研课题。五是以促进教学改革为抓手，高标准推进教学改革，以提高学生综合素质和业务能力为核心。为适应产业发展对人才的需求，更新教学内容，改进教学方法，完善教学评价体系。六是增强高质量社会服务，加强与行业企业、社区等外部机构的合作与交流，拓展社会服务功能。通过提供技术咨询、员工培训、社区教育等服务，增强专业群的社会影响力。七是加强数字化赋能，利用现代信息技术手段，推进专业群数字化改造。建设数字化教学资源库、在线公开课程等，实现优质教学资源的共享利用。优化教学管理和决策流程，提高教育教学效率和效果，应用大数据分析、人工智能等技术。八是开拓国际合作，坚持开放办学的办学思路，积极扩大国际间的合作与交流。鼓励学生参加国际交流项目，通过与国际知名大学和研究机构合作，开拓学生的国际视野和跨文化交流能力，引进先进的办学理念、教学资源和管理经验。

第一节

树立融合理念

融合是一个复杂而多维的概念，它涉及不同层面和领域的相互渗透和结合。融合在哲学、社会学和心理学等许多学科中都有其特定的意义和重要性。融合，从哲学的角度讲，是对立面的统一，相互渗透、相互转化，矛盾的双方是矛盾的对立面。这种融合不是简单地相加或混合，而是通过对立面的斗争和相互作用，达到一种新的、更高层次的统一。在社会学中，融合通常是指不同群体之间的相互接纳、相互融合的关系，不同文化之间的相互融合，或者不同个体之间的相互融合。这种融合可以促进社会的和谐稳定、文化的多样化、文化的创新性等方面的问题，都是可以促进社会和谐稳定的。例如，在全球化背景下，不同文化之间的交流与融合成为一种趋势，这种融合有助于增进相互理解和尊重，推动世界的和平与发展。在心理学中，融合则更多地关注个体内部的认知、情感或态度的整合。当个体在面对不同的刺激或情境时，能够将其整合到自己的认知结构中，形成一种新的、更加完善的心理状态，这就是融合的过程。这种融合有助于个体适应环境，提高心理健康水平。而融合发展是一个更加动态和全面的过程，它强调多方力量、多种要素、多元主体之间的相互作用和共同影响。这种发展不是孤立的、单向的，而是多向的、互动的。各方面力量在融合发展中相互依存、相互促进，使事物不断前进，不断取得新的发展，各项事业不断进步。

作为一种跨界的类型教育，职业教育的融合发展是构建和发展专业群的重要模式之一。首先，专业群与产业的融合发展是至关重要的内容和方向。职业教育通过与行业的紧密合作，及时了解行业动态和技术发展趋势，从而在专业设置、课程内容、教学方式等方面进行调整和优化，需要与行业需求端进行全面对接，促进人才培养供给端与行业需求端的结构性要素的全方位融合。其次，专业群还需要注重内部各专业要素之间的融合发展。专业群是多个专业为提升人才培养质量和水平、提升专业核心竞争力而自主联合起来的专业共同体。专业群内各专业之间既有差别也有联系，既有许多共同的目标，也有许多不同的诉求，专业要素的复杂性为专业群运行带来很多影响。❶这包括理论教学与实践教学的融合、知识与技能培养的融合、专业素养与人文素养的融合等。通过这种全方位的融合，可以培养出既具备扎实专业知识

---

❶ 周志艳. 专业何以成群：专业群系统变革反思［J］. 襄阳职业技术学院学报，2023，22（2）：54-58.

又具备良好职业素养的复合型人才。

一、推进产教融合

（一）找准产教利益共同点

产教融合是职业教育发展的关键路径，它强调了高职院校与企业之间的深度合作。尽管双方因组织性质不同而存在利益上的差异，但对人才的共同需求是他们合作的基石。为提高人才培养质量，校企双方必须加强合作，努力弥合分歧。人才作为联结校企合作的核心纽带，对双方的合作进程起到了促进作用。企业将设备、技术等资源支持提供给学校，其目的就是为了培养高素质、符合自身需要的人才。然而，教育的长期性和复杂性意味着企业很难在短期内从合作中获得回报。为确保企业能够持续、稳定地参与合作，政府应发挥关键作用，通过制定优惠政策，如税收减免等，激励企业积极参与高职院校专业群建设。此外，建立奖惩制度，对表现良好的合作企业给予荣誉及经济等奖励。该体系是保证校企合作顺利开展的又一重要保证。从国外成功的职业教育经验来看，政策的制定和专门机构的建立，对于促进校企合作具有不可低估的作用。如德国的宏观政策、经费保障体系等，都对校企合作给予了强有力的支持；加拿大则通过成立校企合作的专门管理机构来促进合作；而澳大利亚的职业教育培训（TAFE）模式，则成功地将政府、学校、行业、企业等多方主体的利益进行了平衡。❶ 因此，政府应出台相关政策，明确校企合作的规范和要求，以指导高职院校专业群建设的顺利进行。高职院校专业群要深化产教融合，推动校企合作向常态化、高效化方向发展，就必须以人才为纽带，加强政府引导和政策支持，同时建立完善的制度保障体系。

（二）改革推进资源整合

资源依赖理论认为，任何一个组织都无法实现完全的自给自足，都需要通过资源的互换共享实现共存共生。❷ 人才培养离不开教育、产业资源的支持，资源是影响教育活动持续稳定开展的重要因素，因此在专业群建设中必

---

❶ 叶继强. 高等职业教育校企合作保障机制研究［J］. 教育与职业，2015（10）：30-32.
❷ 霍丽娟. 资源依赖理论视角下企业承担职业教育社会责任行为的影响因素分析［J］. 职业技术教育，2020，41（1）：42-48.

须把资源整合作为关键的一环。在整合资源时，专业群应找到校内资源与行业企业资源之间的融合点，通过融合点有机整合两者资源，提高资源的整合及利用效率。一是在师资方面，专业群要积极引进行业企业人才，完善兼职教师的管理制度，提高师资资源的共享程度，积极打造一支结构合理、技艺高超的专业群双师队伍。二是在课程资源方面，专业群要保证课程资源的建设有政、校、行、企等多元主体，根据人才培养目标，细化学生所需要的职业能力，并以此为依据，打造共享互选的、课程体系。三是在实训条件方面，专业群要有效整合校企实训资源，主动与行业企业对接，分类别建设校内外实训基地，积极开发虚拟仿真实训资源，建立校内外实训基地共享制度，对标企业改革创新实训基地运行模式，有效提升实训效能。

（三）促进产教信息流通

校企双方之间的信息交流不畅是导致校企合作不畅的重要原因。因此，要建立公开、透明、高效的校企交流合作平台，让专业群和企业双方能够在开展合作前对彼此需求与情况有充分的了解。依托平台，校企可以充分了解彼此并找到符合要求的合作搭档与合作机会，提高校企合作的匹配度与有效性。另外，要建立长期对话、持续获取信息机制，在产教协同育人信息方面，行业企业与高职院校之间应建立紧密的沟通机制。企业将岗位人才需求信息及时传递给专业群，专业群则根据这些信息对技术技能人才的需求趋势进行预测，并根据这些信息对专业设置进行相应调整，以保证与职业生命周期相匹配。同时，专业群定期向企业反馈学生的学习情况和证书获取情况，使企业能够实时了解人才培养进度和效果，并及时提出反馈意见。政府也积极参与其中，通过走访专业群和企业收集人才供需数据，为制定相关政策提供科学依据。在产教协同创新信息方面，专业群不仅致力于培养高素质技术技能人才，还应积极为企业的技术研发和产品升级提供支持。政府主导，推动打破各种壁垒、资源共享等异质主体间的专业群、行业企业等深度合作。为确保校企合作的长期性和稳定性，政府制定激励政策，运用市场机制，建立共赢点。各方围绕企业技术难题、产品升级等问题开展长期对话，共同为区域产业发展提供技术支撑，推动技术成果的应用和转化。同时，专业群还在课堂教学中融入科研成果，做到科研与教学互促共进。

二、推进专业群内融合

专业群是专业的进阶演化，是专业的合理拓展，是专业之间基于人才培养需求的整合。专业群建设的基础是专业建设，既不能撇开专业建设另起炉灶，也不能急躁冒进，不顾产业群发展的实际状况、高职教育的人才培养层次以及高职院校的现实情况而一味地超前建设、"引领改革"，甚至为了获取更多利益而用专业群建设取代专业建设。❶ 专业群是专业的派生、放大和聚合，专业群建设的目标是融合专业构建共同体。

（一）打造专业群利益共同体

每个专业都有其特定的目标和管理功能，形成了一个稳固且具有利益内卷性的功能体组织。专业群共同体是位于专业之上的组织结构，不直接担负人才培养的具体任务，目标多元，群内各个专业又都具有独立性和自我增值的内在需求，这些决定了专业群只是一个联合体，各专业之间联结松散，专业群的结构松弛，整体性和协调性欠佳。对于松散的共同体，文化提供了认同感、归属感和凝聚力，使其成为成员的精神家园和价值实现平台。共同愿景，作为文化的核心，不同于个人愿景，它是团体成员的共享目标，具有强大的感召力。它创造了团结感，并贯穿于组织的所有活动中，融合各种不同的努力。专业群建设面临复杂和不确定性的挑战，需要协调不同院系和专业的利益。共同愿景在这一过程中至关重要，它在给参与者带来精神鼓舞的同时，也为参与者提供了共同的目标。缺乏共同的愿景，专业群就有可能成为一盘散沙，成员们可能过于关注经济报酬。事实上，即便在经济上给予合理回报，也不一定能激荡起满腔热血。虽然经济报酬重要，但真正的动力来自精神激励，如专业发展、满足感和工作价值的实现。精神激励对于共同体，往往比物质激励更重要、更持久，而这在很大程度上依赖于明确、高远的共同愿景。因此，须打造具有共同愿景的专业群利益共同体，增强专业群内专业黏性。

---

❶ 赵蒙成. 高职院校专业群建设的偏误及其纠正：微观组织变革的视角 [J]. 教育发展研究，2020，40（9）：63-70.

(二) 打造专业群教学共同体

专业群融合还旨在打造教学共同体,这是一个涉及多个专业、多方参与、多元目标的复杂过程。通过专业群融合,可以打破传统专业之间的壁垒,促进专业之间的交流与合作,实现资源共享和优势互补,从而提高教学质量和效果。构建教学共同体,首先,需要建立共同的教学理念和目标。各专业应该明确自己的教学定位和培养目标,同时积极与其他专业进行沟通和协调,形成共同的教学理念和目标。这样可以使各专业在教学过程中相互支持、相互配合,共同致力于学生的全面发展和综合素质提升。其次,需要加强教学资源的共享与整合。各专业应该充分发挥自己的教学资源优势,积极与其他专业进行教学资源的共享与整合。这包括课程资源、教师资源、实验实训资源等方面的共享,通过资源的共享与整合,可以丰富教学内容和手段,提高教学效果和效率。再次,需要加强教学过程的协同与合作。各专业应该在教学过程中相互协同、相互配合,共同制订教学计划和教学方案,共同组织教学活动和实践环节,共同评价学生的学习成果和综合素质。教学过程的协同与合作,可以使各专业之间的教学更加紧密、更加有序,从而提高教学质量和效果。最后,需要建立有效的教学管理机制和制度。专业群融合涉及多个专业和多方参与,需要建立有效的教学管理机制和制度来保障教学的顺利进行。这包括建立教学管理组织、制定教学管理制度和规范、加强教学质量监测评估等方面的措施,通过有效的教学管理机制和制度,保障专业群整合工作的顺利进行和教学效果的持续改善。专业群融合要打造教学共同体,需要多方面的努力和措施。只有通过建立共同的教学理念和目标、加强教学资源的共享与整合、加强教学过程的协同与合作以及建立有效的教学管理机制和制度等措施的实施和落实,才能真正实现专业群融合的目标和效果。

(三) 打造专业群资源共同体

专业群资源共同体是指专业群内部资源共建共享,包括专业群内部的教师资源、实训资源实现跨专业共享。作为培养高素质技术技能人才的关键平台,专业群通过特定的组群逻辑将多个专业紧密地结合在一起,从而扩展了专业的涵盖范围,增大了组织的规模。这种整合方式,不仅促使专业群内部教师资源和实训资源有效汇聚,同时也有效解决了单一专业资源稀缺和总体

资源浪费并存的现状，这是一种人才培养的必然要求。在专业群内部，各专业应共同构建一支"双师型"教师队伍，这支队伍能够跨越专业界限，讲授包括"通识共享课"和"专业群共享课"在内的多样化课程。这样的教学模式不仅有助于学生打下坚实的专业基础，还利于培育其精益求精的工匠精神。教师资源的共享还可以包括教师互聘、教学经验交流、科研合作等形式，这样不仅可以提高教师的教学水平和科研能力，还可以促进不同专业之间的知识融合和创新。同时，实训资源的建设紧密围绕区域优势产业展开，构建一种集教学、科研、创新、生产、营销、服务于一体的综合管理模式。在实训资源的运作上，我们应坚持以共享为原则，紧随区域产业发展和市场需求的步伐，避免在专业群内为师生提供精准、有针对性的服务时，出现实训资源重复建设、利用率低、无法形成规模效应等问题。

第二节 构建可持续治理体系

为确保专业群建设的长期稳定发展，需要进一步优化治理结构，完善体制机制，构建可持续的治理体系，积极探索适合自身的治理模式和路径，为专业群建设的持续健康发展提供有力保障。

一、优化治理结构

（一）完善政行校外部治理结构

政府、行业、高校是专业群治理的三大主体，需构建完善"政府—行业—高校"三元的专业群外部治理结构推进专业群建设。三者在专业群治理中扮演着不同的角色，担负着不同的责任。政府主要承担政策支持与引导、法规制定与监管、资源整合与协调等责任，通过制定相关政策，为专业群建设提供宏观指导和支持，包括资金扶持、税收优惠等；通过建立健全法律法规体系，规范专业群的建设和发展，保障各方的权益；通过整合各方资源，包括教育、产业、科研等，促进资源共享和优势互补。行业企业则发挥为高校提供准确的需求分析和预测，参与高校专业群建设，参与人才培养，促进行业企业与高校的产学研合作，推动科技成果转化应用等作用。高校专业群承担人才培养与输出、科学研究与创新、社会服务与文化传承等责任。

构建与完善政、行、校外部治理结构，首先，应给予高校更多的自主权。在经费分配、师资培训、招贤纳士、人事调整等方面，给予高职院校最大的自主决定权；同样，高职院校也应给专业群自由发展的空间，在具体建设与发展专业群、资源配置、课程改革、团队组建等方面，给予专业群充分自主权。其次，给予行业更多的调控权。在职业教育中，行业永远是举足轻重的一环，起着不可替代的作用。高校的人才质量、科技质量以及知识转化的质量与质量，都离不开行业。行业力量在高等教育中需要为其发展明晰方向，引导高等教育沿着良性循环的方向发展，承担起政府与高校沟通的桥梁作用。在构建"政府—行业—高校"三元治理结构时，应注重三者之间的协同与互动，建立良好的三元互动机制。通过建立有效的沟通机制和合作平台，促进信息共享、资源整合和优势互补，共同推进专业群建设和发展。例如，学校和企业可以共同建立共享平台，企业为学校提供第一手的就业信息、行业风向信息以及提供实训场地和设备，而学校则可以为企业的新员工或在职人员进行模式化的培训，以系统化的教学为企业提供更专业的师资力量。同时，学校还可采用为企业"量身定做"高端人才的"人才订单"模式。最后，政府与学校共同建立督查机制，在一定程度上监管与督查学校的行为，如果专业群的质量没有达到要求或绩效水平不高，将会影响学校的年度拨款额度。总体上，形成"政府调控，市场介入，学校自主，相互配合、各取所需、共同发展"的良好局面。

（二）完善同生共长内部治理结构

高职教育的内部治理体系主要由学校、企业、社会以及教师四大支柱构成。为打破制度壁垒，这些主体需要通过集聚、重组和调整等策略，实现组织体制的多元化整合。产业企业从区域产业角度出发，教师从学科专业角度出发，行政管理人员从管理角度出发，各司其职，一并纳入管理主体，形成一个扁平化的管理组织架构。"扁平化"的组织架构应遵循两大原则：一是有效性。组织结构的构建是为了促进高水平专业群的建设和运行，因此，当组织结构过于笼杂、组织关系混乱不清、各个组织部门权责不明确时，则会造成组织结构运行效率低下，直接影响高水平专业群的建设。二是区分性。高水平专业群组织结构应与专业群组织结构和专业组织结构相区分。与专业相比，它不是院系专业的简单集合，而是对接区域发展，面向职业岗位群，考虑国家专业设置标准、教学规律、学校办学基础，建设高水平专业群。因此，其独特性决定了高水平专业群组织结构应与专业群、专业组织结构相区分。❶

目前，以群建院已成为推动内部各主体共生共长的主流方法。它可以借助优势专业的引导、同类专业的整合以及产业链相关专业的集聚，集聚行业、企业、学校和教师的力量，优化配置整合资源。首先，应将二级学院"放管服"改革和专业群建设管理紧密结合，厘清二级学院、职能部门在专业群建设中的责、权、利，赋予二级学院在"人、财、物"三方面更大的决策权限。其次，制定与专业群组织结构相匹配的专业群建设评价标准，设立专业群建设绩效考核办法。最后，完善"以群建院"下的二级学院、专业群集约化管理体系，充分发挥二级学院党总支委员会、党政联席会议"把方向、定大局"的作用。❷

构建多元主体共生的治理结构，是优化教育资源配置和提高治理效能的关键。通过设立专业群管理机构，有序重组原本分散的教育资源，确保专业群内部的集聚效应。在一个互利共生的现代化治理体系中，多元主体的能力和协作关系同样重要。政府、学校、企业和行业的协同合作，是构建治理体系的核心。政府在其中发挥主导作用，而学校是实施主体。企业、行业和教师的积极参与，形成了多元共治的格局。通过共同参与市场调研、课程开发和资源建设等，确保专业群的建设与区域经济社会发展的紧密耦合和生态构建。

二、完善体制机制

（一）领导规划机制

专业群领导规划机制是指专业群建设中行使建设规划、统筹安排、监督

---

❶ 张帆．高职院校高水平专业群治理结构的个案研究［D］．武汉：湖北工业大学，2021．
❷ 赵新宽．系统权变理论视角下高职专业群治理结构设计研究——基于广东省30所省域高水平高职院校204个高水平专业群的分析［J］．机械职业教育，2023（10）：1-7．

评估等一系列工作活动和制度组成的有机体系，包括组织结构的设立、岗位职责的明确、权限和责任的划分等。专业群建设任务繁多复杂，管理难度大，需要通过依据专业群建设目标建立组织结构、明确岗位职责、组织全体成员分工协作来完成专业群建设任务、实现预期目标。❶

为有效推进专业群建设，需构建专业群领导机构。例如，成立一个专业群建设委员会，该委员会将汇聚二级学院院长、副院长、专业群带头人、企业代表、专业负责人以及课程负责人等多方力量。委员会的核心团队由主任委员、副主任委员和秘书组成。主任委员一职可由二级学院院长或专业群带头人担任，副主任委员则由副院长兼任，秘书则由综合干事担任。委员会的日常运作基地可设在二级学院内。专业群建设委员会承载着确立清晰的工作目标、统筹规划专业群建设、明确各方职责、管理经费来源与分配，以及实施监督考评等重要职责。

为了更好地落实建设任务，还可以根据专业群建设的不同方面，设置若干个专项小组，包括专业建设组、教师团队小组、校企合作小组、实习就业小组和社会服务能力小组，并对小组任务进行分配，对岗位职责进行明确，划分权责。其中，专业建设组负责组织对专业人才需求的调研，确定岗位素质、知识和能力要求，明确专业培养目标，制订或修订人才培养方案，优化专业课程体系，构建人才培养质量保障体系和专业教学资源库等，因此还可以根据需要在专业建设组下分专业组建团队，具体到专业建设组，明确根据学院实际情况，确定其他组的工作职责。这些班子各负其责、齐心协力完成专业组建设任务。

同时，还需制定相应的专业群管理制度。这些制度应涵盖各个方面，例如，可以根据需要制定专业群项目管理制度以规范项目的实施流程；建立委员会会议制度以确保决策过程的透明和民主；实施教学管理制度以提升教学质量和效果；确立教学质量评价制度以客观评估教学效果；制定双师队伍建设制度以优化师资队伍结构；完善教学资源平台建设制度以整合和共享教学资源；建立实习就业管理制度以保障学生实习和就业的顺利进行。这些一系

---

❶ 何卫华，李黎."双高"建设背景下的专业群建设管理机制探讨［J］. 高等职业教育探索，2019，18（3）：41-46.

列制度的建立可为专业群建设提供明确的规范和依据，从而实现管理工作的制度化、规范化和科学化，确保专业群建设取得显著成效。

（二）咨询指导机制

建立咨询指导机制，就是为专业群建设提供科学的建议与指导。建立专业群咨询指导机制的目的是最大限度地吸收专家们对专业群建设的意见，防止专业群建设闭门造车和走弯路。首先，成立专业群建设专家指导委员会，主要由政府、行业、企业、其他院校专家，职教专家，专业群带头人，二级学院负责人等组成，具体负责专业群结构确定、建设和人才培养的指导、咨询、服务等工作。同时，将专业群建设专家指导委员会作为常设的专业群建设的咨询指导机构，就专业群建设中的事项、问题、难点及时提供意见与建议。

其次，专业群建设指导委员会成立后，要建立健全专业群建设指导委员会的会议制度。可定期、不定期召开专业组建设指导委员会，并根据情况将参会人员扩大到专业群负责人、专业负责人、课程组组长等。还可以建立专业群建设指导委员会的咨询指导平台，通过开设论坛、建立咨询指导线上平台等作为日常咨询指导与交流的平台，依托平台直接进行咨询、交流与探讨，或通过单独直接请求某位专家的指导和帮助等方式来解决有关专业群建设中遇到的困惑与难题。

最后，为确保专业群建设指导委员会的灵活性和适应性，可以实行一种动态调整机制。按照既定原则规定专家的任期，期满可以举行换届。考虑到某些不可抗拒的客观因素可能导致委员会变动，也可以建立专业群专家库作为备选。一旦遇到成员临时变动或需要增补的情况，可以迅速从专家库中挑选合适的专家进行替换或补充，以确保指导委员会的工作能够持续、稳定地进行，不受人员变动的影响。

（三）评估监控机制

评估监控就是指对某事务发展的过程与结果进行控制和评价。专业群建设的评估监控机制是指运用一定的技术、方法对专业群建设进程、阶段性目标的实现、最终成果等进行监督控制、评价等一系列工作活动和制度组成的有机体系。评估监控机制建立的主要目的在于监控专业群建设的质与量，特别是对于质的把控。评估监控坚持过程与结果相结合的原则,依据专业群建设目标进行过程监控与结果评估。过程监控主要是检查阶段性任务完成情况与目标实现情况,结果评估主要是评价最终建设成果。

专业群应建立起以发展性评估为价值取向的评估机制。以往的专业群评估通常是自上而下、面向过去的终结性评估,对高职院校及其专业群未来的发展参考意义不大。今后,专业群评估应以发展性评估为价值取向,突出评估的诊断与改进功能,增加跟踪反馈环节,重视评估专家意见,引导高职院校结合学院实际情况梳理专业群建设和发展思路,形成诊改报告和诊改方案,针对高职院校诊改情况进行复评和总结,构建"评价—诊断—反馈—改进—复评"的评估机制,形成专业化群评估的闭环循环❶;强化评估结果的运用,将评估结果作为高职院校和专业群制定未来发展规划和策略的重要依据,鼓励高职院校将专业群评估纳入个人和部门的绩效考核范畴;强化评估体系的自我诊断功能,鼓励、引导和支持高职院校开展专业群自主评估,自定评估方案、自主选用评估指标、自由选定评估方式,凸显高职院校专业群评估主体地位,提高自我提升的内在动力❷;引导高职院校将专业群考核与高校评价有机融合,推动建立职业院校常态化的专业群考核机制,以专业群考核为高校评价的依据,助推高职院校高质量发展。

建立专业群内部监控机制。一是强化对教学输入的监控,基于大数据和泛在网络技术,构建教学质量监控平台,形成多方协同参与的信息传递与反馈机制。重点监测专业设置与区域产业、行业发展特点的契合度,为专业群建设提供动态调整依据,确保专业结构、课程体系、实训体系等主动适应外部环境。二是引进行业企业质量标准,在教学质量监控的"标尺"和行为规范中,引入 ISO 9000 质量管理模式的质量标准和全面质量管理(TQM)模式,建立各环节的质量标准。同时,兼顾利益相关者需求,体现院校和专业群特色。三是建立畅通、迅捷的信息搜集与反馈机制,利用大数据技术进行数据挖掘、分析和跟踪,实时掌握教学质量总体水平,及时发现影响教学质

---

❶ 董雪静,孙莱祥,宋彩萍. 协同自主:上海市高校专业评估模式的构建与实践——基于第四代评估理论的应用探索[J]. 中国大学教学,2017(2):69-73.
❷ 侯雪梅. 高职院校专业群评估的问题与对策研究[J]. 机械职业教育,2020(8):31-33,49.

量提高的主要因素。特别是重视毕业生和用人单位的反馈及社会评价，将其作为教学质量监控体系的重要环节。四是构建 PDCA 课程教学质量保证体系，基于 PDCA 循环模式，将教学质量监控活动分为计划、执行、检查、反馈四个环节，形成闭环管理。借助智能化教学质量监控服务平台，为教师提供全面的多主体反馈图景，促进教学反思和工作改进。五是细化实践教学质量监控指标，结合专业群建设，下放教学质量监控职责和权利到二级学院。制定体现学科特色的实践教学专项评价指标，建立专门的、具体的、体现学科特色的实践教学质量监控体系，并不断细化监控指标。通过提高实践教学质量，提升高职院校课堂教学的实效性和教学质量内部监控的特色。

第三节

系统优化专业布局

当下飞速发展的网络信息革命和人工智能技术带来了人力资源生态系统的五个"进化"，即工作过程"去分工化"、人才结构"去分层化"、技术技能"高端化"、工作方式"研究化"、产销研服"一体化"。❶ 在经济发展新常态背景下，国家及地方"十三五"规划等发展战略明确提出产业转型升级和岗位结构调整的新要求、新任务，对高素质技术技能人才的需求与日俱增。但是有调查显示，各地区的第一、二、三产业普遍存在高素质技术技能人才总量不足的问题，而且高职院校毕业生就业能力与职业岗位需求不相匹配等结构性人才短缺现象更为突出❷。专业群是建设高水平高职院校、提高人才培养质量的"四梁八柱"，是高职院校与经济社会互动交融的纽带。出现职业技能人才瓶颈的重要原因之一，在于高职院校专业群结构与外部供需结构对接不畅、错位脱节。因此，优化专业群结构，从关注单个专业群建设转向强调专业群结构动态调整及专业群建设，做好"存量升级、增量优化、余量消

---

❶ 廉依婷，杨大春. 抢占人工智能时代的人才培养战略制高点［N］. 中国青年报，2017-07-03（6）.

❷ 吴峰. 区域经济视野下江苏高职院校专业建设的问题与对策——基于15所国家示范性（骨干）高职院校的实证分析［J］. 高校教育管理，2017，11（2）：86-92.

减",激发改革"效率红利",是高职院校主动适应产业链或职业岗位群结构调整、创新教育教学组织方式、增强内生发展动力,充分发挥人才供给侧和社会动力站职能的自我革命。❶

一、科学组群

（一）立足产业理清发展逻辑

在构建高职院校专业群的过程中,"把专业群建在产业链上"应成为核心指导思想。这意味着专业群的建设不仅要紧密跟随产业发展的步伐,还要深度融入产业链的各个环节,确保其教育教学活动与产业实际需求的高度契合。要实现这一目标,专业群必须在组建之初就深入调研,了解区域产业的基础状况、发展规划、人才需求等,全面了解产业链条中的关键环节和核心技术,才能实现这一目标。针对产业升级的需求,以对接的核心岗位群对专业群进行定位。进一步详细分解岗位群工作任务、精确把握岗位技术能力素养需求,构建与之相匹配的专业链。这样,产业链、岗位链和专业链就能实现有机地贯穿和联通,形成一个环环相扣、紧密配合的教育生态系统。

专业群建设在高职教育中占据重要地位,其建设应以服务社会发展为宗旨,紧密对接经济发展和国家战略需求,充分展现集群化、区域化服务型高职专业的特色。为实现这一目标,需要从多个层面进行策略性调整和优化。首先,专业群建设应注重专业设置的灵活性和产业对接的精准性。通过调整专业设置,聚焦特定产业领域,合理面向不同岗位需求,构建坚实的专业基础平台,并强化相关学科的支撑作用。这些举措旨在加强专业间的职业联系,优化专业结构,从而提升专业群内部的资源整合效率。其次,加强与区域优势产业和新兴产业的融合是专业群建设的另一关键。这要求专业群在转型或升级过程中明确培养定位,开辟新的专业方向或课程模块,以更好地适应产业发展趋势。同时,选择具有行业领先地位的标杆企业,或与拥有强大资源集聚能力的产业集群、联盟深度合作,进而构建专业—行业—职业—生涯的可持续发展路径,这对于专业群与区域产业群需求的高度契合,将会起到很好

---

❶ 马成荣,孙杨."双高计划"视域下高职院校专业结构优化调整的路径与策略[J].职业技术教育,2019,40(24):12-17.

的帮助作用。此外，推动专业群向国家支柱产业等重点领域转型也至关重要。例如，将机电类专业转型至工业机器人、机电一体化等专业领域，将医学教育扩展至大健康领域等。这些转型举措不仅能够有效激发专业发展的内在活力，还能显著提升人才培养对产业变化的快速响应能力，从而更好地服务于经济社会的全面发展。

（二）对接产业优化专业群结构

专业群要建立健全专业结构优化调整全程监控和全面管理的质量保障体系，可单独设立监督机构，并任命若干名承担监督职能的兼职监事，负责对专业分类管理和专业群建设工作进行过程监督、跟踪指导和绩效考核，并同步建立配套的年度报告、信息公开、荣誉奖励和责任追究等相关制度；对专业分类管理体制机制改革、招生招工一体化、人才培养模式创新、专业群建设等理论和实践探索，优先给予政策支持和资金资源投入保障；完善校级统筹和二级部门协调配合机制，健全反映学生和任课教师需求的征询反馈制度。各专业组要积极营造有利于优化调整专业结构、畅通质量监管和保障渠道的文化生态环境，充分发挥学校全体成员、广大市民和新闻媒体的力量。利用互联网、云计算、大数据等现代信息和智能技术手段，构建政府、学校、行业、企业、社会机构等共同参与的质量评价、反馈、预警和改进机制链条；采取分层次、多形式开展政策解读活动，对涉及各方面、各参与方的问题，主动回应，加强正面宣传，总结推广，积累可借鉴、可复制、可推广的经验模型，营造良好的舆论氛围；采取师生访谈、大样本问卷调查、走访行业企业等方式，对发现的问题进行快速推敲、督促整改，确保各项目标任务落到实处，全面监控和掌握工作进展情况，务求取得实效。

二、建立动态调整机制

（一）建立对接产业的专业结构互动机制

区域产业结构对高职专业结构有深远影响，两者紧密相连。职业的行业和类别是由产业结构决定的，这反过来也会对职业院校的设置、专业的大小造成影响。同时，高职专业直接关系区域产业的人才供给和质量，影响产业优化升级。由于产业和专业的持续演变，它们的适应性是相对的、暂时的。高职教育的长周期性也强调了专业调整的滞后性，需要持续、动态地调整专业结构以适应产业变化。对于区域产业，需要逐步淘汰老产业，并且不断产生新产业。而新产业的构建和发展需要一系列不同层次的人才，如果产业任何一个环节的人才出现断层，势必会影响新产业的发展和壮大。所以，要适应新的产业发展需求专业群必须不断动态调整。专业群应根据专业的发展规律，结合未来政府对于产业的宏观调控政策，对产业发展情况做好预测，从而提前做好专业调整工作，进而更好地为产业结构优化提供支持。产业结构的变化，决定了促进或阻碍产业结构优化速度的高职院校专业结构发展方向。专业群要紧盯产业结构调整方向，及时调整专业结构，使专业结构和产业结构保持动态适应状态，以适应产业结构优化的快速发展。从国内外职业教育发展经验来看，实现专业结构与产业结构的动态调整，就要实现专业结构依据产业结构动态调整，甚至呈现出前瞻性，必须要建立健全及时把握产业发展情况和行业企业需求的有效机制，即建立开放办学、合作办学机制。❶

（二）建立健全专业群诊改机制

建立专业群诊断制度在提升人才培养质量和履行管理职责方面扮演着至关重要的角色，对于现代职业教育的健康发展具有深远的意义。这一制度旨在确保专业群的主体地位，并在"管办评"分离的环境下，推动学校构建与产业发展新常态相适应的内部保障机制。专业群诊断是一个综合性的过程，需要评估者与被评估者进行深入的沟通和协商。其目标是全面了解专业群的办学条件、教育过程以及产生的效益。在这一过程中，评价人员需掌握数据分析技能，以确保诊断结果的客观性和有效性，避免主观偏见的影响。高职专业群的诊改工作是基于专业群设置的相关信息，采用科学的方法如德尔菲法、层次分析法、模糊评判法等，对专业群的办学水平进行全面评估。这种评估不仅使政府、学校、社会、企业等各方能够了解专业群的发展状况，而且能够及时发现并改进存在的问题，从而持续提升专业群的办学水平和人才培养质量。建立专业群诊断标准是开展高职专业群诊改工作的基础，这一标

---

❶ 张慧青. 基于产业结构演进的高职专业结构调整研究——以山东省为例［D］. 上海：华东师范大学，2017.

准不仅为评估者提供了判断依据，也为专业群的建设者提供了参考指南。专业群诊改体制的核心在于构建一套科学合理的指标体系，该体系应尽可能涵盖所有反映专业群水平的因素。这些因素包括外部因素如区域产业发展需求、生源状况、就业情况、政策导向等，以及内部因素如教师队伍、实训基地、经费投入、办学传统等。在确定指标体系的过程中，可以采用德尔菲法等方法为不同层次的指标赋予权重。值得注意的是，专业群诊断指标体系和权重并非固定不变，它们受学校设计者、诊断专家能力、学校所在地区产业发展属性以及高职专业群自身特点的影响。因此，在实际应用中，需要根据不同地区和不同专业群的具体情况对指标体系进行灵活调整。

第四节

打造高水平教学团队

一个高水平的教学团队不仅能够为学生提供优质的教学资源和学习体验，还能推动专业群内部的创新与发展，提升整个高职教育体系的竞争力。为打造高水平教学团队，首先，需要明确团队的建设目标和发展方向，确保团队成员能够形成共同的价值理念和教学理念。其次，要注重团队成员的选拔与培养，吸引和留住具有高水平学术背景和实践经验的优秀教师，同时为他们提供良好的发展平台和晋升机会。在团队建设过程中，还应注重团队文化的培育，营造积极向上、团结协作的工作氛围，激发团队成员的工作热情和创新能力。最后，建立健全的团队管理机制和激励机制也是必不可少的，以确保团队成员能够高效协作、共同推进专业群的建设与发展。通过高水平的师资队伍建设，专业群的教学质量和影响力将得到进一步提升，更多具有创新精神和动手能力的高素质人才将被培养出来，为专业群的可持续发展注入新的活力。

一、完善教师队伍建设体制机制

（一）优化引才机制

为实现专业群高水平建设任务，高层次人才引进成为专业群内涵建设的途径之一，因此要推进教师准入制度改革，优化专业群教师结构。建立"学校—企业"高层次人才共享机制，优化人才引进的政策措施，加大留用力度，改革薪酬待遇、职称评聘等制度。推行高端人才与行业技术名师特聘政策，突破学历、资历、奖项、年龄等限制聘用标准。对接社会组织、企事业单位，优化"菜单式"培训内容，聘请行业企业领军人才、行业教授、企业高级工程师、企业一线工程管理等能工巧匠作为兼职教师；同时，聘请行业专家作为行业顾问，聘请高校相关专业知名学者作为学术顾问，以"菜单式"培训为特色，通过建立大师工作站、名师工作室、引进行业内的企业技术能手等方式，在行业内建立大师岗位。同时，注重校内存量人才培育，依托学校教师发展中心加强师资培养，完善校内人才激励机制，增强教师工作积极性和职业成就感。健全专业课教师企业实践机制，支持教师进企业培训、学习和锻炼。同时，为企业开展员工培训或技术服务，在参与企业新产品研发的同时注重技术成果的转化与应用。

（二）完善校企人员双向交流机制

专业群在打造高水平教师队伍的过程中，完善校企人员双向交流机制是至关重要的一环。校企人员双向交流能够有效地促进学校教师与企业专家之间的知识共享与技能互补，从而提升教师队伍的整体素质和专业水平。完善教师联系企业制度建设，研制《教师进企业制度》《专业教师双师认定办法》《校企互派人员挂职交流办法》等制度文件，鼓励教师到企业中参与生产全过程，与企业人员共同开展科研项目，打通教师校企双向深度合作与互动路径。健全"专业教师入企业，行业技术专家、能工巧匠进校园"的交流机制。完善共同开展项目研发制度，学校与企业可以合作开展科研项目或技术攻关，相关实验平台、资源共建共享，科研成果共享，允许教师与企业人员因科研项目收益分配。建立定期交流制度，通过定期举办座谈会、研讨会或论坛等形式，为学校教师和企业专家提供一个交流思想、分享经验的平台。实施互聘互用制度，允许学校和企业根据需要相互聘用对方的人员，实现人才资源的共享和优化配置。通过健全校企人员双向交流机制，专业群能更好地整合校企资源，以扎实的理论功底和丰富的实践经验，造就一支高水平的师资队伍。

（三）创新教师考核评价机制

传统的教师考核评价方式往往注重理论研究成果和学术发表，而在产教融合、实践导向的教育背景下，这种评价方式已经难以全面反映教师的专业能力和实际贡献。专业群在打造高水平教师队伍的过程中，要注重创新教师考核评价机制。首先，要构建多元化、综合性的评价体系。除了传统的学术成果评价，还应将教师的教学能力、实践经验、社会服务能力等纳入考核范围。特别是对于"双师型"教师，要更加注重其实践教学能力和行业经验的评价。其次，要引入多元化的评价主体。除了学校内部的评价外，还应引入行业企业、学生、家长等外部评价主体，从多个角度全面反映教师的工作表现和实际贡献。再次，要实施差异化的评价标准。针对不同类型、不同层次的教师，应制定差异化的考核标准，充分考虑教师的专业特点和发展需求，提高考核的针对性和实效性。最后，要建立动态调整的考核机制。根据教师的工作表现和实际贡献，动态调整其薪酬待遇和职业发展机会，以提高教师的工作积极性和创新能力。创建高水平教师队伍，专业群的重要保障是创新教师考核评价机制。通过构建多元化、综合性的评价体系，引入多元化的评价主体，实施差异化的评价标准，建立动态调整的考核机制，使教师的职业素养和实际贡献得到全面提升，为专业群体的高水平发展提供强有力的人才支撑。

二、构建分层分类教师培育体系

（一）建立教师职业生涯发展规划制度

新入职教师在融入专业群的过程中，应根据专业群的发展目标和教师发展规划，制订个人的职业生涯发展规划和阶段计划。职业生涯规划不仅有助于教师个人的成长，也与专业群的长期发展紧密相连。一方面，新入职教师需要深入了解专业群的发展方向和目标，明确自己在专业群中的角色和定位。基于这些信息，教师可以制订个人的长期职业目标和短期阶段计划，确保个人的发展与专业群的需求相一致。各专业组教师管理部门、专业机构在实施阶段计划过程中，每完成一个阶段目标，都要组织教师及时总结个人发展情况。这一总结旨在评估教师的发展成果，识别存在的问题和挑战，并为下一阶段的发展提供指导。通过总结，教师可以调整自己的发展规划，确保其始终与专业群的发展需求保持同步。另一方面，专业群应对教师的个人职业规划进行统计分析，以了解教师队伍的整体发展情况和趋势。这些分析结果应纳入专业群的师资发展规划中，为筹划教师发展路径、方法和资源支持提供重要依据。例如，根据教师的职业规划数据，专业群可以确定哪些领域需要更多的教师资源投入，哪些教师需要更多的培训和发展机会等。

（二）分层分类明确教师职业标准

根据"双高计划"的具体要求，为新入职教师、骨干教师、技能大师、专业带头人以及名师等不同层级的教师制定相应的职业标准。这些标准不仅为教师个人的专业发展提供了明确的方向，也为学校整体的教学质量和专业群建设提供了有力的保障。针对新入职的教师，职业标准应以掌握教学基本技能、形成教育思想、培养职业道德为重点，保证其与教学环境的顺利适应，为今后职业发展奠定扎实的基础。而对于骨干教师，则可以进一步细分为两个领域：技术型教师和技能型教师。技术型教师侧重于理论知识和科研能力的提升，而技能型教师更加注重实践技能和教学经验的积累。这样的分类有助于为不同类型的骨干教师提供更有针对性的发展路径，同时也为培育身怀绝技的技能大师提供了清晰的晋升通道。技能大师作为教师队伍中的佼佼者，其职业标准应以扩大行业影响力、引领技术创新和领导团队建设为重点，确保在专业领域中起到示范引领作用。在教学科研能力的基础上，为体现其在专业领域和教育教学中的突出地位和影响力，应更加注重对专业群建设的贡献、学术声誉的提升和社会服务的拓展。通过这样的梯次标准体系建设，可以为不同类型的教师提供清晰的发展目标和参照标准，有效激发教师的积极性和创造性，推动教师队伍整体素质不断提升，进而为学校的高水平建设和专业群的高质量发展提供有力的人才保障。

（三）加强教师发展平台建设

首先，充分调动政府、企业和高校等各方资源，共同构建多层次的学术交流平台。这些平台可以包括国家级、省级、市级和校级的研讨会、论坛和

讲座等，旨在促进教师之间的思想碰撞和知识共享。❶其次，教学展示平台也很重要，它们可以为教师提供展示自己教学成果和教学方法的机会，从而推动教学创新和教学质量的提升。再次，科技研发平台对于教师的科研能力提升至关重要。通过搭建实验室、研发中心等科研平台，可以吸引教师参与科研项目，提升他们的科研能力和水平。最后，教学竞赛平台也是激发教师教学热情、提升教师教学能力的重要途径。通过组织各种教学比赛和教学技能竞赛，鼓励教师不断创新教学方法，提高教学效果。为确保所有教师都能公平地享受这些平台资源，需要消除身份、地域和管辖等方面的差别与歧视。特别是行业协会和专业学会，应该公平公开地向高职院校教师开放，为他们提供更多的学术交流和职业发展机会。同时，要支持专业群教师加入各级科研平台，鼓励他们积极参与科研项目和研发活动。此外，还应该热情吸收教师到各类应用型研发中心、院所进行访学研究，以拓宽他们的学术视野和科研合作网络。

（四）完善教师培育内容

打造专业群智慧教育平台，利用现代信息技术，构建集在线教学、资源管理、学习交流、教学评价等功能于一体的智慧教育平台。积极鼓励教师参与在线课程、微课、慕课等数字化教学资源开发，并积极应用于教学创新教学模式。建立专门的资源管理团队，负责收集、整理、分类和存储高职教育和专业相关的各种资源。鼓励教师将个人的教学研究成果、教案、课件等资源共享到平台上，形成共享文化。与其他高职院校、专业机构建立合作关系，实现互通有无和优势互补。合理整理、运用国家、高校与专业机构的平台资源，对国家、高校和专业机构提供的平台资源进行全面的梳理和评估。根据专业群的需要和教师的教学研究兴趣，有选择地引入相关资源。建立资源使用指南和更新机制，确保资源的有效利用和持续更新。为教师配备双导师，为有需求的教师配备来自高校及科研院所的教授和行业企业的专家作为双导师。建立导师选聘机制，确保选聘的导师具有深厚的学术背景和丰富的实践经验。导师与教师之间建立长期的合作关系，共同制订个人发展计划，指导教学研究和专业实践。健全教师培养和发展制度，完善教师学历提升制度，

---

❶ 罗希，刘松林."双高"院校师资队伍建设的成效、问题与建议——基于"双高计划"中期绩效自评报告的分析［J］. 教育与职业，2023（12）：92-100.

支持教师攻读更高学位或参加专业进修课程。建立国内外大学访学制度，选派教师到国内外知名大学进行短期访学或长期研究。实施赴企业、科研院所与高校实验实训平台的实践制度，提升教师的实践能力和技术应用水平。选择符合条件的企业、科研院所的实验中心作为教师实践基地，加强产学研合作。精选部分国内外高校作为"双高计划"专业群及重点建设专业群教师的访学、学历提升基地，拓宽教师的国际视野。

三、打造结构化教师教育创新团队

专业群的建设与发展以整合各专业资源为基石，应充分发挥每位专业教师的独特优势，进而深化专业群的内涵建设和质量提升。实现这一目标，需要不断调整和优化教师教育创新队伍结构，从教师的学历、职称、年龄、特长、来源等多个维度入手，打造专业化、一体化、结构合理的教师教育创新团队，要从教师的学历、职称、年龄、特长、来源等多个维度入手，不断调整和优化教师教育创新队伍结构。这样的团队不仅能够保障专业群育人的实效性，更是新时代下推动职业教育"双师型"教师队伍高质量建设的必然选择。补充新鲜血液、引进企业技术专家，是教师创新团队目前面临的重要需求。要创新思路，积极引进企业、行业优秀人才，为解决企业技术能手严重缺乏的问题，打造一支"定岗"与"流动岗""双师"结构与能力相结合的教育创新队伍。这个团队以核心专业教师为基石，汇聚了专业群内不同学科和领域的精英，包括行业专家、具有实践经验的企业经营管理人员，以及学校的专业带头人和骨干教师。在这个团队中，行业大师引领方向，专业群带头人把握核心，骨干教师提供支撑，专兼职教师相互补充，共同形成强大的教学和科研合力。教师教育创新团队的建设注重团队协作和资源共享，旨在形成以核心专业为主导，由专业带头人和骨干教师组成的创新教学团队。我们致力于加强专业群内中青年骨干教师的培养，通过引进和培育高层次人才，提高团队的整体素质。同时，注重行业企业技术人才与学校教师的双向流动和互聘互用，以此提升工作效率、促进教师专业发展、提高教学质量、培养高素质人才，并增强科研成果的转化能力。这些举措共同构成了打造高水平教师教育创新团队、推动专业群持续发展的综合策略。

第五节

推进高标准教学改革

专业群建设必须坚持以提升教学质量为中心推进教育教学改革，要标准化制订好人才培养方案，要着力优化课程体系、做活课堂教学、丰富教学资源，要积极探索开发活页式、工作手册式新形态教材，要积极运用云计算、物联网、大数据、AR/VR 等先进信息技术，推进教法改革，切实提高教学效率与人才培养质量。

一、树立以就业为导向的教学目标

教师的教学理念和教学目标是对职业教育理念和教育目标的具象化、直接化的反映。教学目标作为一切教育工作的出发点和落脚点，在教师开展职业教育工作中具有指导作用。教学理念是教师对于自我教学时的观念反映，从精神层面引导教师开展教育工作。为此，要转变传统的职业教学理念和教学目标，从源头上推进职业教育符合经济新常态发展的需要。要创建"以就业为导向，以服务为宗旨"的教学理念和教学目标，满足新经济发展的需要。所谓"就业"，从表层意思来看，就是学习者在接受职业教育后，能够找到适合自己的工作，帮助社会经济的发展，既可以作为劳动者，也可以作为人才。为此，教师在开展职业教学活动时，应提高学生的综合能力，将课程实践引入其中，促使学生向技术技能型人才转变，这是教师在开展职业教学活动时应着重考虑的问题，必须考虑的一点是把课程实践引入教学，促进学生向技术技能型人才转变。

二、优化课程体系

科学合理的课程体系是高水平专业群建设的关键，优化课程体系必须要结合产业新技术和岗位核心能力，围绕产业发展新业态、岗位发展新要求来确定学生技术技能需求。可以联合合作企业，在深入调研的基础上，对专业群课程体系进行优化重组，打破传统的"必修+选修"课程模式，以对应的企业岗位核心能力为依据，同时关注学生职业生涯的可持续发展，构建专业群"平台+模块"课程体系。以"公共+专业群基础课程"满足学生就业所需的通识知识、能力、素质的学习，以"专业+专业核心课程"满足学生对应岗位的核心知识与技术技能学习，以"公共+专业拓展课程"培养学生的可持续发展能力，实现专业群基础课程共享，核心课程对应专业，拓展课程有效互选，促进学生"德智体美劳"全面发展，掌握基础能力、综合能力、专业能力、核心能力以及创新能力，推进专业群课程体系、课程设置与产业发展急需人才的标准更为契合，推进高素质、复合型、创新型技术技能人才的培养。

三、打造精品教材

教材改革是高水平专业群建设的重要切入点，是实质性提升职业教育教学质量的重要抓手。因此，在建设高水平专业群、优化教材编写、选用和评价机制的过程中，必须加强教材的建设和管理，为打造精品教材、规范高效使用教材资源、及时评估反馈教材质量提供保障。专业群需要进一步深化产教融合、校企合作，积极开展与行业企业的精品教材建设。通过邀请行业主流企业参与教材编写、教学资源开发等重要环节，以岗群工作过程为基础，以培养学生职业能力为目标，及时将新技术、新工艺、新规范、职群职业能力分析作为教材内容，由校企双方专家进行转化，形成职群工作任务向教材学习任务转化的职业能力一览表。融入交互式动画、虚拟仿真、VR技术、AR技术等数字化教学资源，从"基本原理""实操技能""综合应用"三个维度，开发"活页式""工作手册式"等新形态教材，将以岗位群为基础的知识点、技能点向以人为基础的能力点迁移，以满足高层次职业群体人才培养的多样化需求。同时，专业组教材要突出职业教育的类型特点，组建教材编写队伍，多方参与，包括专任教师、企业高级人才等，健全教材管理制度，保证教材使用的科学性、规范性。此外，通过开展专业群优质教材评选比赛等活动，激发教材开发的创新活力，重点关注教材内容的新颖性、前沿性和实用性。通过这些举措不仅可以丰富教材的形式和内容，还能更好地适应产业发展需求，提升职业教育的社会适应性和影响力。

四、推进教法改革

教法改革是高水平专业群建设的重要内容之一，只有不断推进教法改革，才能更好地适应行业发展的需求，提高教学质量和人才培养质量。高水平专业群建设要积极推进课程教学改革，在专业群中全面推进课程思政，推进专业课程模块化、项目化等改革，创新线上线下混合、VR等教学方法，推行更加灵活、高效、生动、实用的课堂教学。

深化产教融合，将校企合作深入课堂教学，联合企业共同参与专业群教学，对接与融合企业技术标准与专业群课程标准，开发与产业需求契合的教学标准和课程标准。促进实践育人，联合企业共同开发和承担实践教学项目，以企业为基础，开展实训实践教学，增强学生动手能力和技术应用水平，将真实的企业生产环境和技术引入实训实践教学。与企业合作开发高端职业资格、技能认证等证书，开展"1+X"证书制度试点，在专业群教学中融入高水平职业技能等级证书的技术技能要求，以岗定教、以证促教，使学生的岗位需求、教学内容、职业技能、竞争力等方面实现深度融合。另外，项目化教学改革也是教学质量提高的一个重要方法。全面贯彻党的教育方针，创建精品课程"金课标"，杜绝低质课程"下水班"。鼓励与企业、职业教育研究机构联合开展教育教学改革研究，实施专业群分工协作模块化教学改革、项目式学习课程改革等专项教学改革，为专业群教学方式改革、推进课程教学模式创新提供有力支撑，促进专业群体教学方式改革，促进课程教学模式创新，为专业群体改革提供有力支撑。积极组织专业群教师信息化培训，支持教师创新教学方式方法，广泛运用数字化教学方法、教学资源开展混合式教学，提高课堂教学的生动性、有效性，打造具有专业群特色的实训项目和优质课程，提升专业群的教学水平与质量。

第六节

增强高质量社会服务

专业群的高质量发展确实需要增强其社会服务能力。社会服务能力是评价专业群发展水平的重要指标之一，也是专业群与区域产业深度融合、提升人才培养质量的关键。通过为社会提供高质量的技术服务、人才培训、技术咨询等，专业群能够更好地满足社会经济发展的需求，从而赢得社会的广泛认可和好评。这将进一步提升专业群的知名度和美誉度，吸引更多的优质生源和企业合作伙伴，为专业群的发展注入新的活力。

一、完善社会服务体制机制

提高职业教育对区域产业集群发展的服务能力，是专业群建设不可或缺的一环。然而，当前职业教育虽然通过培养符合职业标准的人才为区域产业作出了贡献，但专业群在社会服务方面的基础和能力仍须加强。为提升专业群的社会服务效率，构建专门的社会服务体制机制至关重要。首先，必须确保参与社会服务的各方主体的权益得到充分保障。社会服务的主力军是一线教师和企业。在新时代背景下，职业教育应致力于服务技能型社会的构建，以技术服务为核心开展社会服务。鉴于技术服务往往比社会培训等工作需要更多的时间和资金投入，因此在安排社会服务工作时，应合理协调一线教师的时间，避免时间紧张和精力不足而导致的消极态度。同时，应提供适当的课酬和交通补贴，以激励教师积极参与，并确保技术服务项目拥有充足的经费支持，使企业和教师能够更专注、积极、主动地投身其中。其次，完善社会服务收入的分配制度是关键。制定明确的政策文件，规定在社会服务中高职院校与行业企业等各利益方的经济收益分配方式。设立专门的社会服务基金，按照教师实际参与社会服务的工作量合理分配资金，以鼓励更多教师参与专业群的社会服务工作。最后，建立健全的社会服务监管机制也不可或缺。应加强对社会服务工作开展情况的监督和管理，确保其能够长期、有效、真实地进行。同时，可以考虑将促进中小企业技术攻关等作为教师参与社会服务的评价指标之一，通过多种措施落实社会服务工作，从而全面提升社会服务的质量和水平。

二、提高技术技能服务能力

相较于普通高等教育，高等职业教育更加注重应用实践，以服务社会经

济发展为核心导向，强调专业链与人才链、产业链的深度融合。特别是在与中小企业的紧密合作中，高等职业教育需要关注企业生产过程中遇到的实际问题，通过提升技术服务能力，协助企业解决难题、提高生产效率以及推动产品升级改造。为实现这一目标，首要任务是依据专业群的服务层次和对象，积极构建校企一体化的技术协同创新中心。这样的中心应聚焦于区域产业转型升级中的技术难题，汇聚高级技术工程人员共同攻克难关，打破发展瓶颈。通过推进技术转让、咨询、服务等多元化工作，不仅可以在实践中不断提升院校的技术服务能力，还能有效提高专业群科技成果的转化率和应用率，促进技术的广泛共享。同时，借助技术技能大师工作室等平台，可以吸引更多的优秀人才加入。这些平台能够将实际工作中难以言传的隐性知识，利用现代信息技术转化为直观易懂的教学成果，从而推动技术的传承与创新。政府部门在这一过程中的宏观指导作用尤为重要。政府应鼓励并支持"双高计划"高职院校建设技术协同创新平台，推动校企合作共建技术服务高地，为区域产业发展注入新的活力。这样的举措不仅有助于提升高等职业教育的社会服务能力，还能进一步促进教育与产业的深度融合，为经济社会发展提供有力支撑。

第七节

强化数字化赋能

为应对"数字化＋职业教育"的快速发展，许多"双高计划"高职院校在制定顶层设计时，都注重融入自身的"教育数字DNA"。这些院校将数字技术深度融入教育活动的各个领域，利用移动互联、大数据、云计算、物联网、人工智能等信息技术，推动教育教学和管理服务的全面数字化。❶ 这些院校创建了数字化的智慧校园生态体系，以及完整的教育子系统，不仅提升了教育教学的效率和质量，还实现了技术、社会和教育的协同进化。更重要的

---

❶ 祝智庭，李宁宇，王佑镁．数字达尔文时代的职教数字化转型：发展机遇与行动建议［J］．电化教育研究，2022，43（11）：5-14．

是，这些数字化措施为社会带来了新的价值，为学生提供了更丰富、更灵活的学习方式和更广阔的发展空间，同时也为行业和企业提供了更高效、更精准的人才培养和人力资源服务。通过将数字技术与教育教学紧密结合，"双高计划"高职院校正积极探索和实践适应时代发展的教育模式，努力培养出更多具有创新能力和实践精神的高素质人才，为社会的进步和发展作出积极贡献。

推进教育数字化转型，是数字时代赋予职业教育专业群的历史使命，是实现高质量发展的重要路径。职业教育专业群作为培养技术技能人才的重要基地，必须紧跟数字化浪潮，将数字技术深度融入教育教学的全过程。这不仅有助于提高教育教学的效率和质量，还能更好地满足学生个性化发展的需求，同时也为企业和社会提供更精准、更实用的人才供给。通过推动教育数字化转型，职业教育专业群可以更好地适应时代发展的要求，实现自身的创新发展。这需要加强数字化基础设施建设，提升教师的数字化素养，创新数字化教育教学模式，完善数字化教育管理与服务体系。数字时代为职业教育专业群的高质量发展提供了新的机遇和挑战，只有积极拥抱数字化转型，不断创新和探索，才能更好地适应时代发展的要求，培养出更多适应数智时代发展的高素质技术技能人才，为经济社会的发展提供更强支撑。

一、打造数字化教学资源

一是重构数字化专业教学标准。瞄准数字产业化、产业数字化发展趋势，对标产业链，开发适应产业数字化转型的专业教学标准。推动人工智能、大数据等新兴技术与专业的深入融合，强化数字经济背景下专业群内多学科融合、多技术整合以及多技能复合。携手行业企业，围绕市场主流的数字技术，开发前沿数字技术专业课程。联合校内外专家，共建一批国内外有影响的通识核心课程和专业基础课程；对于传统课程，则推进课程标准迭代升级，强化数字化教学工具、方法与手段，数字化教学资源的赋能，全面推动传统课程的数字化转型。

二是建设数字化实训平台。打造实体教学与虚拟教学相结合的课程群，构建多维协同联动的教学体系。针对实训设备购置经费偏高、占地面积大、使用率不高的问题，建设虚拟仿真体验中心，构建具有感知性、沉浸式、交互式的虚拟仿真实训教学场所。

三是开发数字化教学资源。结合专业群需求与特点，持续加强专业群教学资源库建设，重点开发虚拟现实类、动画类、视频类资源，数字资源从二维平面类向三维立体类转变，提升学生线上自主学习的黏性。同时，以重构后的数字化转型专业标准和课程标准为基础，重新梳理各门课程的知识图谱，整合数字资源，开发专业课程的新形态数字教材，建设智能云教学平台，将所有的数字教材放在智能云教学平台上进行统一运营和管理。

二、推进数字化教学改革

一是构建智慧课堂，推动学习空间智能化。通过构建智慧课堂，打造智能化学习空间，建设高效、互动、个性化的学习环境，为学生提供更为便捷、灵活和高效的学习方式，从而激发学生的学习兴趣与动力，提高学生学习的积极性和参与度，培养学生自主学习的能力。树立"数字化+职业教育"的先进理念，积极打造智慧化学习空间。建设智慧教室、线上课堂平台、AR/VR/混合现实（MR）等虚拟仿真实训中心、STEAM（科学技术、工程和数学）实验室等数字空间，塑造融合智慧教室与教学工厂的未来课堂模式。借助云计算虚拟化技术、物联网技术等前沿科技，构建具备先进管理体制与模式的智能课室管理系统平台，包括智慧课堂、控制管理中心、虚拟云桌面等功能模块。从而推行"无所不在的学习"价值理念，通过智能化的环境设施，引导和鼓励学生随时随地进行多样化的学习活动。

二是推动线上线下混合式教学，转变教学模式。传统的教学模式往往以教师为中心，注重知识的单向传授，而忽视了学生的主体地位和个性化需求；随着信息技术的快速发展，线上教学资源和平台日益丰富，改革形成"以学生为中心的，以灵活便捷甚至个性化学习为特征"的教学方式尤为重要。推动线上线下混合式教学，可以转变传统教学模式，以学生为中心，关注学生个体的学习兴趣、需求和体验，提供更加个性化、多样化的教学服务。首先，着重推动混合式教学的发展。通过完善和升级虚拟仿真实训中心的硬件和软件环境，推进基于AR/VR等技术的教学应用改革。建设教师"智能化教学创新实验室"，引导教师依托"信息技术+课程"的理念，实现从传统教学模式和教学方案向混合式教学模式的转变。其次，加大数字资源的供给力度，通过校企联合建设专业群资源库、精品在线课程、示范性网络微课等多元化资源，实现以学生为中心的人工智能在教学管理全流程的应用，为学生提供更加丰富、灵活和高效的学习体验，推动职业教育的现代化进程。

三、提升师生数字化能力

专业群应将提升教师数字化素养作为专业群建设重点任务，通过构建智慧研修平台、建立教师数字化素养评价新模式、建立数字化教学技能培训体系等，全方位、多举措地提升教师的数字化教学能力和思维。一是构建智慧研修平台。拓展教师培养培训网络平台的功能，积极建设慕课、职业教育专业教学资源库、异地同步课堂、虚拟工厂、职业技能证书培训系统、精品线上课程、优质企业案例库等，提供开放式、多层次的在线研修路径。二是建立教师数字化素养评价新模式。建立教师电子档案，并开展数字化能力诊断，在此基础上精准推送培训课程资源和智能测评分析，为教师数字化素养评价和数字化能力发展等提供支撑。三是建立教师数字教学技能培训体系。举办各类教师数字教学能力大赛，强化数字教学应用、评价和监管功能，推进精准化教学方式和交互式学习方式，切实提升教师的数字化教学水平。同时，还应深入实施全员培训，提升包括校长在内的全体管理者的数字素养与技能，增强数字化管理水平。系统培训不仅可促进教师教育教学理念的转变，提升数字化应用的技能，还可为智慧校园建设提供坚实的人才支撑。❶ 开展"名师课堂"等活动，通过组织集中培训、专题讲座、在线学习等，提升教师数字化能力，打造教学名师示范课堂，全面推进"信息技术+"专业、"信息技术+"课程、"信息技术+"教学方法改革。

同时，专业群也应注重提升学生对数字技术运用的能力。一是制定学生信息素养评价指标。通过引进第三方学生数字素养评价等方式，开展规模化测评，评价学生数字技术运用能力，并作为加强学生数字技能、数字意识和

---

❶ 刘兴凤，胡昌送，秦安．"双高计划"背景下广东省高等职业教育数字化转型的内涵特征及实施路径研究——基于广东首批"双高"院校建设样本的分析［J］．顺德职业技术学院学报，2023，21（3）：6-13.

数字伦理等方面的指标导向。二是建设学生自主学习系统。坚持"以人为本",改进适于学生主动参与的、多重交互的新型学习方式,促进学生充分利用现有数字资源平台和智能终端,实现"处处可学、时时能学、人人皆学"。三是增设信息技术类公共课程。依托线上课程平台,通过线上课程、专业群平台课等形式多样的课程学习方式打破专业隔阂,实现数字技术与课程的深度融合,促进学生提升数字技术运用能力。

第八节

开放拓展国际合作

开放是促进高质量发展的关键。在当前全球经济一体化和科技进步的背景下,各国都在寻求更加开放和创新的发展道路,以实现经济增长和社会进步。对于专业群,开放也是提升质量、扩大规模的重要途径。首先,开放可以带来更多的资源和机会。通过与国际先进企业和机构的合作,专业群可以获取最新的技术、理念和管理经验,从而提升自身的竞争力和创新能力。同时,开放也可以为专业群带来更多的市场机会,拓展其发展空间。其次,开放可以促进内外联动机制的健全。在开放的环境下,专业群可以更好地与国内外相关产业和领域进行对接和合作,形成更加紧密的产业链和创新链。这种内外联动机制不仅可以提升专业群的整体效率,还可以促进其在全球范围内的优化配置和资源整合。最后,开放可以推动专业群的国际化发展。随着全球化的深入推进,国际化已经成为专业群发展的必然趋势。通过开放,专业群可以更好地融入全球市场,参与国际竞争,提升中国职业教育国际影响力和话语权。因此,应该以更加主动、开放、创新的姿态来推动专业群的发展。应加强与国际先进企业和机构的合作,引进先进的技术和管理经验;建立健全内外联动机制,促进国际产业链和创新链的融合发展;推动专业群的国际化发展,提升其在全球范围内的竞争力和影响力。通过这些措施的实施,可以为专业群提质扩容,推动其实现高质量发展。

一、加强引进优质资源合作办学

专业群应积极引入国外优质资源，包括教学标准、教学资源、课程资源和人才资源等，专业群可以通过中外办学机构引进德国、美国、日本、英国、澳大利亚、加拿大等国外优质教学标准、课程资源，借鉴发达国家职业教育的成功经验，并对其进行本土化改造，将先进的元素融入国际化课程的内涵建设，并邀请国外专家参与课程开发和教材建设。积极推进国际校企合作项目，与海外顶尖高职院校和领军企业建立线上教育合作关系。为学生提供海外实习和线上合作教育的机会，提升学生的综合技能素质。在引入资源和开展合作项目时，要注重本土化改造和筛选，确保与自身办学模式相契合。有计划地引进海外教学及学术团队，逐步提升本专业群外籍教师的比例，吸引更多世界一流的专家学者来校参与教学、科研以及学术交流活动。充分利用海外优质教育资源，实施高水平专业群双带头人选拔制度，明确选拔、引进和考核标准。邀请外籍专家来校担任专业群负责人，以促进引进学科专业的本土化融合，并共同开发高质量课程、编写高水平教材。同时，联合企业在境外设立职业教育培训中心，以中外合作办学项目为载体，引进国外先进技术和优质职业教育资源，包括教材和课程标准等，致力于培养高端技术技能人才。与有关部门合作承办各级职业技能大赛，进行系统化技术技能培养，建立国赛资源转换中心，通过技能大赛展示专业群人才培养效果，结合专业特色和自身发展实际培养比赛考官和评委，开展技术研究与技术推广，强化专业群技术服务，提高自身国际化水平。

二、助力服务国际产能合作

当前，不少高职院校已在境外成功设立了诸如"鲁班工坊""丝路学院"等富有中国特色的职业教育机构。针对这一现状，专业群应当充分利用这些境外办学机构的资源，紧密结合自身的专业发展方向和实际需求，与在境外有业务拓展的企业携手构建产教融合联盟。通过这一联盟，双方可以共同致力于技术技能人才的培养，开展针对性的企业技术培训，并为企业在海外市场的拓展提供有力支持。同时，专业群还应充分发挥各专业和师资的优势，

在海外设立职业教育培训中心，推出"中文+职业技能"的特色培训服务，为"走出去"的企业提供坚实的技术和人才保障，从而打造校企紧密合作的"走出去"共同体。

在与"走出去"企业合作的基础上，专业群还须审视并优化针对来华留学生的培养计划。现阶段，来华留学生培养目标的不明确很大程度上源于对"走出去"企业所在国的产业发展状况了解不足，同时培养过程中也未能充分体现职业教育产教融合的特色。为解决这些问题，专业群应以支持"走出去"企业的海外发展和服务目标国家产业发展为核心宗旨，深入调研目标国家的职业教育现状以及当地产业对技术技能人才的具体需求。通过与企业和行业的紧密合作，共同构建符合企业海外发展和目标国家产业特点的留学生人才培养体系，从而有效提高人才培养的产教融合程度，为来华留学生提供更具针对性和实用性的教育服务。

三、加强国际职教资源建设

实现职业教育"走出去"的可持续发展，核心在于构建科学、规范的国际化职业教育标准以及相应的国际化课程体系等关键资源。专业教学标准作为专业建设的顶层设计，其开发过程必须遵循规范、科学的原则。为此，需要建立专门的标准开发工作组织体系，确保从上至下对标准开发进行专业、科学的统筹与指导，并为各行业指导委员会提供明确的方向。同时，制订清晰的专业教学标准开发计划，严格监控整个开发流程，明确行业专家、课程专家和学校教师等各方主体的职责与任务，确保各方协同合作，充分发挥各自的专业优势。在此基础上，专业群应参照国家层面的专业教学标准，结合国际职业教育的发展趋势和目的输出国的产业升级需求，以学生为中心、以输出为导向，研制具有国际视野和本土特色的专业教学标准。国际专业教学标准应涵盖符合当地实验情况的培养目标、学生发展、毕业要求、课程体系、教师队伍、支持条件以及持续改进等要素，确保职业教育的国际化发展既符合国际标准，又满足当地实际需求。

为推动国际化职业教育标准的实施和推广，还需要构建与之相适应的国际化课程体系。随着全球化进程的加速，我国职业教育体系应从单一的引进模式转变为全面、深度的国际化课程融合。这要求在前期注重引进课程基础上，进一步优化课程结构，拓展中外合作办学的范围和深度，通过中外双方共建课程体系、双语教材、教学资源库和实训基地等方式，实现与国外优质教育资源的深度融合。同时，联合行业、企业参与课程设计、开发和评价的全过程，确保课程内容与产业发展需求紧密对接，形成中外对接、产学融合、具有国际竞争力的课程体系和培训体系。

参考文献

[1] 石伟平,徐国庆.职业教育课程开发技术[M].上海:上海教育出版社,2006:12-13.

[2] MARK VAN BUREN CRENSHAW. Stem career cluster engineering and technology education pathway in Georgia: perceptions of Georgia engineering and technology education high school teachers and CATE administrators as measured by the characteristics of engineering and technology education survey[D]. Clemson: Clemson University, 2014: 16-18.

[3] 匡瑛."双高"背景下高职专业群建设定势突围与思路重构[J].高等工程教育研究,2021(3):127-132.

[4] Kevin R. Kelly. Concurrent Validity of the Kuder Career Search Activity Preference Scales and Career Clusters[J]. Journal of Career Assessment, 2002(1): 127-144.